Informatik aktuell

Herausgeber: W. Brauer
im Auftrag der Gesellschaft für Informatik (GI)

Springer
Berlin
Heidelberg
New York
Barcelona
Budapest
Hongkong
London
Mailand
Paris
Santa Clara
Singapur
Tokio

Peter Holleczek (Hrsg.)

PEARL 97

Workshop über Realzeitsysteme

Fachtagung der GI-Fachgruppe 4.4.2
Echtzeitprogrammierung, PEARL
Boppard, 27./28. November 1997

Springer

Herausgeber

Peter Holleczek
Regionales Rechenzentrum
der Universität Erlangen-Nürnberg
Martensstraße 1, D-91058 Erlangen

Programmkomitee

F. Ahlers	Heidelberg
W. Gerth	Hannover
W. A. Halang	Hagen
H. Kaltenhäuser	Hamburg
K. Mangold	Konstanz
R. Müller	Leipzig
H. Rzehak	München
U. Schneider	Mittweida
G. Thiele	Bremen
H. Windauer	Lüneburg

Die Deutsche Bibliothek - CIP-Einheitsaufnahme

PEARL <18, 1997, Boppard>:
PEARL 97 / Workshop über Realzeitsysteme. Peter Holleczek (Hrsg.). - Berlin ; Heidelberg ; New York ; Barcelona ; Budapest ; Hongkong ; London ; Mailand ; Paris ; Santa Clara ; Singapur ; Tokio : Springer, 1997
(Informatik aktuell)
ISBN-13:978-3-540-63562-8 e-ISBN-13:978-3-642-60910-7
DOI: 10.1007/978-3-642-60910-7

CR Subject Classification (1997): C.3

ISBN-13:978-3-540-63562-8

Satz: Reproduktionsfertige Vorlage vom Autor/Herausgeber

SPIN: 10547339 33/3142-543210 – Gedruckt auf säurefreiem Papier

Vorwort

Wer in dieser Zeit einen technisch orientierten Workshop veranstaltet und einen Tagungsband herausgibt, findet sich schon seit Jahren - das Vorwort des letzten Jahres läßt grüßen - in einem Zwiespalt zwischen Bedenken wegen des eingegangenen wirtschaftlichen Risikos und Vertrauen in die Attraktivität des Programms. Die Fachgruppe Echtzeitprogrammierung ist das Risiko wieder eingegangen.

Ermutigt war die Fachgruppe durch den leichten Anstieg der Teilnehmerzahlen bei PEARL'96. Zumindest im Vorfeld bestärkt wurde dies durch die steigende Anzahl von Vortragsanmeldungen. Bemerkenswert ist dabei das ausgewogene Verhältnis der eingereichten Beiträge aus dem Kreis der Industrie und der Hochschulen. Vielleicht zeichnet sich hier so etwas wie ein Zusammenrücken ab .... .

Angesichts der immer deutlicheren Dominanz von marktüblichen Betriebssystemen (UNIX mit seinen Hersteller-Varianten, Windows und seinen Abkömmlingen) fällt das Insel-Dasein von Echtzeit-Betriebssystemen stark ins Auge. Kein Wunder, daß es in steigendem Maße unausweichlich ist, Echtzeitprobleme auch in Umgebung von solcher 'Standard-Software' lösen zu müssen.

Angeregt durch einen Vortrag anläßlich des Workshops PEARL'96, der einen interessanten 'dualen' Lösungsvorschlag bot, entschloß sich die Fachgruppe, den Themenkreis *Multitasking, Echtzeitfunktionalität und Sicherheit mit Standard-Software* in den Mittelpunkt des diesjährigen Workshops zu stellen. Wie üblich, waren aber auch Beiträge zu anderen Themen gefragt.

In Anbetracht der regen Zusendungen konnten dem Schwerpunktthema zwei Sitzungen gewidmet werden.

Die erste Sitzung 'Echtzeitverarbeitung mit Standardbetriebssystemen' stellt die grundlegenden Aspekte des Themas in den Mittelpunkt. Der Beitrag 'Standardbetriebssysteme für zeitkritische Anwendungen' bietet dazu zunächst einen Überblick. In den folgenden beiden Beiträgen wird die Eignung von Windows bzw. Windows-NT bezüglich des 'Zeitverhaltens' bzw. zur 'hardwarenahen und zeitkritischen' Programmierung untersucht.

Die zweite Sitzung 'Sprachentwicklung' beginnt zunächst mit einem Dauerbrenner, einer 'objektorientierten Erweiterung von PEARL'90', beschäftigt sich mit sicherheitsorientierten Sprachkonstrukten in Ada und wendet sich schließlich wieder dem Eingangsthema der Objektorientierung, angewandt allerdings auf den Prozess von 'Analyse und Design', zu.

'Echtzeitanwendungen' sind der Mittelpunkt der letzten Sitzung des ersten Tages. Sie beginnt bzw. schließt mit speziellen Anwendungsklassen, den 'biotechnologischen Anwendungen', bzw. mit der 'Service-Robotik'. Außerdem kommt ein spezielles Betriebssystem mit seinen Anwendungen zu Wort.

Der zweite Tag beschäftigt sich in der ersten Sitzung wieder mit dem Schwerpunktthema. Der erste Beitrag 'Anbindung ... an INTERNET/INTRANET' geht dabei von einer losen Integration aus. Im Beitrag 'QoS-Überwachung von verteilten Anwendungen' wird versucht, die Echtzeit-Eignung von Standardbetriebssystemen meßbar zu machen. Im letzten Beitrag wird das Schwerpunktthema von einer ganz anderen Seite, nämlich als 'standardisiert IEC-1131-3-konform' betrachtet.

Der Workshop klingt in der Sitzung 'Software-Entwicklung' mit der Betrachtung verschiedener Phasen des Entwicklungsprozesses aus. Sie beginnt mit dem 'modellbasierten Test', leitet über zu der 'Framework-basierten Entwicklung' und schließt mit der 'verteilten Simulation und Realisierung'.

Dank sei an dieser Stelle wieder erstattet den Firmen Siemens, ATM und Werum, die die Tagung in bewährter Form unterstützen. Auch der Springer-Verlag sei an dieser Stelle erwähnt, der mit seiner reibungslosen und flexiblen Abwicklung die Herausgabe des Tagungsbandes tatkräftig unterstützt.

Im Namen meiner Redaktionskollegen wünsche ich der Veranstaltung viele interessante Vorträge und fruchtbare Diskussionen.

P. Holleczek

Erlangen, September 1997

Inhaltsverzeichnis

Standardbetriebssysteme für zeitkritische Anwendungen?

Prof. Dr. Helmut Rzehak
Universität der Bundeswehr München
Werner-Heisenberg-Weg 39
D-85577 Neubiberg

***Zusammenfassung**: Für Standardbetriebssysteme existiert ein großer Vorrat an Software, deren Nutzung auf für zeitkritische Anwendungen von Interesse ist. Soll dies versucht werden, so ist der Einsatz dieser Betriebssysteme auch für zeitkritische Anwendungen erforderlich. In diesem Beitrag wird ein Überblick über dabei auftretenden Probleme und Lösungsansätze gegeben. Dabei ist zu berücksichtigen, daß zwischen den zeitkritischen Aufgaben und den mit Hilfe von Standardsoftware realisierten nicht zeitkritischen Aufgaben Koordinierungsmöglichkeiten bestehen müssen.*

1 Motivation

Die großen Umsätze mit Standardsoftware werden nicht in erster Linie in der Echtzeitdatenverarbeitung gemacht. Deshalb ist es nicht verwunderlich, wenn in diesen Produkten wenig oder gar keine Rücksicht auf die besonderen Bedürfnisse dieses Anwendungsbereiches genommen wird. Trotzdem kann es sinnvoll sein, auf dieses riesige Software- Angebot zurückzugreifen. Die Gründe hierfür können sein, daß ein Teil der Anwendung nicht zeitkritisch ist, oder daß der Kunde den Einsatz dieser Software wünscht. Will man dies versuchen, so ergibt sich in erster Linie das Problem, daß diese Software nur unter bestimmten Betriebssystemen einsetzbar ist, die nicht für zeitkritische Anwendungen gedacht sind. Es sind dann Konzepte gefragt, nach denen man die zeitkritischen Anwendungen in dieser Ablaufumgebung implementieren kann. Eine ähnliche Situation ergibt sich, wenn andere Anwendungen auf der gleichen Plattform vorgesehen sind, die nur unter bestimmten Standardbetriebssystemen ablaufen. Natürlich wird man nicht den Stein der Weisen finden, sondern man muß sich damit zufrieden geben, daß diese Konzepte nur unter bestimmten Voraussetzungen einsetzbar sind.

Die auftretenden Probleme kann man grob klassifizieren:

- Unzureichende Multitask- Fähigkeiten:
  - kein preemptives, prioritätengesteuertes Multitasking;
  - unzureichende oder zu langsame Kommunikationsmöglichkeiten zwischen den Tasks oder Threads;
  - fehlende Synchronisationsmittel;

- fehlende oder ungeeignete Ausnahmebehandlungen;
- zu große Latenzzeiten

Im nachfolgenden sind Ansätze zusammengestellt, wie man diese Probleme lösen oder umgehen kann.

2 Echtzeiteigenschaften von Standardbetriebssystemen

Da die oben genannten Probleme nicht für alle Betriebssysteme gleichermaßen zutreffen, ist zunächst eine Analyse durchzuführen, ob das in Betracht gezogene Betriebssystem nicht doch soweit geeignet ist, daß die noch bestehenden Probleme umgangen werden können. Systeme ohne preemptives, prioritätengesteuertes Multitasking lassen sich ohne größere Modifikationen im allgemeinen nicht für Echtzeitaufgaben verwenden. Hierzu gehören die populären Systeme

- DOS mit Windows 3.3/3.11 und
- Windows 95.

Über verschiedene Hilfskonstruktionen zur Verwendung dieser Systeme wird in Abschnitt 3 berichtet.

Als mögliche Kandidaten für eingeschränkte Echtzeitfähigkeit gelten vor allem Betriebssysteme, die bereits über ein preemptives, prioritätengesteuertes Multitasking verfügen. Dies sind in erster Linie:

- Windows NT
- OS/2
- Verschiedene UNIX- Derivate

Die Verwendbarkeit dieser Systeme hängt nicht nur von den Zeitforderungen, sondern auch von der implementierten Software, insbesondere auch von den benutzten Gerätetreibern ab. Zum Verständnis dieser Zusammenhänge sind in Bild 1 die wesentlichen Quellen für einen zeitlichen Nichtdeterminismus im Betriebssystem dargestellt. Durch Interrupts wird den auszuführenden Tasks Prozessorzeit entzogen, und dadurch deren Ausführung scheinbar verlängert. Diese Verlängerung tritt zufällig ein und kann alle Tasks betreffen, auch die höchster Priorität. Weitere Latenzzeiten können durch Synchronisationsbedingungen innerhalb des Betriebssystems zur Konsistenzhaltung von Daten entstehen. Auch diese bewirken eine scheinbare Verlängerung der Ausführungszeiten von Tasks. Die Zusammenhänge sind ausführlich in [1] und [2] dargestellt.

Die interruptbedingten Latenzzeiten hängen von der Länge der Interrupt- Service-Routinen und der Häufigkeit der eintreffenden Interrupts ab. Erfahrungsgemäß bewirken Treiber für Netzwerk- Adapter und Netzwerkdienste hohe Interrupt- Latenzzeiten. Neue Gerätetreiber können Änderungen im Zeitverhalten des ganzen Systems bedingen.

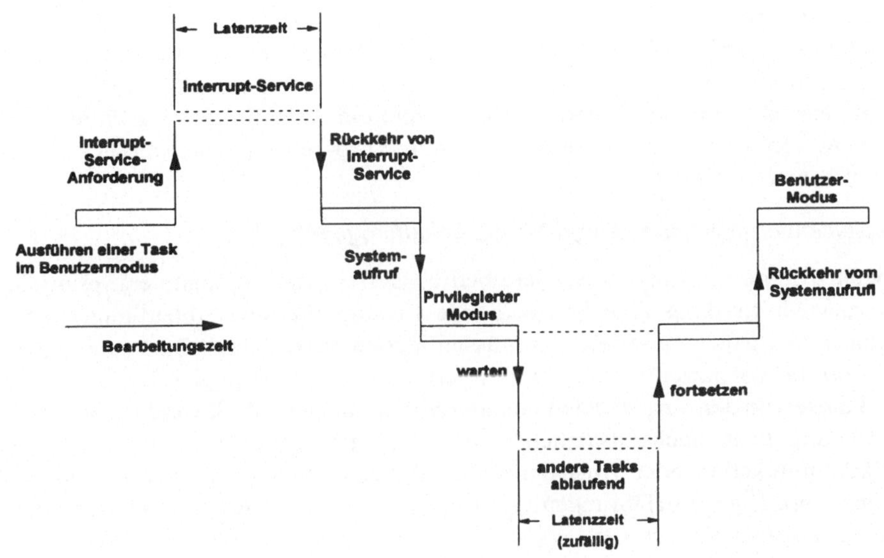

Bild 1 Latenzzeiten beim Ausführen einer Task

Zum Schutz der Konsistenz von systeminternen Daten sind die Systemfunktionen in Standardbetriebssystemen gewöhnlich nicht unterbrechbar (verkürzt: "nicht unterbrechbarer Systemkern"). Dies kann zu Verzögerungen bei der Einleitung der Sekundärreaktion auf ein externes Ereignis führen (Process Dispatch Latency Time), weshalb für spezielle Echtzeitbetriebssysteme die Forderung nach einem voll unterbrechbaren Systemkern erhoben wird. Während Standard- UNIX noch sehr lange Systemfunktionen enthält, so sind in neueren Betriebssystemen (z.B. OS/2 [3] oder Windows NT [4]) zeitaufwendige Funktionen in Kernel- Threads ausgelagert. Der negative Einfluß des nicht unterbrechbaren Systemkerns hält sich daher in Grenzen.

Liegen die Toleranzen im Zeitbereich bei einigen Millisekunden, so ist es denkbar, daß ein modernes Standardbetriebssystem mit preemptivem, prioritätengesteuerten Multitasking eine befriedigende Lösung darstellt. Die nachfolgend zusammengestellten Lösungsansätzte für die Einbettung von zeitkritischen Aufgaben in Standardbetriebssysteme sind nicht unter ästhetischen Gesichtspunkten zu diskutieren, sondern einzig unter dem Aspekt, unter welchen Randbedingungen sie für den praktischen Einsatz geeignet sind.

3 Lösungsansätze

Die Implementierung von zeitkritischen Aufgaben in Standardbetriebsystemen ist in aller Regel mit Zusatzaufwand verbunden und soll hier nicht als Ideallösung vorgestellt werden. Als Motivation hierfür wurde bereits die Mitbenutzung von Standardsoftware herausgestellt. Insbesondere bei Standardsoftware, die unter UNIX verfügbar ist, kann eine Lösung darin bestehen, ein UNIX- Derivate mit Echtzeiterweiterungen zu verwenden. In diesem Falle müßte die Standardsoftware unter diesem UNIX- Derivat verfügbar bzw. dorthin portierbar sein. Da hier die Ablaufumgebung für die Implementierung von zeitkritischen Aufgaben bereits vorbereitet ist, soll dieser Fall nicht näher betrachtet werden.

3.1 Implementierungen ohne Eingriff in die Ablaufumgebung

Wie bereits dargelegt, können Standardbetriebssystem mit preemptivem, prioritätengesteuerten Multitasking eine befriedigende Lösung für eine Ablaufumgebung für zeitkritische Aufgaben darstellen. Es müssen jedoch ausreichende Tests durchgeführt werden, ob die Latenzzeiten unter einer tolerierbaren Grenze liegen. Es ist zu beachten, daß diese von den verwendeten Gerätetreibern mit beeinflußt werden. Bei der Implementierung kann noch zusätzlicher Aufwand erforderlich sein, wenn für Interprozeßkommunikation oder Ausnahmebehandlungen "handgestrickte" Lösungen erforderlich sind. Eigene Erfahrungen und Berichte aus der Literatur kann man folgendermaßen zusammenfassen:

- OS/2 und Windows NT sind mit entsprechenden Prozessoren für Toleranzen im Zeitbereich von 5 Millisekunden und mehr bedingt geeignet bei einem leichten Plus für OS/2.
- Übliche Gerätetreiber für Netzwerkkarten und Netzwerkdienste verschlechtern den zeitlichen Determinismus nennenswert.
- Standard- UNIX- Systeme sind nicht so geeignet (ungeeignetes Scheduling, Signale können verloren gehen, lange Latenzzeiten).
- Die UNIX- Funktion "fork" kann extrem lange Latenzzeiten bewirken und hat in einer Umgebung mit zeitkritischen Anwendungen nichts verloren. Hier kann die verwendete Standardsoftware gravierende Rückwirkungen auf die zeitkritischen Aufgaben haben. Dies gilt auch für UNIX- Systeme mit Echtzeiterweiterungen.

3.2 Hardware- unterstützte Prozessorvergabe

Sollen zeitkritische Anwendungen in Systeme ohne ausreichende Multitask- Fähigkeiten eingebettet werden, so ist dies ohne tiefere Eingriffe nicht möglich, da das Monopolisieren des Prozessors durch eine Task verhindert werden muß. Kandidaten sind hier in erster Linie DOS/Windows 3.1 und Windows 95. Ein in verschiedenen Varianten vorgeschlagenes Konzept benutzt einen periodisch erzeugten nicht maskierbaren Interrupt zum Entzug des Prozessors. Bei der in [5] vorgestellten Variante sind letztlich zwei Betriebssysteme installiert, wobei der Prozessor beiden Systemen periodisch über den nicht maskierbaren Interrupt zugewiesen wird. Der Zeitanteil läßt sich für beide Systeme einstellen. Die übrigen Hardware- Ressourcen müssen beiden Systemen statisch zugeteilt werden.

Die auf diese Weise realisierte Koexistenz zweier Systeme unter der Bearbeitung eines einzigen Prozessors erlaubt nur eine lose Kopplung beider Systeme. Der Zeitpunkt des Umschaltens ist nicht vom Bearbeitungszustand im System abhängig. Wegen der fehlenden Zugriffsynchronisation ist die Benutzung eines gemeinsamen Dateiensystems praktisch unmöglich. Es können zwar gemeinsame Segmente im Hauptspeicher eingerichtet werden, für eine sichere Kommunikation müssen jedoch besondere Protokolle vorgesehen werden.

3.3 Standardbetriebssystem als Virtuelle Maschine

Da die zeitkritischen Aufgaben innerhalb des Systems gegenüber den nicht zeitkritischen Aufgaben bevorzugt bearbeitet werden müssen, kann man ein Standardbetriebssystem so einrichten, daß es als Prozeß (Task) eines Echtzeitbetriebssystems (Basisbetriebssystems) abläuft. Da das Standardbetriebssystem als Implantat nicht direkt auf die Hardware zugreifen kann, muß die Ablaufumgebung emuliert werden. Man spricht deshalb auch von der Einrichtung einer Virtuellen Maschine. Emuliert werden müssen insbesondere die Dateizugriffe und die Benutzung von Tastatur und Bildschirm. Die Gerätetreiber sind durch virtuelle Treiber zu ersetzen. Ausnahmsweise kann der direkte Zugriff auf ein Geräte für die Virtuelle Maschine erlaubt werden, wenn dieses exklusiv zur Verfügung gestellt werden kann. Da die Virtuelle Maschine mit niedriger Priorität ausgeführt wird, bleiben bei guter Emulation die Echtzeiteigenschaften des Basisbetriebssystems erhalten. Bekannte Beispiele für diese Technik sind das Ausführen von DOS als Task unter iRMX oder EUROS ([6],[7]).

Die Technik der Virtuellen Maschine ist aufwendig und es sind Kenntnisse der Internas des zu implantierenden Betriebssystems für die Emulation der Ablaufumgebung notwendig. Auch ist damit zu rechnen, daß die Emulation bei neuen Versionen des Implantats geändert werden muß. Eine nahezu perfekte Anwendung dieser Technik stellt die Windows- Ablaufumgebung in OS/2 dar [3]. Der Aufwand ist nur bei einer Breiten Nutzung der Emulation zu rechtfertigen.

3.4 Mehrstufiges Scheduling

Das mehrstufige Scheduling ist bereits ein alter Bekannter und wird z.B. bei dem PEARL- Compiler der Firma Werum für UNIX- Plattformen verwendet [8]. Auch bei der oben beschriebenen Technik der Virtuellen Maschinen findet die Prozessorvergabe in mehreren Ebenen statt, wenn die Virtuelle Maschine multitaskfähig ist. Ziel ist es hier jedoch, ein Standardbetriebssystem unmodifiziert zu verwenden, und über die Ausführungsreihenfolge von Echtzeitaufgaben in einer zweiten Ebene zu entscheiden. Dies führt zu dem in Bild 2 dargestellten Schema.

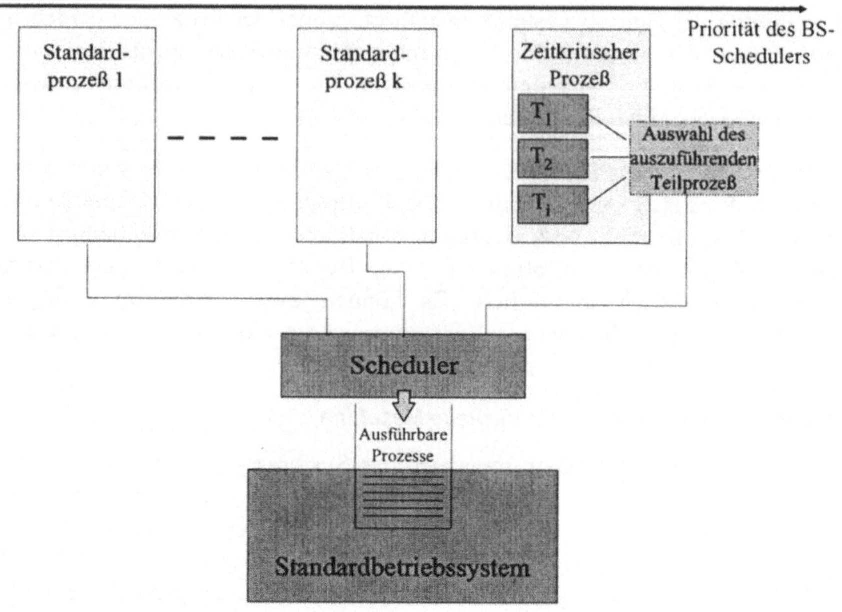

Bild 2 Einfaches Schema für mehrstufiges Scheduling von zeitkritischen Aufgaben

Der zeitkritische Prozeß erhält die höchste verfügbare Priorität des Standardbetriebssystems. Ein eigener Auswahlmechanismus (Scheduler der Sekundärebene) wählt den auszuführenden Teilprozeß aus. Das Schema weist einige Implementierungsprobleme auf:

- Werden in den zeitkritischen Aufgaben E/A- Operation des Betriebssystems direkt aufgerufen, so wird während der E/A- Wartezeiten der zeitkritische Prozeß insgesamt nicht ausführbar und der Scheduler der Sekundärebene kann nicht ausgeführt werden. Man muß dies durch Auslagern der eigentlichen E/A- Operationen in Hilfsprozesse vermeiden.

- Es muß geklärt werden, daß ein Monopolisieren des Prozessors durch Standardprozesse nicht möglich ist.

- Die Standardprozesse können Latenzzeiten in den zeitkritischen Aufgaben weiterhin verursachen. Eine Verbesserung ist in diesem Punkt nicht erreicht. Abhilfe schafft hier nur der Verzicht auf Standardprozesse, und damit auf die Verwendung von Standardsoftware.

Neuere Arbeiten sehen eine Aufteilung der Prozessorleistung auf der harwarenahen Scheduling- Ebene vor, die dem zeitkritischen Scheduler der Sekundärebene einen bestimmten Anteil $\sigma < 1$ der Prozessorleistung garantiert [9]. Das zugehörige Scheduling- Schema ist in Bild 3 dargestellt. Ziel ist es, den Ablauf so zu steuern, daß die Zeitbedingungen dann eingehalten werden, wenn die Aufgaben der zeitkritischen Anwendung auf einem Prozessor mit der relativen Geschwindigkeit σ zeitgerecht ausführbar wären. In [9] werden auch Algorithmen für die Arbeitsweise der Scheduler angegeben.

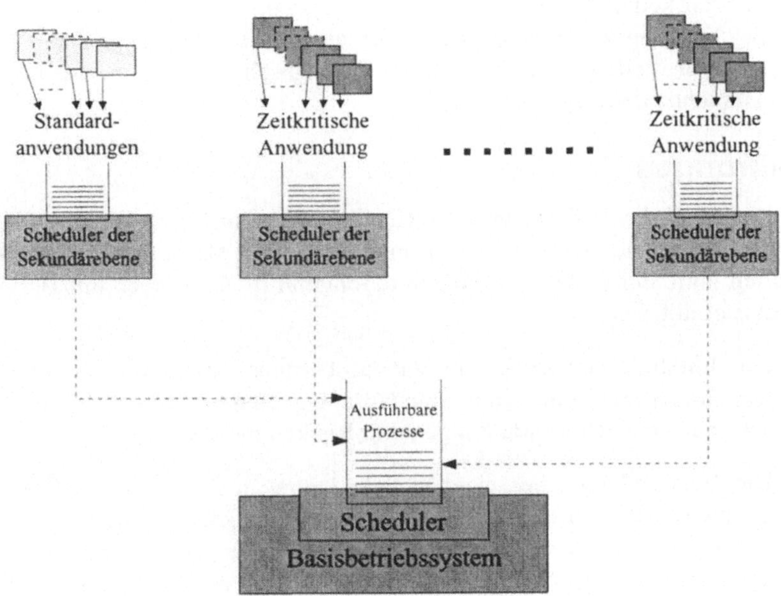

Bild 3 Erweitertes Schema für mehrstufiges Scheduling von zeitkritischen Aufgaben

Wenn es Ziel ist, Standardsoftware unter einem Standardbetriebssystem zusammen mit zeitkritischen Anwendungen zu benutzen, muß die Implementierbarkeit des beabsichtigten Scheduling- Modells geprüft werden und es ist zu untersuchen, welche Seiteneffekte in einer möglichen Implementierung von dem Standardbetriebssystem ausgehen können. Hierzu ist zu untersuchen, in wieweit die Interrupts des Standardbetriebssystems über einen Virtuellen Interruptbearbeiter abgewickelt werden können, und in wieweit die Prozesse der Standardanwendungen jederzeit unterbrechbar sind.

Bedeutet die Implementierung letztlich, daß das Standardbetriebssystem als eine Virtuelle Maschine unter einem Basisbetriebssystems implementiert werden muß, so gelten die unter Abschnitt 3.3 gemachten Anmerkungen, und es können bei entsprechendem Aufwand befriedigende Ergebnisse erzielt werden. Wird wie in Bild 2 angedeutet, das Standardbetriebssystems als Basissystem verwendet, so sind störende Seiteneffekte auf die zeitkritischen Anwendungen unvermeidlich.

3.5 Betriebssysteme mit Mikrokern- Architektur

Von der Mikrokern- Architektur ist insbesondere eine starke Unterstützung der Einrichtung von virtuellen Maschinen erwartet worden. Wohl in erster Linie um Leistungseinbußen zu vermeiden, wurden viele Systemfunktionen doch wieder in den Kern integriert, so daß die verfügbaren Systeme, die einmal unter diesem Stichwort angetreten sind, sich soweit davon entfernt haben, daß nicht mehr viel davon übrig geblieben ist. Man könnte in erster Linie daran denken, ein Echtzeitbetriebssystem mit Mikrokern- Architektur als Basissystem für die Implementierung einer Virtuellen Maschine zu verwenden. Über tatsächlich durchgeführte Versuche oder verfügbare Produkte ist nichts bekannt.

4 Erfahrungen

Wir setzen seit geraumer Zeit den PEARL- Compiler der Firma Werum für OS/2 im Übungsbetrieb ein; auch wurden bei uns eine Reihe von Messungen an UNIX- Systemen mit und ohne Echtzeiterweiterungen durchgeführt. Zusammen mit Berichten aus der Literatur ergibt sich:

- Die direkte Verwendung von Standardbetriebssystemen für zeitkritische Anwendungen zusammen mit Standardanwendungen ist mit den in Abschnitt 3.1 gemachten Einschränkungen und Risiken möglich.
- Die Verwendung eines eigenen Schedulers im Benutzerprozeß eines Standardbetriebssystems müssen E/A- Operationen korrekt in Hilfsprozesse ausgelagert werden. Der Verzicht auf die Verwendung von Standardsoftware mit eigenen Benutzerprozessen ist in der Regel erforderlich, da diese Seiteneffekte auf den zeitlichen Determinismus der zeitkritischen Anwendung haben.
- Die Implementierung eines Standardsystems als Virtuelle Maschine wäre prinzipiell eine akzeptable Lösung. Die praktische Durchführung scheitert jedoch in der Regel am beträchtlichen Aufwand und der unzureichenden Dokumentation.
- Bevor man zu exotischen Lösungen greift, sollte das Auslagern der zeitkritischen Aufgaben auf eine eigene Plattform erwogen werden.

Abschließend ist noch anzumerken, daß bei immer schneller werdenden Prozessoren und bei gleichbleibendem Funktionsumfang des Betriebssystems die Latenzzeiten tendenziell abnehmen. Funktionserweiterungen können so implementiert werden, daß nicht gleichzeitig die Echtzeiteigenschaften deutlich verschlechtert werden. Man kann daher davon ausgehen, daß die Einsatzmöglichkeiten von Standardbetriebssystemen für zeitkritische Anwendungen durch die allgemeine technische Entwicklung verbessert werden.

Literatur

[1] Rzehak, H.: Echtzeit- Betriebssysteme - Anwendungen und Stand der Technik; Elektronik 1996
1. Teil: Funktionsweise und Betriebssystemkern; Heft 6, S. 106-114;
2. Teil: Latenzzeiten und Intertask- Kommunikation; Heft 9, S. 94-98;
3. Teil: Echtzeiterweiterungen zu Posix; Heft 12, S. 107-115

[2] Mächtel, M.; H. Rzehak: Measuring the Influence of Real-Time Operating Systems on Performance and Determinism; Control Engineering Practice Vol. 4, No. 10, 1996, pp. 1461-1469

[3] Deitel, H. M.; M. S. Kogan: The Design of OS/2; Addison- Wesley, 1992

[4] Custer, H.: Inside Windows NT; Microsoft Press, 1993

[5] Munz, H.: Windows 95 ist echtzeitfähig; Kongreßband Echtzeit '96, S. 128-134

[6] Vickery, C.:Real- Time and Systems Programming for PCs; McGraw- Hill, 1993

[7] Kaneff, S.: EUROS: Enhanced Universal Real- Time Operating System; Kongreßband Echtzeit '90, S. 97-106

[8] Kneuer, E.: Komfortables Multitasking mit PEARL 90 auf unterschiedlichen Betriebssystemen; Proc. PEARL 93- Workshop über Realzeitsysteme S. 157- 165; Informatik aktuell, Springer 1993

[9] Deng, Z.; J. A.-S. Liu; J. Sun:A Scheme for Scheduling Hard Real- Time Applications in Open Systems Environment; Proc. 9th Euromicro Workshop on Real- Time Systems, Toledo, June 11-13, 1997, pp. 191-199 IEEE Computer Society, 1997

Zeitverhalten verteilter Applikationen unter Windows NT

H.H.Heitmann
Fachbereich E/I
Fachhochschule Hamburg
Berliner Tor 3
20099 Hamburg

1. Einleitung

Immer häufiger werden in der Geräteentwicklung spezielle Hardwarelösungen durch kommerzielle Windows NT Systeme ersetzt. Dafür sprechen neben ökonomischen Aspekten eine Vielzahl von technischen Vorzügen. Durch die Integration des „Distributed Component Object Model" (DCOM) in die aktuelle Version von Windows NT steht zudem eine preiswerte Technik für verteilte Objekte zur Verfügung. Diese Technik könnte zu einer deutlichen Vereinfachung der Entwicklung und Pflege objektorientierter Client/Server Architekturen führen. Verteilte Systeme können durch einfaches Zusammenschalten von Komponenten realisiert werden. Allerdings stellt der Wechsel auf eine solche Technik ein erhebliches Risiko dar, da an industrielle Systeme oft deutlich erweiterte Anforderungen gestellt werden. Neben dem Zeitverhalten der Systeme sind meist die hohen Sicherheits- und Zuverlässigkeitsanforderungen kritisch. Die für das Design der Geräte erforderlichen Spezifikationen dieser Eigenschaften sind von den Herstellern in der Regel nicht zu bekommen, da sie sehr stark von den jeweils verwendeten Hard- und Softwarekomponenten und deren Kombination abhängen.

Am Beispiel eines Patientenmonitorsystems sollen Anwendungsmöglichkeiten der DCOM-Technik aufgezeigt werden. Neben der krankenhausweiten Administration und Konfiguration der Monitore könnte DCOM insbesondere für den Austausch von Meßwerten eingesetzt werden. Unter anderem ist die Übertragung einer Vielzahl von EKG-Daten denkbar, die auf den entfernten Systemen völlig ruckfrei und mit möglichst kleinen Verzögerungen dargestellt werden müssen. Um dieses garantieren zu können, müssen die Datenkanäle neben den erforderlichen Übertragungskapazitäten ausreichend kleine, vorhersagbare Reaktionszeiten besitzen.

Ein zweiter sehr wichtiger Anwendungsbereich für die DCOM-Technik ist die Verbindung von zeitkritischen Applikationsteilen mit Business-Anwendungen. Dies ist ein Bereich, der in Zukunft massiv an Bedeutung gewinnen wird. So können z. B. im Krankenhausbereich Datenbanken für Patientenverwaltungen, Tabellenkalkulationen für Kostenberechnungen oder Textverarbeitungen für automatisierte Reporterstellungen eingesetzt werden. Ebenso sind in anderen Einsatzbereichen eine Vielzahl von Anwendungen denkbar. Zu nennen ist hier insbesondere die gesamte Prozeßleittechnik inklusive Prozeßsteuerung und -überwachung. Die meisten kommerziellen Programme bieten heute bereits komfortable Schnittstellen, die über DCOM netzwerkweit genutzt werden können. Leider existieren bislang kaum Informationen über die Einsatzmöglichkeiten dieser Technik in zeitkritischen Anwendungen.

Um das Zeitverhalten von DCOM genauer erfassen zu können, wurde ein einfacher Prototyp aufgebaut. Neben den Übertragungsleistungen wurden an diesem Prototypen insbesondere die CPU- und Netzwerkbelastungen sowie die induzierten Latenzzeiten ermittelt. Die von DCOM zur Verfügung gestellten Threading Modelle wurden unter den Gesichtspunkten der Handhabbarkeit und Leistungsfähigkeit bewertet. Da die Meßergebnisse natürlich sehr stark von der jeweiligen Ausstattung der Rechner abhängen, wurden die Ergebnisse mit anderen, bekannten Mechanismen für die Interprozeßkommunikation verglichen. Die Testapplikation wurde bewußt einfach gehalten, damit die gewonnenen Ergebnisse mit möglichst geringem Aufwand auf andere Umgebungen übertragen werden können.

Bei der Fernsteuerung oder bei der Übertragung von Alarmen in lebenserhaltenden Systemen sind besondere Sicherheitsaspekte zu berücksichtigen. Am Beispiel des Prototypen wurden einige spezielle Aspekte für die Erfüllung der Sicherheitsanforderungen untersucht.

2. Realisierungsmöglichkeiten von Client-Server Applikationen unter Windows NT

In Windows NT stehen etliche Interprozeß-Kommunikationsmechanismen für die Realisierung von Client-Server Applikationen zur Verfügung:

- Windows Sockets
- NetBIOS
- Server Message Blocks
- Named Pipes
- Mailslots
- Network Dynamic Data Exchange
- Remote Procedure Calls
- Distributed Component Object Model (DCOM)

Eine Übersicht über diese Mechanismen befindet sich z. B. in [1]. DCOM ist mit Sicherheit die komfortabelste, aber auch die komplexeste dieser Techniken. Um einen Bezug zu bekannten Protokollen herzustellen, wurde in dieser Untersuchung die Socket Schnittstelle mit den Internetprotokollen UDP und TCP sowie die Named Pipes vergleichend mit einbezogen.

Eine weitverbreitete Protokollfamilie für die Verkopplung von Rechnersystemen ist das Internetprotokoll mit den Transportprotokollen UDP und TCP. UDP arbeitet verbindungslos. Daten können ohne vorherigen Verbindungsaufbau ausgetauscht werden (Abbildung 1). Allerdings ist kein Mechanismus für die Fehlererkennung und -behebung vorhanden, dafür ist die Applikation zuständig. Das Protokoll zeichnet sich durch einen geringen Overhead aus. Das Netzwerk wird optimal ausgenutzt. Da keine Verbindung aufgebaut werden muß, besteht die Möglichkeit, mittels Broadcast-Nachrichten Anfragen an alle Netzwerkteilnehmer gleichzeitig zu richten. Dies ist allerdings auf das lokale Netz beschränkt und damit meist nur von geringem Nutzen.

TCP ist ein verbindungsorientiertes Protokoll, d. h. bevor ein Datentransfer durchgeführt werden kann, muß eine Verbindung aufgebaut werden. Diese Verbindung zeichnet sich durch eine hohe Zuverlässigkeit aus, da ein besonderer Mechanismus zur Bestätigung der Daten vorhanden ist (siehe Abbildung 1). Um eine bessere Ausnutzung des Netzwerkes zu erreichen, wird versucht, die Bestätigung so zu verzögern, daß sie zusammen mit dem nächsten Datenpaket übertragen werden kann. So kann z. B. die Bestätigung einer Antwort zusammen mit der nächsten Anfrage übertragen werden. Unter dieser Voraussetzung ist die Anzahl der Netzwerkpakete pro Anfrage identisch mit der des UDP-Protokolls. Allerdings ergibt sich ein höherer Aufwand durch längere Protokollköpfe und aufwendigeren Softwaretreibern.

Named Pipes sind eine Erweiterung des Filesystems. Sie dienen der Verbindung von zwei Prozessen, so daß der Ausgang eines Prozesses als Eingang eines anderen Prozesses genutzt werden kann. Die Benutzerschnittstelle ist von OS/2 übernommen worden. Für die einfachere Handhabung von Client-Server Applikationen ist eine Unterstützung des asynchronen Betriebes hinzugefügt worden. Named Pipes unterstützen zwei unterschiedliche Betriebsarten: Byte-Stream und Messages. Die nachfolgenden Untersuchungen beziehen sich ausschließlich auf die Message-Betriebsart.

Die von den Named Pipes verwendeten Transportprotokolle hängen von der jeweiligen Konfiguration ab. Bei einer Standardkonfiguration werden Server Message Blocks verwendet, die ihrerseits auf NetBIOS und TCP/IP aufbauen. Bei einer Serveranfrage wird auf dem Netzwerk zuerst ein Write-Kommando übertragen. Nach Empfang der Reponse wird ein Read-Kommando gestartet, welches die Antwort des Servers zum Client anfordert. Die entsprechenden Daten sind in der Response enthalten. Für jede Serveranfrage werden somit vier Netzwerkpakete übertragen, von denen zwei die eigentlichen Daten enthalten.

DCOM [3] ist ein Applikationsprotokoll basierend auf dem DCE-RPC-Mechanismus. Es stellt eine objekt-orientierte Erweiterung des RPC-Mechanismusses dar. Es erlaubt den Aufbau verteilter Applikationen durch einfaches Zusammenschalten einzelner Komponenten. Da DCOM als binärer Standard definiert ist, ist er unabhängig von Pro-

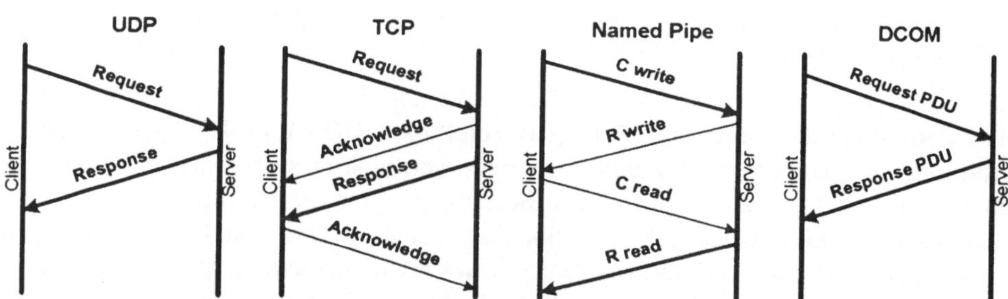

Abbildung 1: Client-Server Transaktionen bei Verwendung unterschiedlicher Datenprotokolle

grammiersprachen. Eine Weitergabe der Komponenten ist ohne Sourcecode möglich, so daß der Vertrieb deutlich vereinfacht wird. Komponenten verschiedener Hersteller können einfach miteinander verknüpft werden. Es ist weiterhin ein Lösungsansatz für das Versionenproblem vorhanden. Einzelne Komponenten können erneuert werden, ohne daß die gesamte Applikation davon betroffen wird. Auf diese Weise entstehen einfach handhabbare, wiederverwendbare Komponenten. Das Protokoll enthält Mechanismen zur Auswahl des Servers. Laden, Starten und Entfernen der Komponenten erfolgt automatisch und muß nicht durch den Anwender speziell veranlaßt werden.

Die von DCOM bzw. RPC verwendeten Transportprotokolle sind konfigurierbar. Standardmäßig wird UDP/IP benutzt. Die Absicherung der Datenübertragung wird in diesem Falle von der RPC-Schicht übernommen. Pro Serveranfrage wird eine Request PDU (Protocol data unit) und eine Response PDU übertragen. Aus Sicht des Clients erfolgt eine Serveranfrage durch einen normalen Funktionsaufruf mit nahezu beliebigen Parametern. Dieser Funktionsaufruf arbeitet synchron. Der aufrufende Programmfaden wird solange vertagt, bis die Antwort vom Server eingetroffen ist. Sogenannte Proxys und Stubs sorgen für das Ein- und Auspacken der Parameters in PDUs (Marshaling).

Es sind zwei Betriebsarten vorgesehen: Single- und Multi-Threaded. In der Single-Threaded Betriebsart synchronisiert DCOM die Aufrufe derart, daß sichergestellt ist, daß ein Server-Objekt nicht von mehreren Clients gleichzeitig aufgerufen wird. Die entsprechenden Programmfäden müssen daher nicht „thread-safe“ ausgelegt werden. Allerdings werden für diese Betriebsart vom System zusätzliche Programmfäden angelegt, wodurch ein zusätzlicher Softwareaufwand entsteht. In der Multi-Threaded Betriebsart muß der Anwender selber dafür sorgen, daß die Programmfäden „thread-safe“ sind.

3. Aufbau der Windows NT Prozesse

NT-Prozesse werden in zwei Klassen eingeteilt: Echtzeitprozesse und dynamische Prozesse. Echtzeitprozesse können Programmfäden mit einer festen Priorität anlegen. Die Priorität von Programmfäden der dynamischen Prozesse werden vom Scheduler in Abhängigkeit der zu erledigenden Aufgaben verändert. Alle Programmfäden der Echtzeitprozesse liegen prioritätsmäßig über denen der dynamischen Prozesse [2]. Ein vorhersagbares Systemverhalten ist somit nur in Echtzeitprozessen zu erreichen.

Externe Ereignisse werden durch Gerätetreiber verarbeitet. Für die Interruptverarbeitung sind 32 Prioritätsebenen vorgesehen. Die jeweilige Priorität ist durch die Hardwareverschaltung vorgegeben und kann nicht per Software verändert werden. Die zugehörigen Interrupt-Service-Routinen (ISR) sollen so kurz wie möglich sein und nur die Programmierung der Hardwareregister zum Bestätigen der Interruptanforderungen beinhalten. Die eigentliche Bearbeitung soll in einer sogenannten Deferred Procedure Call (DPC) Funktion erfolgen. Diese DPC-Funktion ist preemptiv für alle Hardware-Interrupts, läßt sich aber nicht durch System- und Anwenderprozesse unterbrechen. Sie läßt sich auch nicht durch andere DPC-Funktionen unterbrechen, da es keine Prioritäteneinteilung für diese Funktionen gibt. Eine einmal gestartet DPC-Funktion

	Client	Server
Betriebssystem	Windows NT 4.0 Workstation	
CPU	Pentium	
Takt	90 MHz	133 MHz
Speicher	32 MB	
LAN	Ethernet	
Transferrate	10 MBit/s	

Tabelle 1: Ausstattungsmerkmale der verwendeten Client- und Server-Rechner

wird solange bearbeitet, bis sie sich selbst vertagt oder beendet. Dies ist eine ganz wesentliche Schwachstelle für zeitkritische Applikationen unter Windows NT [6]. Der wesentliche Anteil der Latenzzeit, die durch eine Applikation in zeitkritische Anwendungen hinein induziert wird, kommt aus der DPC-Ebene. Eine ganz wesentliche Aufgabe dieser Untersuchung ist daher festzustellen, wieviel CPU-Zeit bei der Anwendung der DCOM-Technik maximal in den einzelnen Ebenen der Prozesse verbraucht wird.

4. Leistungsfähigkeit der Interprozeß-Kommunikationsmechanismen

Die nachfolgend aufgeführten Meßergebnisse wurden in einem ansonsten unbelasteten Netzwerk an PC's mit der in Tabelle 1 beschriebenen Ausstattung ermittelt. Die Abbildung 2 zeigt die Anzahl der erreichten Transaktionen pro Zeiteinheit als Funktion der pro Transaktion übertragenen Datenmengen. Die Stufen in den Kurven erklären sich aus der notwendigen Fragmentierung der Datenpakete. Der Client als auch der Server führten in den Transaktionen keine weiteren Aktivitäten aus. Neben den notwendigen Prozessen zur Durchführung der Messung waren keine weiteren aktiv. Bei kleinen Datenmengen ist die Netzwerkbelastung sehr gering. Hier bestimmt die CPU-Leistung die erzielbaren Transaktionsraten. Erstaunlicherweise ist sie für UDP und TCP nahezu gleich. Der zusätzliche Aufwand für das TCP-Protokoll ist offensichtlich im Vergleich zum Gesamtaufwand vernachlässigbar gering. Die deutlich geringere Effektivität des Pipe-Mechanismus ist auf den höheren Aufwand für die Bestätigungen der SMB-Kommandos und der damit verbundenen höheren Anzahl der Netzwerkpakete zurückzuführen. Die noch kleinere Leistung der DCOM-Transaktionen ist durch das zusätzliche Ein- und Auspacken der Parameter (Marshaling) bedingt. In dieser Messung wurde das Marshaling verwendet, daß standardmäßig durch die IDispatch-Schnittstelle zur Verfügung gestellt wird. Bei dem Vergleich der Methoden ist zu beachten, daß bei den anderen drei Mechanismen keine weitere Interpretation der Daten auf der Applikationsebene durchgeführt wurde. In einer realen Umgebung ist für diese Protokolle ein eventuell nicht unerheblicher zusätzlicher Aufwand einzukalkulieren.

Bei Transaktionen mit größeren Datenmengen wird die Leistungsfähigkeit zunehmend durch die Kapazität des Netzwerkes begrenzt, so daß die Unterschiede zwischen den Methoden immer kleiner werden.

Die Evaluierung des CPU-Bedarfs kann sehr einfach mit Hilfe eines Leerlauf-Programmfadens ermittelt werden. Durch ständiges Abfragen eines Hardware-Zeitgebers in einer Dauerschleife (Windows NT bietet hierfür die API-Funktion QueryPerformanceCounter) können die Zeiten, in denen die CPU nicht mit der Kommunikation beschäftigt ist, ermittelt werden. Allerdings erhält man keine Aussage darüber, in welcher Ebene (Thread, DPC oder ISR) die CPU tatsächlich arbeitet. Wenn man insbesondere die Unterbrechbarkeit (d. h. die induzierten Latenzzeiten) ermitteln möchte, sind andere Meßverfahren notwendig. Gergeleit [5] hat z. B. einen Windows NT Kernel derart modifiziert, daß bei jedem Programmfadenwechsel und bei jedem Interrupt eine Ereignisbeschreibung abgelegt wird. Mit Hilfe dieser Information kann dann der zeitliche Verlauf einer Interprozeßkommunikation genau nachvollzogen werden. Nachteilig ist jedoch, daß die Instrumentierung des Kernels eine erhebliche Rückwirkung auf das Zeitverhalten haben kann. Außerdem kann man mit dieser Methode nicht erkennen, ob zwischenzeitlich das Interruptsystem deaktiviert wurde.

Bei periodisch ablaufenden Vorgängen kann ein anderer Weg beschritten werden. Mittels eines speziellen Programmfadens kann die Unterbrechbarkeit einer Applikation zu einem bestimmtem Zeitpunkt innerhalb der Periode gezielt untersucht werden [4]. Durch ein externes Ereignis, welches z. B. durch einen einstellbaren Zeitgeber auf

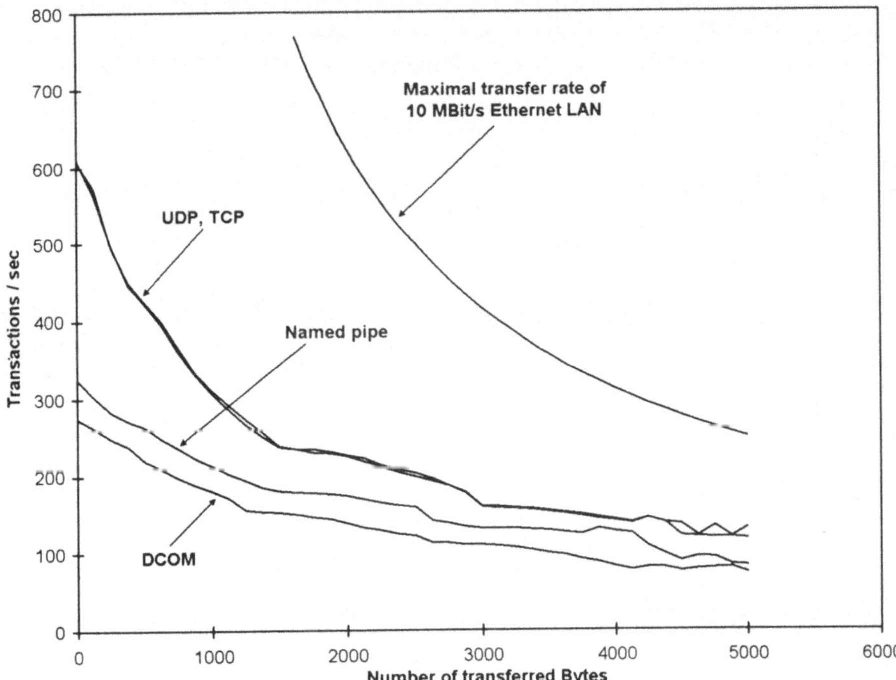

Abbildung 2: Maximale Zahl der Transaktionen pro Zeiteinheit als Funktion der pro Transaktion übertragenen Datenmenge.

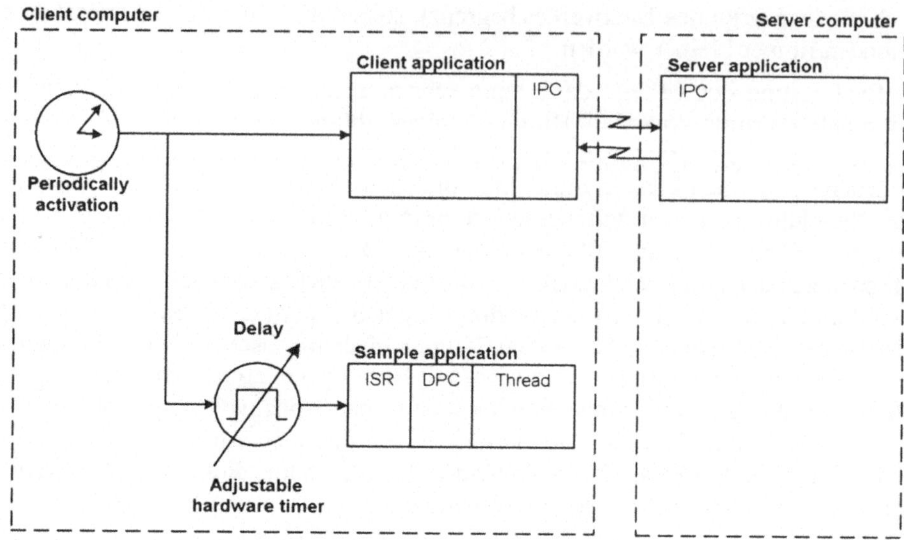

Abbildung 3: Aufbau der Client/Server- und Testapplikation

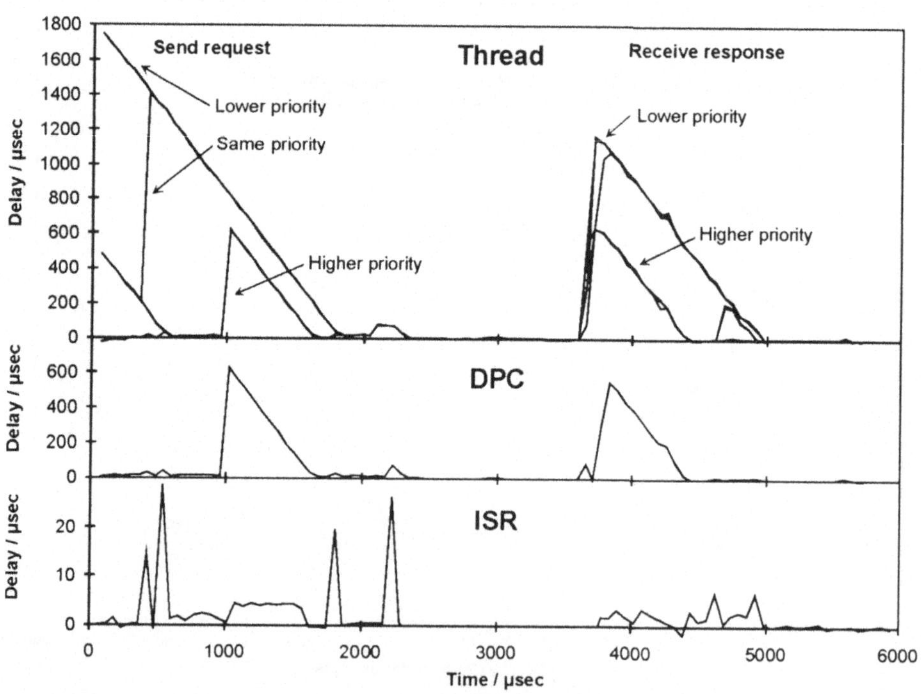

Abbildung 4: Verzögerungszeiten der Testapplikation bei Ausführung einer DCOM Transaktion in der Single-Threaded Betriebsart.

einer Zusatzkarte erzeugt werden kann (siehe Abbildung 3), wird ein Interrupt ausgelöst, der seinerseits eine Routine auf der DPC-Ebene aktiviert. Die DPC-Routine stößt dann einen Programmfaden mit einer vorgegebenen Priorität an. In den einzelnen Ebenen werden durch Auslesen des Hardware-Zeitgebers die jeweils auftretenden Verzögerungszeiten gemessen. Unter Berücksichtigung der Laufzeiten ergeben sich daraus die durch die Applikation induzierten Latenzzeiten. Durch schrittweises Abtasten der gesamten Periode erhält man ein sehr genaues Abbild der Abläufe. Die Abbildung 4 zeigt als Beispiel die gemessenen Verzögerungszeiten für einen DCOM-Aufruf. Daraus kann der in Abbildung 5 dargestellte Verlauf der Prioritäten rekonstruiert werden. Der Programmfaden des Clients war auf die Priorität „Highest" eingestellt. Zu sehen ist, daß für das Senden und Empfangen der Datenpakete ein erheblicher Anteil der CPU-Zeit in der DPC-Ebene verbraucht wird. Da, wie bereits erwähnt, die DPC-Funktion nur durch Hardware-Interrupts unterbrechbar ist, wird deutlich, daß hier eine erhebliche Latenzzeit in die anderen Applikationsteile induziert wird. Weiterhin ist deutlich der Wechsel auf die vom System in der Betriebsart Single-Threaded zusätzlich angelegten Programmfäden zu erkennen. Diese Programmfäden werden trotz der hohen Priorität des Clients immer mit der Priorität „Normal" angelegt. Dies kann zu einem unerwünschten Verdrängen des hochpriorisierten Programmfadens führen! Auf der ISR-Ebene wurden bei diesen Versuchen zusätzliche Latenzzeiten unterhalb von 30 µsec gemessen. Die maximale Latenzzeit ist nahezu unabhängig von der jeweiligen Interrupt-Priorität, da ein wesentlicher Anteil durch kurzfristiges Deaktivieren des gesamten Interruptsystems (z. B. bei Programmfadenwechsel) entsteht.

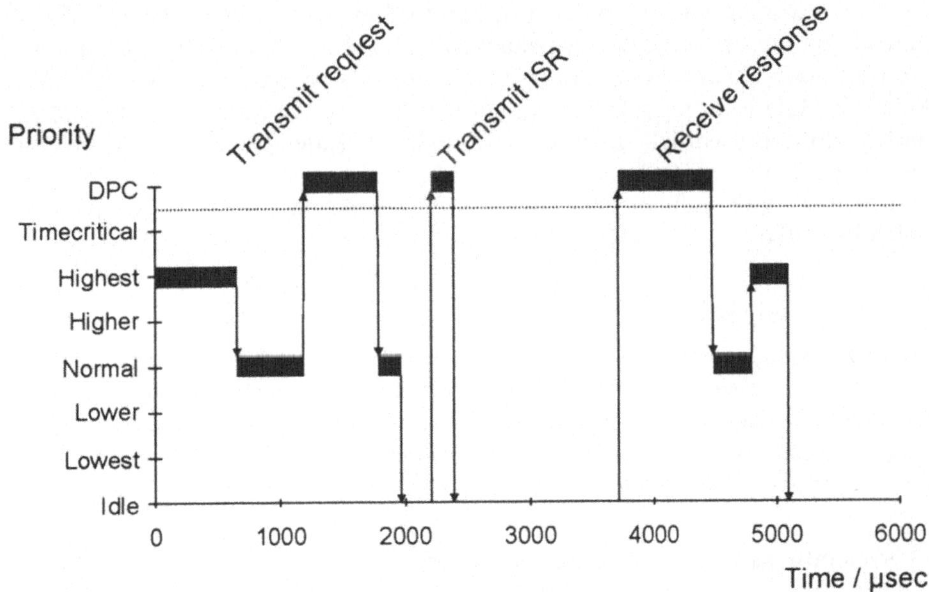

Abbildung 5: Aus den Verzögerungszeiten der Abbildung 4 rekonstruierter zeitliche Verlauf der Prioritäten einer DCOM Transaktion in der Single-Threaded Betriebsart.

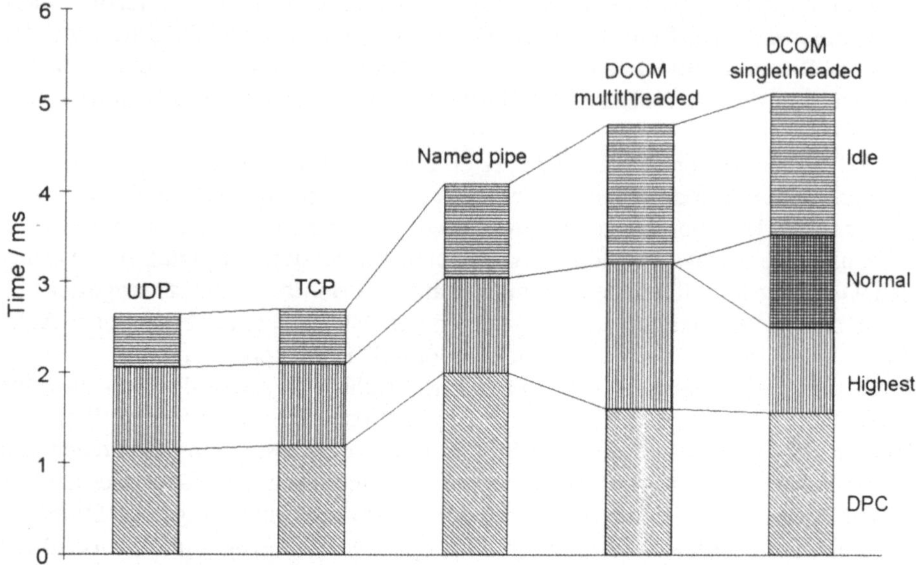

Abbildung 6: CPU-Bedarf der verwendeten Datenprotokolle in den einzelnen Prioritätsstufen des Windows NT 4.0 Betriebssystem.

Abbildung 6 vergleicht die gemessenen CPU-Zeiten der einzelnen Protokolle. UDP und TCP verbrauchen im Vergleich mit DCOM nur geringfügig weniger DPC-Zeit. Named Pipes benötigen einen etwas höheren Anteil durch die höhere Anzahl der zu übertragenden Datenpakete. Die DCOM-Protokolle weisen einen deutlich höheren Anteil der Idle-Priorität auf. Dies ist auf den höheren Aufwand auf der Server-Seite zurückzuführen. Deutlich ist in der Abbildung der Unterschied zwischen der Multi- und Single-Threaded Betriebsart des DCOM Protokolls zu erkennen. Die vom System angelegten Programmfäden haben einen erheblichen Anteil der CPU-Zeit auf der normalen Priorität.

5. Zuverlässigkeit

Die Zuverlässigkeitsaspekte von Client-Server Applikationen werden leider viel zu häufig vernachlässigt. Es ist sehr schwierig, die Reaktion eines Programms auf Fehlersituationen zu überprüfen. Die üblichen Entwicklungsumgebungen bieten leider keine Möglichkeiten für die Simulation derartiger Fehler. Im folgenden sollen zwei wesentliche Zuverlässigkeitsaspekte diskutiert werden.

5.1 Systembelastung durch fehlgeleitete Nachrichten

Bei vielen Systemen mit Netzwerkanschluß besteht die Gefahr, daß deren Zeitverhalten über das Netzwerk massiv negativ beeinflußt werden kann [7]. Ein solches Verhalten kann auch unter Windows NT beobachtet werden. Sobald auf dem Netzwerk ein Paket auftaucht, das als Zieladresse den betrachteten Host enthält, wird für dessen Bearbeitung Rechenzeit verbraucht. Dies ist auch der Fall wenn für das Paket gar keine Applikation zuständig ist. In diesem Fall generiert das System eine ICMP-Nachricht mit dem Inhalt, daß die Applikation nicht erreichbar ist. Die Behandlung erfolgt vollständig auf der DPC-Ebene. Bei der untersuchten Rechnerkonfiguration wurde für jede fehlgeleitete Nachricht eine Bearbeitungszeit von 0,45 ms gemessen. Bei einer entsprechend hohen Zahl derartiger Pakete, die z. B. durch eine fehlerhafte Applikation erzeugt werden können, kann das System zu 100 % auf der DPC-Ebene belastet werden, ohne daß sich die Applikationen dagegen wehren können!

Zu beachten ist, daß selbst die Behandlung von Broadcast-Nachrichten Rechenzeit beansprucht, auch wenn auf dem betrachteten Rechner keine entsprechende Empfänger-Applikation vorhanden ist. Da in diesem Falle keine ICMP-Nachricht generiert wird, wird pro Nachricht lediglich 0,25 ms DPC-Zeit verbraucht.

5.2 Zeitverhalten bei fehlerhafter Übertragung

Bei der standardmäßigen Konfiguration des DCOM wird UDP/IP als Transportprotokoll verwendet. Das bedeutet, daß die Zuverlässigkeit der Übertragung durch die RPC-Schicht gewährleistet werden muß. Sie muß auf verlorengegangene oder mehrfach übertragene Pakete sowie auf Pakete, die in der falschen Reihenfolge gesandt worden sind, reagieren. Messungen an der Standardkonfiguration in einem lokalen Netz zeigen, daß eine fehlerhafte Übertragung erst nach 1 sec erkannt und wiederholt wird. Da DCOM synchron arbeitet, wird der aufrufende Programmfaden bei einem einfachen Übertragungsfehler für diese Zeit blockiert. Bei einem schwerwiegenden Fehler, z. B. vollständiger Absturz des Servers, wird der Aufrufer in Abhängigkeit des verwendeten Transportprotokolls über 60 sec blockiert. Es gibt unter DCOM bislang keine Möglichkeit, eine Timeout-Zeit einzustellen. Für die meisten zeitkritischen und auch nicht zeitkritischen Applikationen ist dieses Verhalten absolut unakzeptabel. Die Folge ist, daß der Aufrufer mittels eines separaten Programmfadens zeitmäßig überwacht werden muß. Dies verkompliziert die Software-Architektur erheblich.

6. Fazit

DCOM bietet eine sehr komfortable Grundlage für den Aufbau von verteilten Applikationen. Die vorgestellten Untersuchungen zeigen, daß durchaus auch zeitkritische Applikationen realisiert werden können. Mit Hilfe der vorgestellten Meßverfahren sollte mit geringem Aufwand eine Machbarkeitsuntersuchung für ein geplantes Projekt möglich sein.

Der zusätzliche Bedarf an CPU-Zeit und Netzwerkkapazität ist in vielen Fällen akzeptabel, insbesondere wenn man berücksichtigt, daß für die einfacheren Transportprotokolle ein zusätzlicher Softwareaufwand für das Kodieren und Dekodieren der Nachrichten auf der Applikationsseite zu leisten ist. Mit DCOM erhält man zusätzlich den Komfort des automatischen Starten und Entfernen der Server-Objekte. Weiterhin ist ein Ansatz für die Versionenkontrolle vorhanden.

Aspekte der Sicherheit- und Zuverlässigkeit sind noch nicht befriedigend gelöst. In zukünftigen Versionen sollten Möglichkeiten einer Timeout-Einstellung vorgesehen werden. Ebenso ist eine Begrenzung der CPU-Zeit für die Netzwerkbehandlung zu implementieren.

Ein weiteres großes Problem ist die Konfiguration einer verteilten Applikation. Bislang muß jeder Rechner individuell konfiguriert werden. So muß z. B. bei der Verlagerung eines Objektes auf einen anderen Rechner alle Rechner, die dieses Objekt benutzen wollen, entsprechend neu konfiguriert werden. Es existiert kein allgemeines Repository.

7. Literatur

[1] Networking Guide, Windows NT 4.0 Server Resource Kit. Microsoft Corporation, 1996.

[2] Technology Brief: Real-Time Systems with Microsoft Windows NT. Publication of the Microsoft Developer Network, Microsoft Corporation, 1995.

[3] White Paper: DCOM Technical Overview. Professional Developers Conference. Microsoft Corporation, 1996.

[4] H. H. Heitmann: Echtzeitverhalten von Multiprozessor-Systemen. Erschienen in: Echtzeitsysteme und objektorientierter Entwurf, Rzehak (Hrsg.), Vieweg, 1996.

[5] M. Gergeleit: Feingranulares Monitoring von Echtzeit-Applikationen auf Windows NT. Frühjahrstreffen der GI-Fachgruppe Betriebssysteme, München, 1997.

[6] M. Timmermann, J.-C. Monfret: Windows NT as Real-Time OS? Real-Time Magazine, Issue 1997/2.

[7] V. Brokelmann, U. Bruhn: Analyse der Echtzeitfähigkeit einer TCP/IP-Implementierung anhand eines embedded Microcontrollersystems mit Ethernetanschluß über Parallelport. Diplomarbeit, Fachhochschule Hamburg, 1996.

[8] H. H. Heitmann: Hochauflösende Zeitgeber in den Windows Betriebssystemen. Technische Berichte des Fachbereiches E/I, Nr. 30, Fachhochschule Hamburg, 1997.

Programmierung von hardwarenahen und zeitkritischen Windows-Applikationen

Ein Erfahrungsbericht über die Entwicklung und Anwendung des *Industrial Application Toolkits*

Uwe Jesgarz, Stefan Weidlich
u.jes@kithara.de, s.wei@kithara.de
Kithara Software
Postfach 35 04 37
10213 Berlin

Überblick

Windows ist inzwischen unumstritten das Standard-Betriebssystem in vielen Bereichen. Zunehmend wird es auch für Anwendungen im industriellen Bereich verwendet, insbesondere die 32-Bit-Systeme Windows 95 und Windows NT.

Der Vortrag begründet einleitend die Notwendigkeit, für industrietaugliche Applikationen die Anwender-Programmierschnittstelle von Windows erweitern zu müssen. Dazu werden einige Eigenschaften genannt, die hardwarenahe und zeitkritische Anwendungen erfüllen müssen, die aber auf Basis der vorhandenen Programmierschnittstelle nicht realisiert werden können. Als eine mögliche Erweiterung wird anschließend das *Industrial Application Toolkit* vorgestellt. Es folgt eine kurze Beschreibung des Grundprinzips der Programmierwerkzeuge, ihrer Anwendung und des verfügbaren Funktionsumfangs.

Für folgende spezielle Aufgaben bei der Entwicklung von Industrieanwendungen erläutert der Vortrag ausführlich die Situation unter Windows:

- direkter Zugriff auf physischen Speicher
- Lese- und Schreibzugriffe auf I/O-Ports
- schnelle Reaktionen auf Hardware-Interrupts

Dazu werden jeweils die vorhandenen Windows-Eigenschaften sowie Besonderheiten der einzelnen Plattformen beschrieben sowie anschließend die erweiterten Möglichkeiten des *Industrial Application Toolkits* genannt. Auf das Thema der anwenderdefinierten Reaktion auf Hardware-Interrupts geht der Vortrag besonders ein. Es werden verschiedene Methoden vorgestellt, die sich vor allem im Kontext der Programmausführung der Interruptroutine und in den erreichbaren Reaktionszeiten unterscheiden. Es werden Erfahrungen der Anwender des Toolkits wiedergegeben sowie einige realisierte Anwendungen in verschiedenen Einsatzgebieten kurz beschrieben. Abschließend folgt die Feststellung, daß auch der Erfolg des *Industrial Application Toolkits* den aktuellen Trend bestätigt, daß Windows nun auch in industriellen Bereichen immer mehr an Bedeutung gewinnt.

Einleitung

Bei der Entwicklung von PC-basierten industriellen Anwendungen sind häufig die folgenden Eigenschaften zu kombinieren:

- grafische Benutzerschnittstelle für einfache und einheitliche Bedienung,
- echtzeitfähige Mechanismen für zeitkritische Funktionen,
- direkter Zugriff auf die PC-Hardware zur Kopplung mit dem Prozeß,
- einfache Realisierung der Anwendungen zur Senkung der Entwicklungskosten.

Die grafische Benutzerschnittstelle, die große Verbreitung von Windows sowie die Vielzahl an verfügbaren Werkzeugen und Know-How für diese Betriebssystem-Plattformen führen dazu, daß Windows zunehmend auch für Industrieanwendungen genutzt wird. Besonders trifft das auf die 32-Bit-Systeme Windows 95 und Windows NT zu, bei denen die Systemdienste nun auch grundlegende Mechanismen wie das preemptive prioritätsbasierte Multithreading zur Verfügung stellen.

Folgende Anforderungen an industrielle Anwendungen können jedoch auf Basis der Standard-Win32-Programmierschnittstelle nicht erfüllt werden:

- direkter Zugriff auf die eingesetzte PC-Hardware, also auf physischen Speicher und I/O-Ports,
- Einplanen von zeitlichen Ereignissen mit hoher Genauigkeit,
- genaue und hochauflösende Zeitabfragen,
- schnelle Reaktion auf Hardware-Interrupts (IRQs).

Das Industrial Application Toolkit

Weitreichendere Möglichkeiten als die Win32-Programmierschnittstelle bieten die Funktionen der Windows-Kernels, die aber nur über die aufwendige Entwicklung von VxDs oder Kernel-Treibern zugänglich sind.

Das von Kithara Software entwickelte *Industrial Application Toolkit* aus der Produktreihe *»Key-Board«* beinhaltet Werkzeuge und Bibliotheken zur Entwicklung industrieller echtzeitfähiger Anwendungen unter Windows. Diese Tools ersparen dem Windows-Programmierer die aufwendige Entwicklung von eigenen Kernel-Treibern. Sie erlauben ihm stattdessen zum Beispiel die Behandlung von Interrupts unmittelbar auf der Anwendungsebene. Das Toolkit bedient sich der vorhandenen Mechanismen des jeweiligen Betriebssystem-Kerns und der Prozessor-Architektur mit Hilfe eines eigenen Kernel-Treibers. Die neuen Funktionen werden über eine DLL bereitgestellt. Dadurch kann der Anwender diese Funktionen auf einfache Weise in seiner gewohnten Programmiersprache und Entwicklungsumgebung nutzen, sofern diese die Arbeit mit DLLs unterstützen (C/C++, Delphi etc.).

Folgende Funktionen stellt die aktuelle Version 3 des Toolkits bereit:

- Direktzugriff auf physischen Speicher,
- Lese- und Schreibzugriffe auf beliebige I/O-Ports,
- mikrosekundengenaue Zeiterfassung,
- Anmeldung von Timern in Millisekunden-Auflösung,

- Behandlung von Interrupts in Windows-Applikationen,
- Kommunikation über die serielle Schnittstelle.

Direktzugriff auf physischen Speicher

In den 32-Bit-Windows-Betriebssystemen wird eine sogenannte virtuelle Speicherverwaltung angewendet. Durch deren Mechanismen ist zum einen der Schutz der verschiedenen Adreßräume vor unerlaubtem Zugriff gewährleistet. Zum anderen steht jeder Applikation ein logischer Adreßraum von 4 GByte zur Verfügung. Eine der Konsequenzen der Nutzung der Prozessor-Mechanismen ist, daß die innerhalb der Anwender-Programme für Daten und Befehle benutzten Adreßangaben immer virtuelle Adressen darstellen. Sie werden erst durch die Speicherverwaltung des Betriebssystems in die eigentlichen physischen Adressen umgewandelt. Der unerlaubte Versuch, in einem Windows-Programm direkt auf eine physische Adresse zuzugreifen, führt in der Regel zu einer Fehlermeldung und dem Beenden des entsprechenden Programmes.

Entwickler von hardwarenahen Applikationen benötigen aber genau diese Mechanismen, um zum Beispiel auf den Dual-Port-RAM einer PC-Einsteckkarte direkt von einem Programm aus zuzugreifen.

Das *Industrial Application Toolkit* stellt zwei unterschiedliche Mechanismen bereit, um auf physischen Speicher zuzugreifen. Dabei wird unterschieden, ob sich der Speicher real auf einer externen Hardware oder im Hauptspeicher des PCs befindet. Im einen Fall erfolgt die Einblendung des externen Speichers in den Adreßraum der Anwendung, um direkt auf den Speicher der Hardware zugreifen zu können. Bei internem PC-Speicher hingegen muß die physische Adresse an die externe Hardware übermittelt werden, damit diese auf den PC-Speicher zugreifen kann. Zusätzlich ist dafür zu sorgen, daß der bereitgestellte Bereich nicht vom Betriebssystem auf die Festplatte ausgelagert wird (swapping). Das Ergebnis ist in beiden Fällen, daß sowohl die externe Hardware als auch das Anwendungs-Programm auf den vereinbarten Speicherbereich zugreifen können.

Das folgende Beispiel demonstriert die Einblendung eines physischen Speicherbereiches (Dual-Port-RAM auf ISA-Bus ab der Real-Mode-Adresse D800:0000 von 2 KByte Größe) in den Anwendungs-Adreßraum:

```
Byte* pAppPtr;                          // für Zugriff von Anw. aus
Byte* pSysPtr;                          // für Zugriff von Kernel aus
...
Error error = KS_mapPhysMem( &(Void*)pAppPtr, &(Void*)pSysPtr, 0x000D8000,
  2048, KSF_MAP_ISA_BUS );
if( !error )
  *pAppPtr = value;                     // Zugriff durch Anwendung
...
error = KS_unmapPhysMem( pAppPtr );     // Bereich wieder freigeben
```

Lese- und Schreibzugriffe auf beliebige I/O-Ports

In den Windows-Betriebssystemen werden die verschiedenen Möglichkeiten der 'Protected-Mode-Architektur' von intel-Prozessoren genutzt. Dazu gibt es unter anderem bereits seit dem i286 innerhalb des geschützten Bereichs des Flag-Registers ein besonderes Bit-Feld – das '*I/O privilege level field*' (IOPL). Es enthält die Privilegstufe, von der aus I/O-Zugriffe zulässig sind. Außerdem wird seit dem i386 für jedes Windows-Programm eine spezielle Bit-Struktur angelegt, in der zu jedem I/O-Port ein Bit zur Steuerung dessen Zugriffs existiert (*I/O permission bitmap*).

Windows-Programme werden immer im sogenannten Ring 3 des Prozessors ausgeführt, das heißt auf seiner am wenigsten privilegierten Stufe. Als erforderliche Privilegstufe für I/O-Zugriffe ist im IOPL aber Ring 0 eingestellt. Daher kann ein direkter Zugriff auf ein I/O-Port nur noch durch ein entsprechend eingestelltes Bit im '*I/O-permission bitmap*' ermöglicht werden. Ist das zugehörige Bit aber gesetzt, so meldet der Prozessor dem Betriebssystem eine Verletzung der Schutzmechanismen – der I/O-Zugriff wird 'abgefangen' ('*trapped*').

Das Betriebssystem reagiert auf diese ihm gemeldeten I/O-Zugriffe durch das Aufrufen des jeweiligen dafür installierten '*I/O-Port-Handlers*'. Diese können nun den versuchten Zugriff des Windows-Programmes tatsächlich zulassen, indem sie ihn nachholen, die I/O-Anforderung völlig ignorieren oder sogar ablehnen und das Anwendungs-Programm mit 'Schutzverletzung' beenden.

In Tabelle 1 wird dargestellt, wie die verschiedenen Betriebssysteme bei Zugriffen auf I/O-Ports unmittelbar aus einer Applikation heraus verfahren:

Tabelle 1: Verfahrensweise der Windows-Systeme bei I/O-Zugriffen

	Betriebssystem	IOPL	Bedeutung
▪	Windows 3.x	0	I/O-Zugriffe aus Ring 3 sind erlaubt, nur wenige kritische I/O-Adressen werden abgefangen (z.B. Timer & DMA)
▪	Windows 95	0	I/O-Zugriffe aus Ring 3 werden vom Betriebssystem abgefangen, jedoch in der Regel ausgeführt (außer bei kritischen I/O-Adressen, z.B. Timer & DMA)
▪	Windows NT	0	alle I/O-Zugriffe aus Ring 3 werden abgefangen, die Anwendung wird mit Schutzverletzung beendet.

Somit müssen für die Möglichkeit des direkten Zugriffs auf I/O-Ports unmittelbar aus der Anwendung heraus Vorkehrungen getroffen werden, um auf jeder Plattform identisch vorgehen zu können. Dadurch wird ermöglicht, daß auf bestimmte Ports überhaupt zugegriffen werden kann bzw. daß die eigenen Zugriffe nicht durch andere I/O-Handler verzögert werden.

Um aus einer Windows-Applikation direkt und ohne Verzögerung durch Betriebssystem-Funktionen auf I/O-Ports zugreifen zu können, muß für das jeweilige Port das Abfangen des Zugriffs durch das Betriebssystem abgeschaltet und der eventuell installierte I/O-Handler entfernt werden. Das ermöglicht eine Funktion des *Industrial*

Application Toolkits, der man die Adresse des betreffenden I/O-Ports als Parameter übergibt.

Die eigentliche I/O-Port-Ein- und -Ausgabe (nach der Abschaltung des I/O-Trappings) erfolgt idealerweise, indem Ein-/Ausgabe-Befehle unmittelbar in den Programmcode eingefügt werden. Das Einfügen von I/O-Befehlen in den Programmcode kann durch Makros oder durch inline-Assembler-Code erreicht werden. In Fällen, in denen die verwendete Programmiersprache keine inline-Assemblierung erlaubt oder kein externer Assembler verfügbar ist, sind die vom *Industrial Application Toolkit* bereitgestellten Funktionen nutzbar.

Abfangen von Hardware-Interrupts

Windows ist in jeder der möglichen Varianten ein Multitasking-Betriebssystem. Das bedeutet, es kann gleichzeitig mehrere Tasks – voneinander unabhängige Prozesse – geben, die abgearbeitet werden sollen, die also um Prozessorzeit konkurrieren. Welcher der gerade abarbeitungsbereiten Prozesse nun tatsächlich den Prozessor zugewiesen bekommt, wird einzig vom Betriebssystem nach bestimmten Mechanismen entschieden.

Hinsichtlich der Art dieses Multitaskings muß jedoch zwischen den 16- und 32-Bit-Versionen unterschieden werden:

- Unter Windows 3.x findet zwischen einzelnen Windows-Applikationen 'nur' ein kooperatives Multitasking statt, bei dem jede Anwendung freiwillig die Kontrolle an das System zurückgeben muß.
- Auf jedem anderen System und ebenso gegenüber DOS-Anwendungen wird preemptiv umgeschaltet, das heißt, das System unterbricht die laufende Bearbeitung und schaltet auf einen anderen Prozeß um.

Innerhalb der 32-Bit-Windows-Anwendungen sowie im Betriebssystem selbst gibt es darüberhinaus noch die sogenannten 'Threads', die einen Prozeß in noch kleinere, separate, um den Prozessor konkurrierende Ausführungspfade unterteilen.

Da systemseitig für den sicheren Betrieb dieser quasiparallelen Abläufe Schutzmechanismen vorzusehen sind, müssen Zugriffe auf kritische Ressourcen – dazu gehören auch Interrupts – synchronisiert werden. Jeder direkte Zugriff auf Interrupts von einem Anwendungsprogramm aus wird deshalb verhindert.

Umgekehrt wird auch jedes PIC-Signal[1], das das Anliegen einer Interruptanforderung meldet, vom Betriebssystem ausschließlich in die Interruptbehandlungsroutine des dafür vorgesehenen Gerätetreibers weitergereicht. In den meisten Fällen verarbeitet das Betriebssystem die Zugriffe zum PIC sowie alle eintreffenden IRQs[2] selbst und führt daraufhin bestimmte Standardroutinen aus.

---

[1] PIC = **P**rogrammable **I**nterrupt **C**ontroller

[2] IRQ = **I**nterrupt **R**e**Q**uest

Da es über API-Funktionen des Betriebssytems keine Möglichkeit zum Abfangen eines Interrupts mit einer Anwender-Funktion gibt, mußten Nutzer von Hardware-Komponenten mit eigenem IRQ bisher entweder darauf achten, daß ein passender Treiber mit fertiger IRQ-Behandlungsroutine auf Ring-0-Ebene vorliegt, oder es war ein solcher Gerätetreiber zu programmieren.

Das *Industrial Application Toolkit* bietet als Erweiterung der Windows-Programmierschnittstelle neue Funktionen an, mit denen von Applikationen aus auf einfache und komfortable Weise Interrupts mit einer eigenen Behandlungsroutine abgefangen werden können.

Folgendes Beispiel zeigt die Anmeldung einer Funktion, die bei Eintreffen eines Interrupts gerufen werden soll.

```
Signed irq = 15;                          // IRQ-Nummer: 15
Signed prio = 28;                         // absolute Priorität: 28
Flags flags = KSF_ACCEPT_PENDING;         // anhängigen IRQ annehmen
Error error = KS_installIRQHandler( irq, callBack, pArgs, flags, prio );
if( error )
  ...                                     // Fehlerauswertung
```

Von den 16 möglichen Interrupts eines PCs (IRQ0 - IRQ15) sind einige immer von bestimmten Hardwarekomponenten 'exklusiv' benutzt und können daher nicht noch zusätzlich durch eine eigene Routine behandelt werden.

Andere IRQs werden zwar ebenfalls bereits benutzt, stehen aber als 'geteilte' (engl. *shared*) IRQs auch anderen Programmen zur Verfügung. In dem Fall kann eine eigene Routine zur Liste bereits installierter Behandlungsroutinen hinzugefügt werden.

Tabelle 2: IRQ-Konfiguration (eine mögliche Konfiguration unter Windows 95)

IRQ/Quelle	Status	IRQ/Quelle	Status
▪ 0 (Timer)	exklusiv benutzt	8 (Clock)	geteilt verfügbar
▪ 1 (Keyboard)	exklusiv benutzt	9 (VGA)	exklusiv benutzt
▪ 2 (Slave-PIC)	exklusiv benutzt	10	frei
▪ 3 (COM2)	geteilt verfügbar	11	frei
▪ 4 (COM1)	geteilt verfügbar	12	frei
▪ 5 (LPT2)	geteilt verfügbar	13 (FPU)	exklusiv benutzt
▪ 6 (Floppy)	geteilt verfügbar	14 (Harddisk)	exklusiv benutzt
▪ 7 (LPT1)	geteilt verfügbar	15	frei

Methoden der Interrupt-Behandlung beim *Industrial Application Toolkit*

Zur Behandlung von Hardware-Interrupts mit einer anwenderdefinierten Routine bietet das *Industrial Application Toolkit* zwei verschiedene Mechanismen, die sich hinsichtlich ihrer Reaktionszeiten und ihres Funktionsvorrats unterscheiden – die Multithread-Methode und die Callback-Methode.

Bei der Multithread-Methode wird bei einem beliebigen Thread der Ablauf dieses Programmteils durch das Warten auf einen Interrupt blockiert. Dadurch werden die vorhandenen Synchronisationsmechanismen des Betriebssystems (wie Events oder Semaphore) sozusagen um die Blockierungsursache "Hardware-Interrupt" erweitert.

Bei der Callback-Methode wird vom Anwender eine Funktion erstellt, die bei jedem Eintreffen eines Interrupts vom Toolkit gerufen wird. Bezüglich des Kontextes der Ausführung der Callback-Funktion sind weitere Varianten wählbar. Zum einen kann die innerhalb der Applikation definierte Funktion auf Anwendungsebene (Ring 3) als Bestandteil eines ganz normalen Threads ablaufen. Zum anderen ist es auch möglich, die vom Anwender festgelegte Befehlsfolge auf Kernelebene (Ring 0) auszuführen.

Bei der Multithread-Methode und bei der Ausführung einer Callback-Funktion auf Anwendungsebene nimmt das Betriebssystem die Thread-Umschaltung vor. Sie ist typischerweise nach einigen ...zig (bis etwa 100) Mikrosekunden abgeschlossen, in seltenen Fällen kann es zu Verzögerungen im Bereich weniger Millisekunden kommen. Durch die Einbettung der Interruptfunktion in einen Win32-Thread erfolgt die Interruptbehandlung innerhalb des Anwendungs-Kontextes. Der Vorteil besteht darin, daß innerhalb der Interrupt-Routine der gesamte Funktionsvorrat zur Verfügung steht.

Zur bevorzugten Behandlung der zeitkritischen Anweisungen kann der Thread, in dem letztlich die Interruptbehandlung erfolgt, mit einer beliebig hohen Priorität versehen werden. Dazu stellt das Toolkit Funktionen zur Auswahl einer der insgesamt 32 möglichen absoluten Prioritäten[3] zur Verfügung. Dadurch kann der Thread auch Prioritäten der sogenannten REALTIME-CLASS belegen – diese Möglichkeit besteht auf Basis des Win32-APIs normalerweise nicht. Somit verdrängt der Thread schon aufgrund seiner hohen Priorität alle anderen Anwendungsprozesse. Er kann dann nur noch von 'echten' Interrupt-Routinen auf Kernel-Ebene kurzzeitig unterbrochen werden.

Wie erwähnt ist es auch möglich, die Callback-Funktion auf der Kernel-Ebene (in Ring 0 des Prozessors) auszuführen. Dazu wird die vom Anwender definierte und vom Compiler als Teil des Anwendungsprogrammes erstellte Funktion vom Toolkit zur Ausführung auf der Kernel-Ebene vorbereitet. Im Falle einer Interrupt-Anforderung wird sie dann auf Kernel-Ebene in Ring 0 ausgeführt, ohne Verzögerungen durch Thread-Umschaltungen des Betriebssystems in Kauf nehmen zu müssen. Die Kontext-Umschaltung nimmt dann das *Industrial Application Toolkit* vor. Dadurch sind die Verzögerungen bis zum Ruf der Interrupt-Funktion äußerst kurz, die typischen Latenzzeiten betragen nur wenige Mikrosekunden.

---

[3] Bei den 32-Bit-Windows-Systemen werden vier Prioritäts-Klassen bereitgestellt, die auf die insgesamt 32 möglichen absoluten Prioritäten aufgeteilt sind, wobei 31 die höchste Priorität darstellt. Drei Klassen (`LOW`, `NORMAL` und `HIGH`) belegen die Werte zwischen 1 und 15, während nur die `REALTIME_CLASS` die Werte 16 … 31 belegt. Diese ist jedoch in der Regel dem System vorbehalten.

Andererseits ist in diesem Fall der Funktionsvorrat eingeschränkt, da die Funktionen der Win32-Programmierschnittstelle nicht auf einen Aufruf aus der Kernel-Ebene vorbereitet sind. Stattdessen bietet das Toolkit verschiedene Dienste an, die auch in Ring 0 benutzt werden dürfen. Das sind zum Beispiel Funktionen zur I/O-Port-Ein- und -Ausgabe oder zur Bereitstellung von 'shared memory' für den schnellen Datenaustausch mit der Applikation. Zur Kommunikation mit den übrigen Teilen der Anwendung werden außerdem das Setzen von Events und das Senden von Nachrichten unterstützt. Gerade diese enge Verbindung der Anwendungs- und der Kernel-Ebene über "shared memory" und Events erlaubt die oftmals wesentlich elegantere Realisierung von Projekten als mit den Mechanismen vieler anderer Lösungen (DDE, TCP/IP, Messages, ...).

Der weiteren Beschleunigung der Interrupt-Behandlung dient die kernel-asynchrone Ausführung der Callback-Funktion. In diesem Fall wird die Funktion unmittelbar innerhalb der Interrupt-Service-Routine direkt gerufen.

Tabelle 3: Typische Reaktionszeiten bei der Interrupt-Behandlung unter Windows NT (gemessen auf einem 200-MHz-Pentium-PC)

Methode	Reaktionszeit
▪ Multithread-Methode	< 300µs
▪ Callback-Methode, Ring 3	< 300µs
▪ Callback-Methode, Ring 0, synchron	< 30...100µs
▪ Callback-Methode, Ring 0, asynchron	< 30...80µs

Sicherheitsaspekte

Im Allgemeinen wird davon ausgegangen, daß die Trennung in System- und Anwendungsmodus (Ring 0 bzw. Ring 3 des Prozessors) vor allem aus Sicherheitsaspekten vorgenommen wird. Diese werden mehr oder weniger vollständig mit dem *Industrial Application Toolkit* 'ausgehebelt'.

Bei industriellen Anwendungen steht jedoch in der Regel nicht die Erlaubnis zum Start eines Programmes oder zum Zugriff auf sensible Daten im Vordergrund (die keineswegs beeinträchtigt wird), sondern die Stabilität der Anwendung (neben Schnelligkeit und Flexibilität). Prinzipiell ist diese Stabilität jedoch von der Güte der Programmierleistung abhängig und nicht von der Privilegstufe.

Anders ausgedrückt: Eine Industrieanwendung (in der bestimmte Hardware-Zugriffe einfach erfolgen müssen) wird nicht dadurch stabiler, daß sie auf die Hardware nur in Ring 0 zugreift. Stattdessen kann sich der Programmierer durch Wegfall der Entwicklung eines Kernel-Treibers auf die Anwendung konzentrieren und gelangt dennoch nur über definierte Einsprungpunkte (des *Industrial Application Toolkits*) an die Hardware.

Anwendungen und Erfahrungen

Seit etwa eineinhalb Jahren werden unter Verwendung des *Industrial Application Toolkits* diverse Projekte bei zahlreichen Kunden auf den verschiedensten Gebieten realisiert. Dazu gehören unter anderem Anwendungen zur schnellen Meßwerterfassung, bei der die Daten vom Interrupt-Handler aus mit Hilfe von "shared memory" an die Anwendung übermittelt werden, wobei die "shared memory"-Bereiche vor einer Auslagerung auf die Festplatte geschützt sind.

Weiterhin wird das Toolkit oft bei der seriellen Datenübertragung genutzt, wenn auf eingehende Datenbytes eine determinierte Reaktion erfolgen muß. Zeitkritische Steuerungen von Sondermaschinen bis hin zu softwarebasierten SPS auf Industrie-PC-Basis sind bereits mehrfach erstellt worden, da die einfache und komfortable Entwicklung mit der gewohnten Programmierumgebung auch die Realisierung komplexer Steuerungsanwendungen vereinfacht.

Viele Anwender, die sich mit der Bildverarbeitung befassen, setzen die Funktionen zum Zugriff auf den physischen Speicher ein, um beispielsweise den Frame-Grabber einer selbstentwickelten Spezial-Hardware auszulesen, ohne selbst einen Kernel-Treiber programmieren zu müssen.

Die Entwicklung erfolgt in der Regel mit einem C- oder C++-Compiler, es wird jedoch auch häufig die Entwicklungsumgebung Delphi benutzt, um Ring-0-Code zu erzeugen.

Oberstes Ziel bei der Entwicklung des *Industrial Application Toolkits* ist die einfache und schnelle Nutzung hardwarenaher und zeitkritischer Mechanismen, da der Programmierer sich nicht mit der aufwendigen Erstellung eines Kernel-Treibers befassen muß und stattdessen auf die Applikation konzentrieren kann. Dazu gehört unter anderem die leichte Portierbarkeit bereits vorhandenen Programmcodes auf die 32-Bit-Betriebssysteme. Die Einschätzungen von Anwendern ("einfacher als unter DOS") bestätigen, daß das genannte Ziel erreicht wurde.

Kithara Software hat unter Verwendung des *Industrial Application Toolkits* selbst verschiedene kundenspezifische Projekte realisiert. So wurde z.B. für die Fa. Reis Robotics unter Windows 95 ein Programmrahmen als Basis für ein Steuerungsterminal für Industrieroboter implementiert, das zur Zeit auch für Windows NT umgesetzt wird.

In Zusammenarbeit mit der TU Berlin und der FH Ostfriesland wurde in Emden eine Windmeßstation installiert, die seit Juni dieses Jahres zuverlässig Daten liefert. Dort sammelt ein PC unter Windows 95 rund um die Uhr eine Reihe von Meßwerten verschiedener Sensoren, die dann verarbeitet und gesichert sowie per Netzwerk und per FTP weiter transportiert werden. Gleichzeitig übernimmt das Steuerprogramm auf Basis des *Industrial Application Toolkits* die Überwachung der gesamten Peripherie und des PCs (Watchdog) sowie die Steuerung eines zweiten Meß-PCs.

Ausblick

Insbesondere bei Windows NT kann inzwischen tatsächlich von "Multitasking, Echtzeit und Sicherheit mit Standard-Software" gesprochen werden.

Bezüglich des Multitaskings sind bei NT die erforderlichen Grundlagen vollständig vorhanden, sodaß mit einer weiteren Abstraktionsebene, zum Beispiel mit C++-Klassenbibliotheken, fast jeder beliebige Komfort erzielt werden kann. Sicherheit war einer der Grundsätze bei der Entwicklung von NT. Heute gilt es als sehr zuverlässiges Betriebssystem, das natürlich die Anwendungen nicht stabiler macht, aber selbst wirklich sehr robust ist. Neben den unter Windows verfügbaren komfortablen Entwicklungsumgebungen zählen laut Kunden-Aussagen weitere moderne Aspekte von Windows wie PCMCIA, Plug&Play, Vernetzung bis hin zu Internet-Ankopplung usw. zu den Eigenschaften, die heutzutage (Programmier-)Komfort ausmachen.

Windows NT ist endlich ein Standard-Betriebssystem, das über alle Steuerungsebenen hinweg in industriellen Applikationen verwendet werden kann, das heißt von Einkarten-PCs direkt an der Maschine bis hin zur vernetzten Fertigungs-Leitebene (dank der leichten Netzwerk-Ankopplung).

Nur diejenigen, die noch kürzere Reaktionszeiten benötigen, müssen wohl auf NT verzichten und tatsächlich Echtzeit-Systeme wie VxWorks oder QNX einsetzen.

Auch die bisherigen Erfahrungen bei der Anwendung des *Industrial Application Toolkits* sowie die zunehmende Nachfrage nach Echtzeiterweiterungen für Windows bestätigen den aktuellen Trend, daß Windows sich nun auch den industriellen Bereich erobern wird.

Eine objektorientierte Erweiterung von PEARL 90

A. Heinke Frigeri* und W. A. Halang**

Fachbereich Elektrotechnik
FernUniversität
D-58084 Hagen
{Alceu.Frigeri|Wolfgang.Halang}@FernUni-Hagen.de

1 Einleitung

Komplexität und Kosten der Durchführung großer Projekte im Echtzeitbereich erfordern, daß Systeme sehr systematisch und unter dauernder Erwägung ihrer Weiterentwicklung zu entwerfen sind. Der Einsatz eines parallelen Objektmodells ähnelt dem Entwicklungvorgang großer Echtzeitsysteme und ist deshalb äußerst vielversprechend.

In diesem Artikel stellen wir die voll abwärtskompatible, objektorientierte Erweiterung PEARL* der Echtzeitprogrammiersprache PEARL 90 (DIN 66 253-2, 1997) vor. Ziel des Vorschlages ist nicht nur die Bereitstellung objektorientierter Strukturen in PEARL, sondern auch, die Probleme der Software-Sicherheit durch Einführung sicherheitsgerichteter Anweisungen zu überwinden. Unter Bewahrung der Vorteile der Grundsprache erhöht das abgeleitete PEARL* die Lesbarkeit von Quelltexten mittels eines besseren Kapselungsparadigmas. Die Zahl neu hinzugefügter Primitive konnte gering gehalten werden, da viele Kapselungskonzepte bereits in PEARL vorhanden sind. Somit stellt das Konzept vielfacher Zugangsschnittstellen zu einem Modul die stärkste Modifikation der Sprache dar. Weil PEARL als speziell für Aufgaben der Automatisierungstechnik entwickelte Sprache den Mehrprozeßbetrieb unterstützt, stellt die objektorientierte Version ein einfaches und durchsichtiges Objektmodell mit Nebenläufigkeit bereit.

Das vorgeschlagene Modell von Modulen mit mehrfachen Schnittstellen gestattet es, Code lesbarer und wartungfreundlicher zu gestalten, da Modulimplementierungsstrukturen ohne besondere Rücksicht auf mögliche Modulanwendungen definiert werden können und Modulschnittstellen für spezifische Einsätze speziell entworfen werden können, wodurch die Gebrauchszwecke der Module vollständig dokumentiert werden. Module sind nicht länger nur einfache Bündelungen von Daten, ihren Zuständen, und Methoden, sondern Verarbeitungseinheiten mit dokumentierten Zwecken.

* Beurlaubt an der Bundesuniversität von Rio Grande do Sul/Brasilien

** Gefördert durch die Bundesanstalt für Arbeitsschutz und Arbeitsmedizin im Rahmen des Forschungsprojektes F 1636 "Untersuchungen zu Programmiersprachen mit eingeschränktem Sprachumfang für den Einsatz in Steuerungen mit Sicherheitsaufgaben — Methodenlehre sicherheitsgerichteter Echtzeitprogrammierung"

Die eingebaute strukturierte Behandlung von Ausnahmesituationen arbeitet mit den strukturierten Zugriffsmöglichkeiten zu gemeinschaftlich genutzten Ressourcen zusammen, um Lesbarkeit und Dokumentationswert von Sprachtexten zu steigern, wodurch sogar in Ausnahmesituationen besser vorhersagbares Ausführungsverhalten gewährleistet werden soll. Schließlich hilft die Verknüpfung semiformaler Bedingungen mit jeder Task und Prozedur sowie die Definition verschiedener Sicherheitsniveaus nicht nur dem Dokumentations-, sondern auch dem Verifikations- und Testprozeß, da ein Satz assoziierter Bedingungen zu beachtende und nachprüfbare „formale Auflagen“ darstellt.

PEARL*-Niveau	IEC 1508-Niveau	Teilmenge
SAFE 0	—	*PEARL**
SAFE 1	SIL 1	*HI-PEARL**
SAFE 2	SIL 2	*Safe-PEARL**
SAFE 3	SIL 3	*Verifiable-PEARL**
—	SIL 4	—

Im Normentwurf DIS-IEC 1508 (1997) werden die von sicherheitskritischen Systemen zu erfüllenden Sicherheitsauflagen in vier Klassen eingeteilt. In Anlehnung daran definieren wir gemäß obiger Tabelle mehr und mehr eingeschränkte Teilmengen von PEARL* zum Einsatz auf vier Sicherheitsniveaus, welche sich in einigen „unsicheren“ Sprachmerkmalen unterscheiden. Diese Konstrukte werden dann schrittweise auf höheren Niveaus verboten. Unser Ansatz unterstützt die Entwicklung von Programmen nach bestimmten Sicherheitsanforderungen und erlaubt, Code verschiedener Niveaus zu mischen, wodurch sich sicherheitskritische und -unkritische Systemteile nahtlos miteinander verbinden lassen. Seine Hauptvorteile sind, daß man nicht für jede Sicherheitsklasse eine neue Sprache lernen muß und Übersetzer die Einhaltung gewisser Sicherheitsauflagen nachprüfen können.

2 Einführung von Objektorientierung

PEARL wurde bereits als modulare, blockorientierte Sprache konzipiert. Grundsätzlich bestehen PEARL-Programme aus Mengen von *Modulen* und jeder Modul aus einer Menge von *Daten*, *Prozedurdeklarationen*, *Task-Deklarationen* und so weiter. Deshalb wählen wir die *Moduldeklaration* als Grundelement der Objekt-/Klassenstruktur aus. Durch Ausnutzen der Tatsache, daß PEARL schon eine Sprache für den Mehrprozeßbetrieb ist, wird jedem Objekt nicht nur sein eigener Satz von Datenelementen und Prozeduren (Methoden in der Terminologie der Objektorientierung), sondern auch seiner eigener Satz interner paralleler Rechenprozesse (Tasks) zugeordnet. Die neue Moduldeklaration sieht mithin wie folgt aus:

MODULE (⟨*module-name*⟩) *EXTENDS* (⟨*module-name*⟩,...)
  INTERFACE (⟨*interface-name*⟩)
    ⟨*interface-declaration*⟩

END INTERFACE;
PRIVATE;
⟨*private-declaration*⟩
PROTECT;
⟨*protected-declaration*⟩
MODEND;

Innerhalb der Deklaration einer Schnittstelle mit Hilfe des *INTERFACE*-Konstruktes werden die Prozeduren (ohne Rumpf) und Variablen gelistet, auf die über die Schnittstelle zugegriffen werden kann. Weiterhin werden auch die Typen erlaubter Zugriffe zu internen Variablen spezifiziert:

SPC ⟨*var-name*⟩ ⟨*var-type*⟩ { *READ* | *WRITE* };

Eine Schnittstellenvariable vom Typ *READ* kann durch ihre Schnittstelle nicht, eine *WRITE*-Variable hingegen jedoch frei modifiziert werden.
Eine Klasse bzw. ein Modul wird folgendermaßen instanziiert und gebraucht:

DCL ⟨*variable-object-name*⟩ ⟨*module-name*⟩ *USING* ⟨*interface-name*⟩;
...
⟨*variable-object-name*⟩. ⟨*member*⟩

Um volle Abwärtskompatibilität zu PEARL 90 (DIN 66 253-2, 1997) zu gewährleisten, sehen wir in PEARL* die zwei Deklarationsmittel MODULE und *CLASS* vor, da PEARL keine Möglichkeit zur Spezifizierung von Modulen hat. Das bedeutet, daß jede in einem MODULE deklarierte Variable „implizit" angelegt wird und somit auch jede Task aktiv (oder im Ruhezustand) ist. Der Unterschied zwischen beiden Deklarationen besteht darin, daß eine MODULE-Deklaration der Spezifikation und Instanziierung einer Klasse entspricht, während mit einer *CLASS*-Deklaration nur eine Klasse spezifiziert wird.

Wie üblich haben nur die Mitglieder eines Moduls vollen Zugriff zu jedem anderen Mitglied des Moduls. Der Zugriff zu den privaten Mitgliedern eines Moduls wird weiterhin auf die Mitglieder des Moduls selbst beschränkt, wobei jedoch Zugriff zu dem mit *PROTECT* geschützten Teil auch Mitgliedern von Kind-Modulen gewährt wird. Anstatt zur Definition der Zugangsschnittstelle zu Modulen einen „öffentlichen" Modulteil zu deklarieren, wurde eine explizite Deklaration einer Zugangsschnittstelle mittels des *INTERFACE*-Konstruktes gewählt, die ein ⟨*Interface-name*⟩ mit einem Satz von Methoden und Daten verknüpft. Somit wurde die öffentliche Schnittstellendefinition von der Struktur der Modulimplementierung getrennt, was nach den Konzepten von Modula-3 (Boeszoermenyi und Weich, 1995) auch die Möglichkeit bietet, für Module mehr als eine öffentliche Schnittstelle zu deklarieren.

Dieser Typ der Schnittstellendeklaration gestattet eine direkte Implementierung des Robustheit und Stabilität von Code fördernden „Öffnen-Schließen-Prinzips" nach Martin (1996) und Meyer (1996), da die einzige Information, die von einem Modul exportiert wird, seine Schnittstellendeklaration ist.

Indem die Deklaration mehrfacher Schnittstellen zugelassen wird, kann der typische Entwurfskonflikt zwischen dem Anwendungszweck eines Objektes und seiner „besten“ Implementierung überwunden werden. Dazu betrachten wir als Beispiel einen PID-Regler mit den vier Schnittstellen

1. zur Regelstrecke (Messen und Eingreifen in einen technischen Prozeß),
2. zu einer Datenbank (Berichten und Auslesen des Betriebszustandes),
3. zur Ausnahmebehandlung (direkter Zugriff auf die Ablaufsteuerung von Notfallsituationen) und
4. zu einer Graphikkomponente (graphische Benutzerschnittstelle des automatisierten Prozesses, von dem der PID-Regler ein Element ausmacht).

Alternativen zu dieser Definition wären

1. nur ein Modul mit einer einzigen Schnittstelle, der Vereinigung obiger vier, oder
2. vier verschiedene Module, d.h. eines für jede der obigen Schnittstellen zu deklarieren, die zusammenarbeiten sollen.

Offensichtlich hat die erste Alternative den Nachteil, daß man nicht mehr in der Lage ist, allein auf der Grundlage seiner Schnittstellendeklaration den Zweck des Moduls zu ersehen. Weil die vier Schnittstellen in nur eine einzige verschmolzen werden, muß man zunächst Anwendungsfälle des Moduls betrachten, um verstehen zu können, wie es zu benutzen ist. Leider hat die zweite Alternative auch viele Nachteile:

- wahrscheinlich werden in jeder Moduldeklaration Codeteile wiederholt, was die Wartbarkeit erschwert,
- jedes Modul muß von den anderen wissen, um leistungsfähig zu sein, wodurch das „Öffnen-Schließen-Prinzip“ verletzt wird.

Eine klare Trennung der Implementierungshierarchie von der Schnittstellendeklaration eines Moduls erlaubt eine dem „kanonischen Stil“ ähnliche Form der Programmierung:

- Module — und auch ihre Implementierung — lassen sich allein hinsichtlich Informationsbündelung und Leistungskriterien definieren,
- Modulsschnittstellen brauchen nur bezüglich ihrer Einsatzzwecke definiert zu werden.

Der Hauptvorteil, eine Schnittstelle für jedes Anwendungsszenario zu haben, ist, daß man im Falle einer Änderung in einem Modul nicht alle Quelldateien durchsuchen muß, sondern nur die, welche die geänderte Schnittstelle gebrauchen. Weil man jederzeit durch die benutzte Schnittstelle genau den Anwendungszusammenhang eines Moduls kennt, verbessert dieses Merkmal darüber hinaus auch die Wart- und Lesbarkeit von Code.

Die Konsistenz der „Typisierung“ dieser Struktur wird dadurch sichergestellt, daß ein abgeleitetes Modul die volle Struktur seiner Oberklasse erbt, was auch die schon existierenden Schnittstellendeklarationen einschließt, die zur Realisierung polymorphen Modulverhaltens frei erweitert werden können:

```
MODULE (father)
  INTERFACE (communication)
    ⟨interface-declaration⟩
  END INTERFACE;
  INTERFACE (database)
    ⟨interface-declaration⟩
  END INTERFACE;
  ...
MODEND;
```

```
MODULE (son) EXTENDS (father);
  INTERFACE (communication)
    ⟨extension⟩
  END INTERFACE;
  INTERFACE (new-communication)
    EXTENDS (communication)
    ⟨extension⟩
  END INTERFACE;
  ...
MODEND;
```

Um Zugriffsmöglichkeiten zum privaten Teil einer Klasse zu bieten, aber gleichzeitig einige Leistungsprobleme wie die Notwendigkeit, eine öffentliche Zugriffsmethode für jeden relevanten Satz privater Daten schaffen zu müssen, zu vermeiden, wurde in einigen OO-Sprachen wie C++ oder Eiffel das Konzept der *Friend*-Prozedur oder -Klasse eingeführt. Um die wohlbekannten Probleme dieses Ansatzes (Stroustrup, 1991) zu überwinden, schlagen wir vor, eine Schnittstelle mit beschränktem Zugang zu deklarieren:

```
INTERFACE (⟨interface-name⟩) RESTRICTED TO (⟨module-name⟩);
  ⟨interface-declaration⟩
END INTERFACE;
```

was bedeutet, daß der Gebrauch der Schnittstelle nur ⟨*Module-name*⟩ gewährt wird. Grundsätzlich wird Zugriff zu einem Privatteil des Moduls noch zugestanden, wird aber nicht zu allen Teilen des Moduls gewährt.

So weit gestattet diese Struktur, ein System mittels Schnittstellendeklarationen hinsichtlich seiner gewünschten Funktionalität entwerfen zu können, ohne sich dabei um seine Implementierung kümmern zu müssen.

Es bleibt allerdings noch eine offene Frage: wie kann ein gemeinsamer Zugriff zu einer Menge von Objekten/Klassen mit völlig verschiedener bzw. unabhängiger Implementierungsstruktur sichergestellt werden? Eine Lösung wäre es, gleichartige Schnittstellen, unter gleichen Namen und mit gleichen Zugriffsmitgliedern, in verschiedenen Modulen zu definieren. Der Hauptnachteil dieses Ansatzes besteht darin, daß Übersetzer hierbei keine Hilfestellung leisten könnten, da er in der Sprache syntaktisch nicht verankert ist. Deshalb wird ein anderer Typ von Schnittstellendeklaration genannt *PROTOCOL* eingeführt:

```
PROTOCOL (⟨protocol-name⟩) EXTENDS ⟨protocol-name⟩;
  ⟨protocol-declaration⟩
END PROTOCOL;
```

Der Unterschied zwischen einem *PROTOCOL* und einem *INTERFACE* besteht darin, daß eine Schnittstelle nur eine für ein Modul gültige Zugangsdeklaration ist, während ein *PROTOCOL* eine allgemeine Schnittstellendeklaration darstellt, die sich auf kein spezielles Modul bezieht. Wegen dieser besonderen Natur kann man keine Instanz eines *PROTOCOL* deklarieren (so wie man es von einem Modul mit einem spezifischen Schnittstellenzugang kann), sondern nur eine Referenz auf eines. Dafür gibt es viele Gründe, insbesondere daß keine Annahmen über die Implementierungsweise eines angesprochenen Moduls gemacht werden können, solange es möglich ist, verschiedene Modultypen mit dem gleichen Protokoll zu erreichen. Als einzige Lösung verbleibt deshalb Indirektheit:

DCL ⟨*variable-protocol-name*⟩
  INV ⟨*protocol-name*⟩
  INIT (⟨*module-name*⟩);

Das bedeutet, daß die Variable ⟨*Variable-protocol-name*⟩ eine Konstante ist, die mit ⟨*Module-name*⟩ initialisiert wird. In der Tat ist es in diesem Fall gerade eine indirekte Schnittstelle zu ⟨*Module-name*⟩. Am Rande sei erwähnt, daß das konstante Attribut (INV) optional ist.

Während Modul-/Schnittstellenhierarchien einen „rahmenbasierten" Programmierstil gestatten, erlauben Protokolle von Schnittstellendeklarationen einen mehr „komponentenorientierten" Stil, da keine Annahmen über die implementierten Module gemacht (oder gebraucht) werden, sondern nur über ihre als *PROTOCOL* bezeichneten Schnittstellen.

Offensichtlich ist die Lösung mittels Protokollen nicht so effizient zu implementieren wie die schnittstellenbasierte, erscheint jedoch als beste Option in den Fällen, in denen ein hohes Niveau an Flexibilität gefordert wird.

3 Eingebaute Ausnahmebehandlung

Einer der Hauptgründe für Programmfehler ist unrichtige oder unzureichende Behandlung von Ausnahmesituationen. Eine Ursache dafür ist, daß fast alle Programmiersprachen keine speziellen Mittel zur Bewältigung von Ausnahmesituationen bereitstellen, was in den meisten Fällen zu fehleranfälliger, unstrukturierter Ausnahmebehandlung führt, für die die Programmierer die alleinige Verantwortung übernehmen müssen, weil Übersetzer ihnen keine Hilfestellung leisten können.

Um dies zu ändern, wird die Anweisung *TRY* zur Behandlung von Ausnahmesituationen eingeführt:

TRY ⟨*try-block*⟩
  AFTER (⟨*time-clause*⟩) *TIMEOUT* ⟨*timeout-block*⟩;
  ON EXCEPTION CATCH
    CASE ⟨*signal*⟩: ⟨*case-block*⟩ *END CASE*;
    CASE ⟨*signal*⟩: ⟨*case-block*⟩ *END CASE*;
    ...
    DEFAULT ⟨*case-block*⟩ *END CASE*;
END TRY;

Ähnlich wie in C++ besteht die Idee darin, durch einen *RAISE*-Befehl ein Fehlersignal zu erzeugen und ein entsprechendes CASE in der *CATCH*-Klausel auszuführen, wenn eine „Ausnahmesituation“ im *TRY*-Block auftritt. Natürlich kann eine *TRY*-Anweisung in eine andere verschachtelt sein, wodurch sich strukturierte Ausnahmebehandlungen aufbauen lassen. Das bedeutet auch, daß nicht jede *CATCH*-Klausel jede mögliche Ausnahmesituation behandeln muß, sofern es ein äußeres *TRY* gibt.

Zur Verbesserung der Zuteilbarkeit gibt es auch hier eine entsprechende *TIMEOUT*-Klausel. Deshalb besteht beispielsweise keine Notwendigkeit, die *MAXLOOP*-Klausel einer Schleifenanweisung innerhalb eines *TRY*-Konstruktes mit einer *TIMEOUT*-Klausel einzusetzen.

4 Entwerfen hinsichtlich Testbarkeit

Im gesamten Existenzzeitraum eines Programmsystems werden ungefähr 80% der Entwicklungskosten in der Erprobungsphase und danach zur Wartung aufgewandt. Für sicherheitsgerichtete Systeme ist die Rolle der Erprobungsphase besonders kritisch, da man Verifikation und Fehlerbeseitigung nicht auf spätere Wartungsphasen verschieben kann. Ein sicherheitskritisches System muß grundsätzlich fehlerfrei sein, zumindest bezüglich seiner Sicherheitsfunktionen, d.h. es muß sich sicher, aber nicht notwendigerweise korrekt, verhalten.

In Anlehnung an Eiffel wird vorgeschlagen, mit jeder Prozedur und Task einen Satz „fast-formaler“ Vor- und Nachbedingungen sowie Invarianten zu verbinden:

```
⟨procedure-name⟩: PROCEDURE (⟨parameters⟩);
  PRE-CONDITION ⟨conditions-list⟩ END PRE;
  POST-CONDITION ⟨conditions-list⟩ END POST;
  INVARIANT ⟨conditions-list⟩ END INV;
  ⟨procedure-body⟩
END;
```

Verbunden mit jeder Klasse oder jedem Modul gibt es außerdem eine *INVARIANT*-Klausel. Die Bedingungen haben folgende Semantik:

PRE-CONDITION muß vor,
POST-CONDITION muß nach und
INVARIANT muß vor und nach Ausführung der Prozedur gelten.

Ähnlich wie in Eiffel sollen alle diese „umgebenden“ Bedingungen während der Entwicklungsphase, wenn man versucht, Programmfehler und andere unerwartete Fehlerzustände zu finden, aktiviert, aber in der Anwendungsversion aus Leistungserwägungen in der Annahme passiviert werden, daß „alle relevanten Programmfehler“ schon entfernt wurden.

Wichtig ist, die durch einige Sprachmittel wie Überladung und Polymorphismus verursachten „Seiteneffekte“ dieser Bedingungsdeklarationen zu beobachten. Der einfachste Fall dabei entspricht einer Menge überladener Funktionen. Dann muß jede solche Funktion der Menge aller Bedingungen gehorchen, die jeder Funktion zugeordnet sind, weil die Funktionen (mit dem gleichen Namen) funktional gleichwertig sein sollen.

Eine andere interessante Situation tritt bei der Redefinition einer Funktion durch den Vererbungsprozeß auf, was bedeutet, daß eine Funktion des Grundmoduls im abgeleiteten Modul „umgeschrieben" wird. Dann sind die Aufrufkontexte disjunkt, weshalb keine spezifische Notwendigkeit besteht sicherzustellen, daß beide Funktionen, also das Original und die neue, die gleichen Bedingungen beachten. Im Falle virtueller, Polymorphismus implementierender Funktionen ist die Situation jedoch grundsätzlich komplizierter, da es möglich ist, die abgeleitete Funktion im Zusammenhang der Basisklasse oder des -moduls aufzurufen. Deshalb wird der Ansatz gewählt, die von einer Prozedur zu beachtende Bedingungsmenge aus den lokal deklarierten und allen weiteren Bedingungen zu bilden, die sich auf die Basisprozedur beziehen:

```
MODULE (father)
  ⟨procedure-1⟩: PROCEDURE (⟨parameters⟩) VIRTUAL;
    PRE-CONDITION ⟨conditions-list-A⟩ END PRE;
    ⟨procedure-body⟩
  END;
  ...
MODEND;

MODULE (son) EXTENDS (father);
  ⟨procedure-1⟩: PROCEDURE (⟨parameters⟩) VIRTUAL;
    PRE-CONDITION ⟨conditions-list-B⟩ END PRE;
    ⟨procedure-body⟩
  END;
  ...
MODEND;
```

In diesem Fall muß *procedure-1* von *father* nur der Bedingungsliste A (*conditions-list-A*) genügen, während *procedure-1* von *son* die Bedingungslisten A und B erfüllen muß. Wie von Martin (1996) und Meyer (1996) aufgezeigt wurde, ist dies notwendig, um eine korrekte Implementierung des „Öffnen-Schließen-Prinzips" zu gewährleisten. Solange die Bedingungen richtig gewählt wurden, kann man so sicher sein, daß keine weitere Vererbung ein Versagen verursachen wird, was die Quintessenz dieses Prinzips ausmacht.

5 Steigern der Sicherheit

Wie können jetzt die vorgeschlagenen Sprachmittel auf den verschiedenen Sicherheitsniveaus benutzt werden? Unser Ansatz besteht darin, drei Teilmengen der Sprache zu definieren und die Übersetzer alle notwendigen und möglichen Prüfungen und Verifikationen durchführen zu lassen.

Um Übersetzern das gewünschte Sicherheitsniveau mitzuteilen, wird die Anweisung *SAFEGUARD* eingeführt:

SAFEGUARD ⟨*safety-level*⟩;
⟨*guarded-code*⟩
SAFEGUARDEND;

Es ist möglich, eine *SAFEGUARD*-Klausel innerhalb des Geltungsbereiches einer anderen anzugeben, solange damit das Sicherheitsniveau eines Systems nicht reduziert wird, d.h. im Falle der Schachtelung sind nur höhere Sicherheitsniveaus zulässig. Die Gültigkeitsgrenzen eines *SAFEGUARD* dürfen nicht überschritten werden, was bedeutet, daß keine Prozedur/Methode außerhalb eines *SAFEGUARD* aus dem Inneren des *SAFEGUARD*-Bereiches heraus aufgerufen werden darf, mit der einzigen Ausnahme, daß eine aufgerufene Prozedur sich innerhalb eines anderen, gleichwertigen *SAFEGUARD*-Bereiches befindet.

Mit diesem Ansatz ist es möglich, „sicheren" und „unsicheren" Code transparent so zu mischen, daß die kritische Teile gewisse „Sicherheitsregeln" erfüllen müssen, während unkritische Systemteile in komfortablerer Weise implementiert werden können.

Grundsätzlich wird der Unterschied zwischen den Sicherheitsniveaus durch die Klauseln und Anweisungen definiert, die die Übersetzer als obligatorisch akzeptieren oder als optional behandeln (Halang und Wendland, 1997):

SAFEGUARD 0: Auf dieser Ebene sind alle Anweisungen erlaubt und fast alle einschränkenden Klauseln wie *MAXLOOP* oder *TIMEOUT* sind optional. Dies ist das allgemeine, aber unsichere Niveau.

SAFEGUARD 1: Dieses entspricht der als HI-PEARL (High Integrity PEARL) nach Halang und Stoyenko (1993) bekannten Teilmenge. Auf diesem Niveau sind Zeitbeschränkungen wie *MAXLOOP* und *TIMEOUT* obligatorisch. Außerdem muß der Zugriff zu gemeinsam genutzten Datenobjekten innerhalb von *LOCK*-Anweisungen erfolgen, da der Gebrauch der expliziten und unstrukturierten Synchronisationselemente nicht gestattet ist. Auf diesem Niveau läßt sich die Systemzuteilbarkeit garantieren, was die wichtigste Eigenschaft für den *harten* Echtzeitbetrieb ist.

SAFEGUARD 2: (oder SAFE-PEARL) Auf dieser Ebene sind unbegrenzte Schleifen wie die REPEAT-Anweisung sowie die Deklaration von Schnittstellenvariablen mit Schreiberlaubnis, d.h. mit dem *WRITE*-Attribut, verboten. Jede Prozedur muß einen Satz von Vor- und Nachbedingungen sowie Invarianten haben. Weiterhin muß jeder Prozedur- und Task-Rumpf von mindestens einer *TRY*-Anweisung mit einer Default-Klausel umgeben sein.

SAFEGUARD 3: (oder VERIFIABLE-PEARL) Es sind keine Schleifenanweisungen erlaubt. Einfache Variablen dürfen nicht lokal deklariert werden. Es ist allein möglich, auf „formal verifizierte" Klassen und Module zuzugreifen.

Wie in (Halang und Wendland, 1997) ausgeführt, muß jedes Niveau wegen der unterschiedlichen Sicherheitsauflagen verschieden behandelt werden. So ist zum Beispiel für ein hartes Echtzeit-, aber nicht sicherheitskritisches System die Zuteilbarkeit das Hauptanliegen, was in natürlicher Weise zur Beschränkung führt, alle Anweisungen, deren Ausführungszeit nicht abgeschrankt werden kann, zu verbieten oder zumindest mit *TIMEOUT*-Klauseln zu versehen.

Das Ziel des ersten *SAFEGUARD*-Niveaus besteht somit allein darin sicherzustellen, daß Systeme wenigstens nach einem deterministischen Zeitplan ablaufen.

Auf dem nächst höheren und mit mittleren Sicherheitsauflagen assoziierten Niveau sind gewisse formale Verifikationen erforderlich. Wegen der oben aufgeführten Beschränkungen können PEARL*-Programme oft relativ „leicht" formal verifiziert werden. Die Anforderung, daß jede Prozedur einen vollständigen Satz von Vor-, Nach- und Invariantenbedingungen haben muß, erleichtert sowohl den Prozeß formaler Verifikation als auch den Prozeß herkömmlichen Testens, da die angegeben formalen Bedingungen zu beachtende Richtlinien und Auflagen darstellen. Außerdem wird eine bessere Dokumentation jeder Prozedur und jedes Moduls durch eine formalere Spezifikation der beabsichtigten Einsatzzusammenhänge garantiert.

Das höchste Sicherheitsniveau entspricht jenen Systemen, die eine formale Verifikation ihrer Funktionalität und Sicherheit erfordern. Glücklicherweise muß nicht jedes System solchen harten Auflagen genügen. Weiterhin lassen sich die sicherheitsgerichteten Teile solcher Systeme im allgemeinen isolieren und aus einem Satz vordefinierter und -gefertigter Bausteine konstruieren. Deshalb ist es ausreichend, Sätze solcher Bausteine formal zu spezifizieren und zu verifizieren und die Ausdrucksmöglichkeiten der Programmiersprache auf Instanziierung von und Datenflußverbindungen zwischen Bausteinen einzuschränken.

Literaturverzeichnis

Boeszoermenyi, L., und C. Weich (1995). *Programming with Modula-3: an introduction to programming with style.* Springer-Verlag.

DIN 66 253-2 (1997). *Programmiersprache PEARL 90.* Beuth Verlag.

Halang, W.A., und A.D. Stoyenko (1993). Extending PEARL for Industrial Real-Time Applications. *IEEE Software*, **10**, 4, pp. 65 – 74.

Halang, W.A., und K. Wendland (1997). On Programming Languages to be Used at the Different Safety Integrity Levels. Eingereicht bei *Engineering Applications of Artificial Intelligence.*

DIS-IEC 1508 (1997). *Functional Safety of Electrical/Electronic/Programmable Electronic Safety-Related Systems.* Internationale Elektrotechnische Kommission.

Martin, R. (1996). The Open-Closed Principle. *C++ report*, SIGS, **8**, 1.

Meyer, B. (1996). *Object-Oriented Software Construction.* Prentice Hall.

Stroustrup, B. (1991). *C++: Annotated Reference Manual.* Addison Wesley.

Sicherheit mit Standard-Software -

Was kann Ada95 dazu beitragen

Karlotto Mangold
ATM Computer GmbH
78467 Konstanz

Zusammenfassung:

Dieser Beitrag soll zeigen, welche Möglichkeiten in Ada95 - speziell im Annex H - vorgesehen sind, um sichere, das heißt zuverlässige Systeme für sicherheitskritische Anwendungen zu implementieren und diese Systeme gemäß den üblichen Prozeduren zu zertifizieren.

Summary:

This paper will show two aspects:

- The features which are available in Ada95 - especially in the specialized needs annex H - to implement trusted systems for safety-critical applications.
- How these systems can be certified according to existing procedures.

Einleitung

Bei einem Titel „Sicherheit mit Standard-Software" denkt man zunächst an spezielle Produkte, die entweder der Sicherheit in besonderem Maße dienen oder die im Hinblick auf Sicherheitsanforderungen zertifiziert sind.

Um die Jahreswende 1996/97 wurde in den SoftwareTechnik-Trends [1] ein Aufsatz veröffentlicht, in dem die Autoren zeigen wollten, daß die Sprache C zur Implementierung sicherheitskritischer Systeme geeignet sei. Dabei wurde jedoch ignoriert, daß im einschlägigen internationalen Standard IEC-1508 [2] C bei den beiden höchsten Sicherheitsstufen SIL3 und SIL4 als „not recommended" eingestuft wird, während ein Subset von Ada in allen 4 Stufen die Einstufung „highly recommended" erhielt. Diese einseitige Lobeshymne auf C blieb denn auch nicht lange unwidersprochen, schon im nächsten Heft folgte eine Gegendarstellung [3].

Generell gibt es bei bekannt sicherheitskritischen Systemen, wie Flugzeugen, Bahnen oder Kraftwerken seit langem Prozeduren, die einen Sicherheitsnachweis erbringen sollen. Mit zunehmendem Einfluß von Rechnern und damit auch von Software in diesen Systemen gibt es auch Verfahren und Standards, welche die Zuverlässigkeit von Software sicherstellen sollen. Beispielhaft seien [2], [4] und [5] genannt. Etwas verallgemeinernd kann gesagt werden, daß diese Standards dazu gedacht sind, existierende Prüfverfahren zu unterstützen und zu ergänzen, wobei davon ausgegangen wird, daß die implementierte Software langsam Funktionen übernimmt, die früher in Hardware realisiert wurden.

Bei der Definition von Ada95 wurde bereits in der Anforderungsspezifikation (Requirements) [6] ein ganzes Kapitel den sicherheitskritischen und vertrauenswürdigen Anwendungen gewidmet. Die dort genannten Anforderungen betreffen die Deterministik der Programm-Ausführung, die Zertifizierbarkeit von Programmen und die Erzwingung sicherheitskritischer Programmier-Praktiken.

Es muß hier ganz deutlich darauf hingewiesen werden, daß aus der Tatsache, daß in Ada95 ein spezieller Annex H für Safety und Security existiert, nicht geschlossen werden kann, daß die Sprache ohne diesen (optionalen) Anhang nicht für die Implementierung sicherheitskritischer Systeme geeignet wäre. Vom Sprachkonzept her ist Ada deutlich besser geeignet für die Implementierung solcher Systeme als manche andere Sprache. Insbesondere wird die häufig verwendete Sprache C in der einschlägigen Literatur [2] als kritisch eingestuft. Die Motivation für diesen Annex liegt vielmehr darin, daß bei der Definition von Ada95 bekannt war, daß sicherheitskritische Systeme spezielle, in der Vergangenheit bewährte Zertifizierungs-Prozeduren durchlaufen müssen, um für den jeweiligen Einsatz freigegeben zu werden. Diese eingespielten Prozeduren erfordern jedoch Unterstützung durch die jeweilige Implementierungssprache und deren Übersetzungssystem. Da Ada95 vom Einsatzbereich her embedded systems auch in sicherheitskritischen Anwendungen zum Ziel hat, wurde mit dem Annex H ein Ansatz geschaffen, solche Applikationen einfacher zertifizieren zu können.

Die Stellung des Annex H und die Rolle der HRG

Bekanntlich enthält das Ada95 Reference Manual [7] die Kapitel 1 bis 13 und die Anhänge A bis P (annexes). Dabei bilden die 13 Kapitel zusammen mit den Anhängen A, B und J die sogenannte *core language*. Die Anhänge C bis H sind die *specialized needs annexes* und unterstützen spezielle Anwendungsgebiete. Diese Anhänge sind für die Implementierungen normativ, die die entsprechenden Anhänge unterstützen. Der Annex H enthält unter der Überschrift "Safety and Security" Anforderungen an die Implementierung von Ada-Übersetzungssysteme, die zur Erzeugung sicherheitskritischer Systeme verwendet werden können. In diesem Beitrag soll dargestellt werden, welche Eigenschaften gefordert werden und welche Konsequenzen dies auf die Nutzung von Ada hat.

Der Annex H ist - wie alle *specialized needs annexes* - zwar eine Option, in dem Sinne, daß nicht jede Implementierung diesen Annex unterstützen muß, daß aber andererseits jede Implementierung, die vorgibt, diesen Annex zu unterstützen, an diesem Annex validiert wird. Damit besteht zumindest die Möglichkeit, eine gewisse, standardisierte Unterstützung zu erhalten.

Bei den Forderungen handelt es sich um die Zusicherung spezieller Eigenschaften, die Möglichkeit "sicherheitskritische" Sprachkonstrukte gezielt auszuschließen und zusätzliche Dokumentationsanforderungen, um eine eventuelle Zertifizierung zu erleichtern.

Zusätzlich zum Language Reference Manual [7], das als Standard für den Nutzer nicht immer leicht verständlich ist, gibt es die Ada95 Rationale [8], wo auch zum Annex H Hintergrund-Information dargestellt ist und mögliche Erläuterungen zum normativen Text des Standards gegeben werden. Leider wurde im Rahmen des Standardisierungsprozesses bei ISO/IEC JTC SC22 WG9 (der für die Ada-Standardisierung zuständigen ISO-Arbeitsgruppe) zugunsten der Einhaltung des Endtermins beim Annex H auf die Ausformulierung in derselben Tiefe verzichtet, wie dies bei der *core language* und den übrigen *specialized needs annexes* der Fall war. Um diese eventuelle Lücke zu schließen, gibt es als Untergruppe der WG9 die Annex H Rapporteur Group (HRG), die sich mit der genauen Spezifizierung des

Annex H befaßt. Zur Zeit der Verabschiedung des Ada95 Standards hieß diese Gruppe noch VRG (Verification Rapporteur Group). Diese sehr aktive Gruppe unter der Leitung von Brian Wichman hat im Rahmen der ISO ein work item zu bearbeiten, das unter dem Titel „Guidance for the Use of Ada in High Integrity Systems" [9] die Umsetzung des Annex H in praktische Regeln für die Zertifizierung von Systemen erzielen soll. In der entsprechenden Resolution [10] hat die WG9 konkrete Vorgaben für die Arbeit der HRG gemacht.

Der Inhalt des Annex H

Aus Sicht der Validierung und Zertifizierung sicherheitskritischer Systeme lassen sich beim Einsatz von Programmiersprachen drei Problemgebiete identifizieren:

- Wie jede höhere Programmiersprache läßt Ada95 in der Sprach-Definition eine Reihe von Implementierungs-Details offen, deren Kenntnis für die Validierung und Zertifizierung eines Systems notwendig ist.
- Obwohl die Programmierung in der höheren Sprache erfolgt, ist es notwendig, die Validierung auf Objekt-Code-Ebene durchzuführen, da eine Validierung auf Sprach-Ebene die zusätzliche Verifizierung des Compilers erfordern würde, was bis heute praktisch unmöglich ist.
- Für viele sicherheitskritische Systeme ist die Mächtigkeit der heutigen Sprachen und Betriebssysteme zu komplex und zu unüberschaubar. Es muß deshalb die Möglichkeit geben, das Laufzeitsystem so zu konfigurieren, daß Funktionen, die in einem konkreten System unnötig sind, weggelassen werden können. Dadurch wird die Verifikation vereinfacht.

Als Antwort darauf stellt der Annex H folgende Anforderungen an ein zertifizierbares System:

- Trotz aller Abstraktions-Mechanismen einer höheren Sprache muß die Programm-Ausführung verständlich und nachvollziehbar sein (Keine Mystik!). In der *core language* von Ada95 wurde im Hinblick auf diese Forderung die undefinierte *erronious execution* aus Ada83 durch *bounded errors* - eine behandelbare Ausnahme - ersetzt.
- Der erzeugte Objekt-Code muß überprüfbar sein und der Bezug zum Quell-Code muß hergestellt werden können.
- Sprachkonstrukte, deren Verwendung den Nachweis der Korrektheit erschweren, sollen ausgeschlossen (verboten) werden können.

Im einzelnen werden im Annex H folgende Eigenschaften gefordert:

Das Pragma Normalize_Scalars

Das Pragma *Normalize_Scalars* dient zur definierten Initialisierung von Variablen und gilt für alle Variablen einer Partition. Als Initialwert soll, wenn möglich, ein Wert gewählt werden, der außerhalb des zulässigen Wertebereichs liegt und damit bei der Verwendung zur Laufzeit eine Ausnahme auslöst und behandelt werden kann. Damit wird zwar nicht verhindert, daß uninitialisierte Variablen fälschlicherweise in einem Programm verwendet werden, aber es wird sichergestellt, daß diese Variablen keine Zufallswerte enthalten, sondern stets reproduzierbar mit demselben Wert belegt sind. Mit dem *x'valid* Attribut kann die Gültigkeit eines solchen Wertes dann abgefragt werden, ohne daß eine Ausnahme ausgelöst wird. Dieses Attribut kann insbesondere auch dazu verwendet werden, um die aktuellen Werte von Variablen auf Gültigkeit zu prüfen, wenn diese durch *unchecked conversion*, eine *read*-Prozedur, mit Hilfe des pragmas *Import* oder durch Operationen mit unterdrückten Laufzeit-Prüfungen (*pragma suppress*) gesetzt wurden.

Ein anderer Ansatz zur Lösung dieses Problems wird im Ada-Leitfaden (AU 255) des BMVg [11] gewählt. Dort wird dem Programmierer vorgeschrieben, daß er bei der Deklaration einer Variablen diese initialisieren muß. Mit Hilfe eines Werkzeugs wird dann die Einhaltung dieser Vorschrift überprüft.

Dokumentation von Implementierungs-Entscheidungen

Hier sollen die Auswirkungen aller Situationen beschrieben werden, die gemäß Sprach-Definition zu bounded errors führen oder eine nicht spezifizierte Wirkung haben. Falls bestimmte Auswirkungen der fehlerhaften Programm-Ausführung eingeschränkt werden können, so sollen dies Einschränkungen dokumentiert werden. Diese Dokumentation kann sowohl unabhängig von einer konkreten Übersetzungseinheit oder Partition erfolgen, als auch als Teil eines konkreten Übersetzungsprotokolls.

Insbesondere ist die Parameter-Übergabe-Konvention, die Strategie der Speicherverwaltung in den Laufzeit-Routinen und die Art der Berechnung numerischer Ausdrücke zu beschreiben.

Falls die Parameter-Übergabe eine statische Entscheidung ist (z.B. immer *by reference* außer *entry*-Parameter, die stets *by copy* übergeben werden, so kann dies in der Compiler-Dokumentation beschrieben werden. Falls die Übergabe-Mechanismen von Aufruf zu Aufruf unterschiedlich sein können, muß dies im Compiler-Protokoll dokumentiert werden.

Die Kenntnis der Strategie der Speicherverwaltung ist aus drei Gründen wichtig. Erstens um zu vermeiden, daß beispielsweise in einer Schleife immer wieder Speicher allokiert und nur teilweise wieder freigegeben wird, was bei langer Laufzeit zu einem Speicherengpaß mit möglicherweise katastrophalen Folgen führen kann. In dieselbe Klasse von Problemen kann auch eine Speicherverwaltung führen, die den Speicher nicht nach Art eines Stacks verwaltet, sondern eine Speicher-Fragmentierung zuläßt.

Zweitens um zu vermeiden, daß durch Lücken in der Speicherverwaltung schützenswerte Information nach außen gelangen kann.

Drittens kann es in zeitkritischen Anwendungen effizienter sein, auf Benutzerebene Speicher zu allokieren und wieder freizugeben und so ein definiertes Zeitverhalten der Anwendung zu sichern.

Die Beschreibung der numerischen Berechnungen dient insbesondere der Beurteilung von Genauigkeiten und Zahlenbereichen.

Der Code-Review

Da davon ausgegangen werden muß, daß Compiler trotz aller Tests und Validierungsprozeduren fehlerhaft sind und bleiben werden, wird für sicherheitskritische Systeme eine Verifizierung auf Objekt-Code Ebene gefordert [5]. Der Code-Review und die Code-Validierung werden durch die Pragmas *Reviewable* und *Inspection_Point* unterstützt. Das Pragma *Reviewable* ist ein Konfigurations-Pragma und wirkt auf alle Übersetzungseinheiten in einer *Partition*. Es bewirkt, daß beim Übersetzen zusätzliche Information bereitgestellt wird. Damit erleichtert es die Analyse und den Review des Oject-Codes und unterstützt auch die Bestimmung von Ausführungszeiten und Speicherplatzanforderungen. Zu diesen Informationen gehört ein Objekt-Code-Listing mit den generierten Maschinenbefehlen, den jeweiligen Datenadressen und Verweisen auf das Quell-Programm auf Anweisungsebene. Außerdem sind die Stellen auszuweisen, an denen zur Laufzeit Tests durchgeführt werden oder implizit Laufzeit-Routinen aufgerufen werden. Bei jedem Zugriff auf skalare Objekte muß vermerkt werden, ob bekannt ist, daß diese Größe bereits initialisiert ist oder ob vermutet werden kann, daß sie noch nicht initialisiert ist. Um den erzeugten Code verständlich zu machen, muß auch die tatsächliche Register-Belegung und die Lebenszeit von Objekten dokumentiert werden. Dazu gehört auch eine Kennzeichnung, wie lange ein Objekt in einem Register gehalten wird. Für jedes Konstrukt ist auszuweisen, an welcher Stelle wie viel Speicher dynamisch im

Laufzeit-Stack belegt und wieder freigegeben wird. Da die vom Compiler-Hersteller gelieferten Laufzeit-Routinen oder die vom Compiler implizit generierten Befehlsfolgen, wie Initialisierungs- oder Finalisierungs-Code, das System-Verhalten mit beeinflussen, sind diese ebenso zu dokumentieren, wie der vom Compiler aus der Quelle erzeugte Code. Um einen Code-Review mit geeigneten, compiler-unabhängigen Tools unterstützen zu können, ist die geforderte Information sowohl mensch- wie maschinen-lesbar bereitzustellen.

Das Pragma *Inspection_Point[(object_name {, object_name})]* ermöglicht an den entsprechenden Stellen bei der Programm-Ausführung die aktuellen Werte der spezifizierten Objekte zu kontrollieren, das heißt, die Objekte sind an dieser Stelle inspizierbar. Theoretisch bietet dieser Ansatz die Möglichkeit, eine mathematische Programm-Verifikation durchzuführen. Allerdings dürfte dies in der Regel daran scheitern, daß keine adäquate formale Beschreibung der Applikation vorliegt. Durch die Inspektionspunkte ist es möglich, (Zwischen-)Werte zu überprüfen und so Behauptungen (assertions) über den Programmablauf zu verifizieren. Dieses Pragma ist an jeder Stelle des Quellprogramms zulässig, wo eine Deklaration oder eine Anweisung erlaubt ist. Durch dieses Pragma wird ein sogenannter *inspection point* definiert. Ohne Parameter (Objektnamen) macht das Pragma alle Objekte im Sichtbarkeitsbereich des Pragmas inspizierbar, mit Parametern nur die genannten Objekte. An jedem Inspektionspunkt muß die Zuordnung zwischen dem inspizierbaren Objekt (Quellebene) und der zugehörigen Realisierung dokumentiert werden. Für die Implementierung und Optimierung ist jeder Inspektionspunkt wie ein lesender Zugriff auf alle inspizierbaren Objekte zu behandeln.

Sprach-Einschränkungen für sicherheitskritische Systeme

Eine bewährte Technik, sicherheitskritische Programme überprüfbar zu machen, besteht darin, auf unnötige Komplexität zu verzichten. In seiner Rede anläßlich der Verleihung des Turing-Preises formulierte C.A.R. Hoare dies 1980 so [12]: „There are two ways of constructing software design. One way is to make it so simple that there are obviously no deficiencies. And the other way is to make it so complicated that there are no obvious deficiencies." Die Betonung muß hier auf dem Attribut unnötig liegen. John Barnes [13] zieht hier den meines Erachtens kurzsichtigen Schluß. wenn er Ausnahmen in sicherheitskritischen Systemen mit folgender Begründung generell verbietet: „The general philosophy is, that for critical programs it is not acceptable for anything to go wrong and so the world might as well end if it does!". Wenn beispielsweise ein Steuerprogramm als unendliche Schleife alle

Aufgabe erledigen kann, so ist es sicher zweckmäßig auf Tasking in diesem Fall zu verzichten. Ein solches Programm ist dann natürlich auch viel einfacher zu überprüfen, als wenn alle Taskoperationen verifiziert werden müßten. Im Annex H bietet Ada95 die Möglichkeit, mit dem Pragma *restriction* einzelne Sprachkonstrukte zu verbieten, die in bestimmten Anwendungen als Sicherheitsrisiko betrachtet werden könnten. Durch diese Einschränkungen soll das Laufzeit-System verkleinert und damit der Nachweis einer korrekten Programm-Ausführung erleichtert werden.
Die möglichen Einschränkungen betreffen insbesondere das Tasking, die datenorientierte Synchronisation über protected objects, die Speicher-Verwaltung, die Behandlung von Ausnahmen, die Verfügbarkeit numerischer Datentypen. Daneben können einzelne Sprach-Elemente, wie unchecked conversion oder unchecked access oder kritische Eigenschaften, wie Rekursion oder Reentranz, ausgeschlossen werden. Mit der Einschränkung No-Delay wird das Delay-Statement und die Abhängigkeit vom Paket *Calendar* verboten. Sämtliche in Ada95 geforderten Einschränkungen finden sich im LRM [7] verteilt an zwei Stellen. Im Annex D (Real Time Systems) werden im Kapitel 7 die möglichen Einschränkungen im Task-Modell aufgelistet, während im Annex H.4 die übrigen Einschränkungen erläutert sind. Dabei handelt es sich um die minimal notwendigen Einschränkungen um standardkonform zu sein. Es ist dem Compilerhersteller unbenommen weitere Einschränkungsmöglichkeiten vorzusehen. Wichtig ist jedoch, darauf hinzuweisen, daß bis auf ganz wenige, explizit genannte Ausnahmen das Pragma *restriction* auch auf das Laufzeit-System wirkt. Außerdem muß dokumentiert werden, wie sich ein Programm verhält, das mit der Restriktion *No-Exceptions* übersetzt wurde, wenn zur Laufzeit ein automatisch durchzuführender Test fehlschlägt. Generell sind Verstöße gegen spezifizierte Einschränkungen vom Compiler mit Fehlermeldungen, bzw. Warnungen zu kennzeichnen. Können solche Verstöße erst zur Laufzeit erkannt werden, so gilt der Programmlauf als fehlerhaft (*erroneous*) mit allen daraus resultierenden Konsequenzen. Es erscheint mir jedoch fraglich, ob diese Haltung für sicherheitskritische Systeme akzeptabel ist.

Alternative Ansätze

Einzelne Compiler- und Werkzeughersteller sehen seit längerem die Notwendigkeit, ihren Nutzern bei der Erstellung sicherheitskritischer Systeme Unterstützung zu bieten oder bei der Zertifizierung behilflich zu sein. Hier seien exemplarisch zwei Ansätze genannt: der Ansatz von Praxis Critical Systems Ltd mit SPARK und der von Thomson/AONIX mit dem Safety Critical Handbook. Beide Ansätze wurden schon für Ada83 entwickelt und sind inzwischen oder werden noch auf Ada95 angepaßt.

Der SPARK-Ansatz versucht Programme oder Programm-Teile formal zu verifizieren. Es erscheint mir jedoch fraglich, ob Echtzeit-Systeme überhaupt im strengen Sinne verifizierbar sind, da mir derzeit keine formale Beschreibung von Zeitbedingungen und parallelen Abläufen bekannt ist. Eine kritische Auseinandersetzung mit dem SPARK-Ansatz und seinen Auswirkungen auf ein fliegendes System gibt Roßkopf in [14]. Barnes [13] stellt mit seinem jüngst erschienenen Buch einen Zusammenhang zwischen SPARK und Ada95 her, wobei er jedoch selbst feststellt: „Although the changes to Ada (von Ada83 nach Ada95) were largely outside the subset on which SPARK is based, nevertheless some small changes to the core of Ada are quite fundamental and very relevant to SPARK". Beim Vergleich der beiden Darstellungen muß jedoch berücksichtigt werden, daß zumindest unterschiedliche Versionen des Werkzeugs, wenn nicht unterschiedliche Werkzeuge mit demselben Namen betrachtet werden.

Ebenfalls die Verifizierung der Software eines fliegenden Systems war der Hintergrund für das Safety Critical Handbook [15] der Firma Thomson Software Products /AONIX. In diesem Handbuch und verwandten Veröffentlichungen [16] wird gezeigt, wie mit Ada83 die kritische Software von Boeings B777 zertifiziert werden konnten. Dabei wird recht praxisnah von den Anforderungen des DO178B [5] ausgegangen. Die hier gewählte Lösung liegt in einem geeigneten *Certifiable Small Run-Time* System (C-SMART), das zusammen mit der Applikations-Software zertifiziert werden kann. Hier wird versucht, möglichst umfangreiche Funktionalität zu bieten und in Erweiterung zu C-SMART ein T-SMART als Obermenge mit eingeschränkten Task-Operationen zu definieren und anzubieten.

Schlußfolgerungen

Insgesamt kann meines Erachtens festgestellt werden, daß Ada95 mit dem Annex H einen praktikablen Ansatz zur Erstellung von zertifizierbarer Software bietet. Der Ansatz von SPARK erscheint mir zu rigoros und birgt die Gefahr, daß kritische Teile nicht adäquat formuliert werden können und deshalb in einer Grauzone angesiedelt werden. Vor diesem Hintergrund stellt sich mir die Frage, ob nicht das SPARK-Konzept nur auf einen relativ einfachen Teil der sicherheitskritischen Systeme angewendet werden kann. Der AONIX-Ansatz dagegen geht mehr auf die Belange der Implementatoren ein und bietet ein abgestuftes Konzept für unterschiedliche Komplexität der zu lösenden Probleme.

Zusammenfassend kann gesagt werden, daß Ada95 zur Implementierung sicherheitskritischer Software geeignet ist und daß die im Annex H gemachten Spracheinschränkungen ihr Ziel erreichen können, was aber nicht so interpretiert werden darf, daß der komplette Sprachumfang ein Sicherheitsrisiko darstellt.

Literatur:

[1] Berlejung, H. & Baron, W.: Aspects of the Development oof Saftey-Critical Real-Time Software with the C Programming Language, in Software technik-Trends, Mitteilungen der GI-Fachgruppen 2.1.1 & 2.1.5 - 2.1.9, Band 16, Heft 4 , S. 21 - 25

[2] Draft IEC1508 - Functional safety: safety related systems, June 1995

[3] Romanski, G. & Chelini, J.: A Response to the Use of C in Safety-Critical Systems, in Softwaretechnik-Trends, Mitteilungen der GI-Fachgruppen 2.1.1 & 2.1.5 - 2.1.9, Band 17, Heft 1 , S. 38 - 43

[4] MIL-STD 882C - Military Standard System Safety Program Requirements, January 19,1993

[5] DO-178B Software Considerations in Airborne Systemsand Equipment Certification (revised version of DO178-A

[6] Ada9X Project Report - Ada9X Requirements, Washington D.C., December 1990

[7] Ada95 - The Language Reference Manual & Standard LibrariesISO/IEC 8652:1995, Intermetrics, Cambridge Ma., 1995

[8] Ada95 - Rationale, The Language, The Standard Libraries, Intermetrics, Cambridge Ma. , January 1995

[9] ISO/IEC JTC/SC22/WG9 N331, Resolutions from the meeting # 32 , June 1997

[10] ISO/IEC JTC SC22 WG9 Proposal for a new work-item: Guidance for the use of Ada in High Integrity Systems, 1997

[10] Ada-Leitfaden Allgemeiner Umdruck 255, BMVg, Bonn, 1995

[11] Hoare, C.A.R.: The Emperor's Old Clothes, The 1980 Turing Award Lecture, in Communications of the ACM, Vol. 24, # 2, Febr. 1981, New York, p 75 - 83.

[12] Barnes, J.: Integrity Ada - The SPARK-Approach, Addison-Wesley, Harlow, 1997

[13] Roßkopf, A.: Use of a Static Analysis Tool for Safety-Critical Ada Applications - A Critical Assessment in Strohmeier, A. (Ed): Reliable Software Technologies -Ada-Europe'96, Springer, Berlin, Heidelberg,.. 1996, p. 183 - 197

[14] Safety Critical Software Handbook, Thomson Software/AONIX, 1995

[15] Dobbing, B. & Richard-Foy, M.: T-SMART - Task-Safe, Minimal Ada Realtime Toolset, in Hardy, K. & Briggs, J. (Eds): Reliable Software Technologies - Ada-Europe'97, Springer, Berlin, Heidelberg,.., 1997, p. 244 - 253.

Nutzen und Möglichkeiten der Objektorientierung zur Analyse und Design von nebenläufigen Systemen zur Prozeßlenkung

Prof. Dipl. Inform. Heiner Kaltenhäuser
Fachhochschule Hamburg
Berliner Tor 3
20 099 Hamburg

Einleitung

In diesem Beitrag sollen die Möglichkeiten von objektorientierten Konzepten beim Entwurf und Implementierung von Systemen zur Prozeßlenkung untersucht und diskutiert werden. Es werden rein objektorientierte Programmiersysteme betrachtet und verschiedene Möglichkeiten der Erweiterung des Objektbegriffs auf nebenläufige Objekte, also Objekte mit einem eigenen Kontrollfluß, betrachtet.

Entwicklung und Stand der Objektorientierung

Die Objekorientierung in Programmiersprachen hat ihren Ausgangspunkt in der Sprache Simula 97, die als Erweiterung zu Algol 60 die wesentlichen Konzepte der Objektorientierung eingeführt hat

Charakterisierung der Objekte in heutigen Programmiersprachen

Objekte, wie sie in heute gängigen Programmiersprachen, wie C++, Eiffel oder SmalTalk verstanden werden, lassen sich folgendermaßen charakterisieren.

- Ein Objekt ist eine Zusammenfassung von Daten und Funktionen, die generell als Feature oder als Attribute und Methoden der Objekte bezeichnet werden.
- Die Sprachen stellen Schutzmechanismen zur Verfügung, die je nach Sprache die Feature als lokal bzw. global benutzbar erklären oder gezielt bestimmten anderen Objekten zur Benutzung frei geben.
- Die Objekte werden aufgrund von Klassenbeschreibungen dynamisch generiert und sind in der Regel über Referenzvariablen zur Benutzung durch andere Objekte verfügbar.
- Das Konzept der Vererbung erlaubt Klassenbeschreibungen zu neuen Klassenbeschreibungen zu erweitern. Je nach Sprache kann bei einer neuen Klassenbeschreibung auf eine oder mehrere andere Klassenbeschreibungen bezug genommen werden. Man spricht von einfacher oder mehrfacher Vererbung.
- Bei der Vererbung ist es möglich, Feature durch Überschreiben in der neuen Klassenbeschreibung eine veränderte Semantik zu geben. Damit ergeben sich beim Ansprechen von Objekten über eine Referenzvariable bzgl. der Feature ein polymorphes Verhalten, je nachdem welches konkrete Objekt an die Variable gebunden ist .
- Klassen können mit anderen Klassentypen formal parametrisiert werden. Dadurch ist das Konzept der Generizität von Klassen gegeben.

Objekte mit diesen Eigenschaften sind Konstruktionsmittel für universelle Datenstrukturen, die in sequentiellen Programmumgebungen benutzt werden.

Objektbasierende Programmarchitekturen

Reine objektorientierte Programmiersprachen, wie z.B. Eiffel, die auf obigem Objektkonzept beruhen, führen zu einer Architektur, die auf einem Geflecht von Objekten beruhen. Die einzelnen Objekte repräsentieren mit ihren Attributen ein Wissen über gewisse Sachverhalte oder repräsentieren mit ihren Methoden die Fähigkeit zur Lösung gewisser Problemfälle.

In dem Objektgeflecht ist ein Objekt als Mainobjekt mit einer Startroutine ausgezeichnet, von der sich der Kontrollfluß durch Methodenaktivierung in andere Objekte verlagert. Diese Systeme verfügen über einen Laufzeitstack, über den der Kontrollfluß verwaltet wird.

Konzepte für Objekte mit einem eigenständigen Kontrollfluß

Für nebenläufige Systeme werden Objekte benötigt, die über einen eigenständigen Kontrollfluß verfügen und die unabhängig von einander, direkt oder über andere (passive und geteilte) Objekte kooperieren können. Es werden also Objekte benötigt, mit denen verschiedene Laufzeitstacks eingerichtet werden können und die über die Fähigkeiten verfügen, unabhängig von einander agieren zu können.

Die Objekte als Koroutinen in SIMULA 67

Die Ausgangsmotivation zur Entwicklung von Objekten lag primär nicht in der Schaffung von Konzepten zur Datenstrukturierung, sondern in der Strukturierung von Kontrollflüssen zur problemnäheren Behandlung komplexerer Aufgabenstellungen aus dem Gebiet der Simulation dynamischer Vorgänge. Zur Abbildung der nebenläufigen Vorgänge in Simulationsmodellen galt es Programmeinheiten zu schaffen, die über einen eigenständigen Kontrollfluß verfügen. In SIMULA 67 wurden dazu die Klassen als Definitionsschema für Koroutinen eingeführt.

Eine Klasse in Simula ist im wesentlichen ein parametrisierbarer Block, wie er in der Sprache ALGOL 60 definiert ist und von dort übernommen wurde. Eine Klasse besteht aus einem Klassenkopf mit formalen Parametern und einem Block mit lokalen Variablen, lokalen Prozeduren und einer Anweisungsfolge. Jedes in SIMULA 67 zu einer Klasse generierte Objekt ist eine Koroutine auf die über Referenzvariablen verwiesen wird.

Wird in SIMULA 67 ein Objekt erzeugt, dann wird dazu eine Datenstruktur, bestehend aus den formalen Parametern, den lokalen Variablen, einen Laufzeitstack und Kontrollinformation angelegt. Die Adresse dieser Datenstruktur wird einer Referenzvariablen zugewiesen und der Anweisungsteil wird ausgeführt. Die Ausführung des Anweisungsteils kann durch spezielle Anweisungen unterbrochen werden und es kann zur Weiterführung der Ausführungssequenz in den generierendenden Block oder zu einer anderen Koroutine umgeschaltet werden. Erreicht eine Koroutine ihr logisches Anweisungsende, dann bleiben nur noch die Parameter und lokalen Variablen verfügbar, die im Sinne von Datenobjekten direkt oder über die lokalen Prozeduren angesprochen werden.

Ein SIMULA-Programm ist also ein System, in dem viele Kontrollflüsse über einen Laufzeitstack verwaltet werden, aber zu einem Zeitpunkt nur ein Kontrollfluß aktiv ist. Die Übergabe der Kontrolle an eine andere Einheit geschieht ausschließlich durch den aktuell aktiven Kontrollfluß und nicht asynchron durch externe bzw. interne Systemereignisse.

Somit ist das Konzept in dieser Form nicht für echt nebenläufige Systeme geeignet, sondern es bedarf Erweiterungen, um das Konzept der Objektorientierung für solche Programmsysteme geeignet zu machen.

Konzepte zur Realisierung nebenläufiger Kontrollflüsse

Man muß für nebenläufige Systeme in das bisherige Objektkonzept den Prozeßbegriff einbringen. Dies kann, analog zu SIMULA 67, dadurch geschehen, daß man den Objekten einen Prozeßcharakter zuspricht oder daß man die Ausführung einer Methode als eigenständigen Prozeß definiert.

Diese Ansätze führen aber nicht zu neuen Konzepten für die Kooperation zwischen den Objekten. Für die Kommunikation und Synchronisation von nebenläufigen Objekten muß man sich bekannter Konzepte bedienen, die in die Objektorientierung zu integrieren sind.

Bislang lassen sich nachfolgende Ansätze erkennen

Objektorientierte Einbettung in eine Prozeßumgebung

Dies ist der einfachste Ansatz zur Nutzung der Objektorientierung. Man nutzt die Prozeßfähigkeit eines Betriebssystem und gibt den einzelnen sequentiell arbeitenden Prozessen eine objektorientierte strukturierte Programmarchitektur.
Zu Kommunikation und Synchronisation der Prozesse und zur Ein- und Ausgabe von Prozeßsignalen nutzt man Funktionen des Betriebssystems, die in den Prozessen ggf. in Objekten gekapselt werden.

Integration der Kontrollflüsse in die Objektstruktur

Bei diesen Ansatz werden Objekte, analog zu SIMULA, mit einem Ausführungsteil versehen oder es wird eine private Methode zum Ausführungsteil erklärt.

Ein Problem ergibt sich im Zusammenspiel des Ausführungsteil und der extern aktivierbaren Methoden. Damit sich in den Objekten keine Inkonsistenzen ergeben müssen sich die Methodenaufrufe und der Ausführungsteil gegenseitig ausschließen oder die Methodenaufrufe sind im Objekt parallel zueinander aktiv und müssen sich im Objekt über Semaphore oder ähnliche Konstrukte synchronisieren.

Im ersten Fall, wo im Objekt stets nur ein Methodenaufruf aktiv ist, bietet sich an, daß der Ausführungsteil an bestimmten Stellen gewisse Methoden bis zu ihrer Aktivierung oder für eine Zeitspanne frei gibt. Die ist ein Mechanismus der an die Tasks in ADA erinnert, die in den ACCEPT-Statements bestimmte Entries zur externen Aktivierung freigeben. Ein weiterer Ansatz besteht darin, daß die Objekte durch Automaten beschrieben werden und die Methodenaufrufe nur in bestimmten objektinternen Zuständen akzeptiert werden.

Ein weiteres Problemfeld ergibt sich mit der Vererbung. Hier ergeben sich Probleme wie neue Methoden und Zustände in das Verhaltensmuster der vererbenden Klasse integriert wird. Bei einer Mehrfachvererbung ergibt sich das Problem, welches Verhaltenmuster der Oberklassen übernommen werden soll. Deshalb verbieten einige Sprachansätze das Vererben für Klassen mit einem eigenständigen Kontrollfluß oder schränken die Vererbungsmechanismen deutlich ein.

Ansatz zu konzeptionellen Bausteinen für ein objektorientiertes nebenläufiges Sprachsystem

Im Prinzip sollte zwischen Informations- und Systemobjekten unterschieden werden. Die Informationsobjekte sind Objekte, die über Sachverhalte informieren. Diese Objekte werden von den Systemobjekten bearbeitet und zwischen ihnen ausgetauscht. Die Systemobjekte bilden die Objektstrukturen, die die Verarbeitungslogik des Systems übernehmen.

Die Systemobjekte sind noch mal zu gruppieren. Es muß Klassen geben, nach denen Objekte mit sequentiellen Prozeßeigenschaften generiert werden können. Weiterhin muß es Klassen zur Formulierung der Koordinierung der Kooperationen zwischen den Prozeßobjekten geben. Die Methodenaufrufe dieser Objekte müssen sich gegenseitig ausschließen und eine gegenseitige Synchronisation in Analogie zu einem Monitor erlauben. Als letztes sollte es Klassen geben, deren Objekt nur in einem sequentiellen Kontext verwendet werden können. Damit können die Prozeß- und die Koordinierungsobjekte objektorientiert zu komplexeren Verbunden ausgebaut werden.

Dieser Ansatz ähnelt in groben Zügen dem System CONCURRENT PASCAL, wobei in diesen Ansatz die Prozesse und die Monitore objektorientiert gestaltet werden.

Stand der objektorientierten Sprachsysteme mit Möglichkeit der Nebenläufigkeit

Die Bemühungen der Integration der Nebenläufigkeit und der Echtzeitfähigkeit in objektorientierte Sprachsysteme befinden sich aktuell noch im Forschungs- und Experimentierstadium, so daß in absehbarer Zeit noch mit keinen stabilen Sprachansätzen für Systeme zur Prozeßlenkung zu erwarten sind.
Von diesen Forschungsansätzen sind auch für die Behandlung der Kooperation der nebenläufigen Objekte keine neuen Konzepte zu erwarten. Es werden lediglich Konzepte zur objektorientierten Strukturierung bekannter Konzepte, wie das Monitorkonzept oder das Rendezvouskonzept zu erwarten sein.

Auf längere Zeit wird also der Ansatz zu verfolgen sein, die Prozeßstruktur eines Betriebssystem zu nutzen und auf deren Funktionen für die Kooperationen unter den Prozessen objektorientierte Konstruktionen aufzusetzen.

Zum Beispiel nutzt man in WindowsNT die Prozesse als Objekte und bildet die Methoden auf einzelne Threads ab.

Objektorientiertes Softwareengineering

Auch für die Engineering-Bereiche der Analyse und des Entwurfes von Softwaresystemen sind Methoden vorgeschlagen worden, die sich auf objektorientierte Ansätze abstützen. Hier sind beispielhaft zu nennen OMT, ROOM und COOD.

Die Methode OMT (Object Modeling Technique) wurde von J. Rumbaugh vorgeschlagen und ist als allgemeine Methode an keine spezielle Anwendungsklasse gebunden. ROOM (Real-Time Object-Oriented Modeling) von Selic, Gullekson und Ward und COOD (Concurrent Object Oriented Design) von Hüsener sind Methoden, die sich auf nebenläufige Realzeitsysteme beziehen

Die OMT-Methode

Die OMT-Methode bedient sich zur Darstellung von Analyse- und Entwurfsergebnissen dreier Modelle, dem Objektmodell, dem dynamischen Modell und dem funktionalen Modell.

Das Objektmodell ist das grundlegende Modell. Es stellt die benötigten Objektklassen mit ihren Attributen und Beziehungen und ihre kooperativen Beziehungen dar. Es ähnelt eine Entity-Relation-Ship-Modell für ein Datenbankdesign. Nur die semantische Ausdruckskraft der Eigenschaften der Objektbeziehungen und Bedingungen an die Attribute der Objekte ist größer. Mit diesem Modell wird die Struktur von Informationsbasen und die Systemarchitektur modelliert. Dies geschieht u.U. in verschiedenen Modellen.

Im zweiten Modell, dem funktionalen Modell , wird das Verhalten der Objektklassen spezifiziert. Die Objekte werden als eigenständig und völlig unabhängig voneinander agierend angesehen. Zur Spezifikation des dynamischen Verhaltens werden die Objekte als Zustandsautomaten aufgefaßt und durch eine den hierarchischen Zustandsautomaten von Harel entlehnte Notation modelliert.
Jedem Objekt werden Zustände zugewiesen, die durch seine Attribute beschrieben werden. Die Zustandsübergänge werden durch externe Ereignisse veranlaßt. Ereignisse sind mit Informationen versehene Botschaften, die über das Auftreten eines bestimmten Sachverhaltes informieren. Im Kontext der Objektorientierung sind diese Ereignisse mit Methodenaktivierungen zu identifizieren.
Zur Beschreibung des Verhaltens eines Objektes sind Aktionen und Aktivitäten eingeführt. Aktionen sind kurze Programmreaktionen, die keine nennenswerte Zeit verbrauchen, z.B. das Ein- und Ausschalten gewisser Aggregate im technischen Prozeß oder das Abfragen eines anderen Objektes. Aktionen sind an Zustandsübergänge und/oder an das Verlassen eines Zustandes bzw. das Eintreten in einen Zustand gebunden. Aktivitäten sind an die Zustände des Objektes gebunden und können eine längere Ausführungszeit in Anspruch nehmen oder sogar an die Verweilzeit des Objektes in den Zustand gebunden sein. Eine Aktivität kann z.B. das zyklische Abfragen eines anderen Objektes sein.
Trifft für ein Objekt ein Ereignis ein und ist für den aktuellen Zustand eine Reaktion auf dieses Ereignis in Form eines Zustandsüberganges vorgesehen, dann wird eine ggf. laufende Aktivität abgebrochen, die Aktionen die an das Verlassen des Zustandes, den Übergang und an den Eintritt in den neuen Zustand gebunden sind, ausgeführt. Nach den Eintritt in den neuen Zustand wird ggf. wieder eine Aktivität gestartet.
Die Zustandsübergänge können noch mit einer Bedingung über die Objektattribute versehen werden; dann wird der Übergang nur durchgeführt, wenn die Bedingung aktuell erfüllt wird.
Trifft ein Ereignis ein und es kann darauf nicht reagiert werden, sei es der Zustand reagiert nicht auf dieses Ereignis oder die Übergangsbedingung ist nicht erfüllt, dann wird das Ereignis verworfen.

Das dritte Modell, das funktionale Modell, entspricht den Datenflußdiagrammen der SA-Methode. Dieses Modell wird angewandt, wenn die Verarbeitung und Speicherung von Informationen analysiert und modelliert werden muß. Dieses Modell kommt eigentlich im Kontext von Informationssystemen richtig zum Tragen.

Schwierigkeiten treten bezüglich des dynamischen Modells bei der Vererbung auf, weil z.B. das Verhalten einer Unterklasse die Reaktion auf bestimmte Ereignisse nicht erforderlich macht. Somit ist das Verhalten der Unterklasse keine Ergänzung oder Verfeinerung des Verhaltens der Oberklasse. In solchen Fällen empfiehlt es sich, für jede Unterklasse ein eigenständiges dynamischen Modell anzugeben.

Implementierung von OMT-Modellen

Für Anwendungen in der Prozeßlenkung spielen nur das Objektmodell und das dynamische Modell eine wesentliche Rolle. Das Objektmodell ist das Architekturmodell und stellt als aktive Objekte die nebenläufigen Prozesse, die direkt miteinander kommunizieren oder über passive Objekte die Kommunikation und ihre Synchronisation vornehmen.. Die passiven Objekte sind Monitore, Kanäle, Mailboxen, etc. Spezifiziert werden die Objekte durch die Zustandsautomaten des dynamischen Modells

Implementiert werden die Objekte nach folgendem Schema. Für jedes mögliche Ereignis, welches dieses Objekt erreichen soll, wird eine sichtbare Methode realisiert. Für die Aktionen und Aktivitäten werden private Methoden implementiert. Die sichtbaren Methoden rufen, sofern der aktuelle Zustand und die Übergangsbedingungen eine Reaktion zulassen, die Methoden für die geforderten Aktionen und Aktivitäten auf. Im Fall, daß keine Reaktion aktuell vorgesehen ist, wird die sichtbare Methode beendet und das Ereignis verworfen oder eine Return-Information an die Ereignisquelle zurückgegeben.
Dieses Schema ist einfach für Objekte in einer sequentiellen Umgebung mit dem Mitteln einer objektorientierten Sprache zu implementieren. Für den Kontext von nebenläufigen Prozessen müssen zwischen diesen mit Mitteln des Betriebssystem Botschaftsdienste für das Melden der Ereignisse implementiert werden. In den Prozessen ist die Interpretation der Ereignisbotschaften vorzunehmen und die erforderlichen Aktionen und Aktivitäten auszuführen. Die Implementation ist stark von dem Betriebssystem abhängig.

Die ROOM- und COOD-Methoden

Beide objektorientierte Methoden sind für nebenläufige und echzeitfähige Softwaresysteme vorgeschlagen. Beide Methoden stellen den Systementwurf und die Modellierung der Kooperation der Prozeßobjekte in den Mittelpunkt. Beide Methoden stellen neben graphischen Notationen auch eine textliche Ausdrucksmöglichkeit für den Entwurf zur Verfügung. Dadurch verfügen die Modelle über eine präzise Semantik, die in der OMT-Methode vermißt wird. Die präzise Semantik ermöglicht für beide Methoden einen Coderahmen-Generator für gängige Programmiersprachen.

Die ROOM-Modellierungssprache zielt auf die Modellierung folgender Eigenschaften ab

- Formulierung von Echtzeitbedingungen
- Dynamische Veränderung der Systemarchitektur, wie Zuschalten weiterer Regler, Umschalten auf andere Gerätetreiber, etc.
- Reaktion auf asynchrone Ereignisse
- Konkurrenz von verschiedenen Prozessen bezüglich gemeinsamer Betriebsmittel
- Verteilung der Prozesse auf verschiedene Rechner und deren Kommunikation im Netzwerk

ROOM verfügt über zwei Betrachtungsebenen. Die schematische Ebene modelliert die Systemarchitektur mit den nebenläufigen Komponenten und deren Kommunikationswege und die detaillierte Ebene, in der die Objekte in einer Programmiersprache formuliert werden.

Das zentrale Konstruktionselement ist ein Aktor. Ein Aktor ist ein Teilsystem, das nebenläufig im System agiert. Das Verhalten der Aktoren wird durch einen ROOM-Automaten beschrieben. Dies ist eine Automatenbeschreibung in Anlehnung an die Automaten von Harel. Die Aktoren können neben ihrer Verhaltenskomponente, die die Reaktion auf eingehende Informationen beschreibt, wiederum aus weiteren Aktoren bestehen.

Die Aktoren kommunizieren über Datenpakete als Nachrichten. Dazu verfügen die Aktoren als Schnittstellen über Ports. Die Ports verschiedener Aktoren sind über Kanäle gekoppelt. Sie übertragen die Nachrichtenobjekte zwischen den Aktoren. Die Ports und somit die Kanäle sind durch sogenannte Protokolle beschrieben, die angeben, welche Nachrichten mit welcher Priorität in welche Richtung transportiert werden. Es können nur solche Aktoren zusammengekoppelt werden, deren Ports über das gleiche Protokoll definiert sind.

ROOM unterstützt auch die hierarchische Systemmodellierung durch vertikale Schichtungen. Die Kommunikation zwischen den Schichten erfolgt nicht durch Kanäle, die direkt die Aktoren koppeln, sondern über sogenannte Service-Access-Point (SAP's), die logisch den Ports entsprechen, aber die Aktoren verschiedener Schichten entkoppeln.

Das Verhalten der Aktoren wird als Reaktionen auf das Eintreffen bestimmter Nachrichten in seinen Ports beschrieben. Trifft eine Nachricht ein und es ist keine Reaktion definiert, wird die Nachricht verworfen.

ROOM unterstützt auch eine Vererbung bei den Aktoren. Diese Form der Vererbung läuft aber nur auf eine Erweiterung des vererbenden Aktors und weitere interne Aktoren und interne Kanäle hinaus.

Die Methode COOD unterscheidet zwischen sequentiellen Objekten und passiven bzw. aktiven Prozeßobjekten. Die sequentiellen Objekte sind nur für eine Benutzung in einem sequentiellen Kontext gedacht und dienen der Strukturierung von nebenläufigen Komponenten. Die Prozeßobjekte sind nebenläufige Objekte und unterscheiden sich bzgl. der Methodenaktivierung.
Die passiven Objekte gewährleisten den wechselseitigen Ausschluß der Methoden bei der Kommunikation mit mehreren Objekten.
Die aktiven Objekte garantieren auch den wechselseitigen Ausschluß der Methoden, führen aber Synchronisationsbedingungen ein, mit denen durch einen hierarchischen Zustandsautomat die Synchronisation zwischen den Methoden beschrieben wird.

Zur Kommunikation zwischen den Objekten können verschiedene synchrone und asynchrone Kommunikationsformen modelliert werden.

Eiffel als Spezifikations- und Implementierungssprache

Die Programmiersprache Eiffel wurde in der zweiten Hälfte der 80-er Jahre von Bertrand Meyer entwickelt. Sie ist eine reine objektorientierte Sprache und verfügt über das Ziel einer reinen Implementationssprache hinaus, Ansätze einer Spezifikationssprache zu beinhalten.
Es sind Compiler für die gängigen Betriebssysteme Windows, WindowsNT, UNIX und VMS verfügbar. Eiffel ist eine rein sequentielle Programmiersprache und kann nur zur objektorientierten Programmierung der sequentiellen Abläufe von nebenläufigen Prozessen herangezogen werden[1].

Für die Programmierung von nebenläufigen Systemen ist Eiffel insofern interessant, als die Notation dieser Sprache zur Spezifikation einzelner direkt zu implementierender Objekte genutzt werden kann. Diese Möglichkeiten sollen hier kurz erläutert werden.

In Eiffel werden die Objekte als Menge von Feature betrachtet. Ein Feature kann ein Datenelement sein und wird dann als Attribut bezeichnet. Weiterhin kann ein Feature eine Routine sein, die in Prozeduren und Funktionen unterschieden werden.

Zur Spezifikation eines Objektes arbeitet Eiffel mit Zusicherungen, die für die einzelnen Klassen als Klasseninvariante angegeben werden können und für jede Routinen als Vor- und Nachbedingung dienen können. Diese Zusicherungen können als informelle Texte formuliert werden, was einer Objektspezifikation auf einen hohen abstrakten Level entgegen kommt. Die Zusicherungen können auch recht formal als logische Ausdrücke über die zu implementierenden Feature formuliert werden.

Wenn ein System in Eiffel implementiert wird, kann man durch Compileranweisungen die Codegenerierung für die Zusicherungen einschalten. Dann werden zur Laufzeit automatisch vor dem Aufruf einer Objektroutine deren Vorbedingungen geprüft. Damit wird sichergestellt, daß die Routine der Spezifikation entsprechend vom aufrufenden Objekt stets korrekt aktiviert wird.
Beim Verlassen einer Routine werden die Nachbedingung und die Klasseninvarianten überprüft, um sicherzustellen, daß das Objekt in einem der Spezifikation entsprechenden Zustand hinterlassen wird.

Wenn ein Objektsystem nicht in Eiffel implementiert wird, dann ist dieses Spezifikationsverfahren in sofern nützlich, als die Softwareersteller in einen Code-Review die Zusicherungen eine strukturierte Anleitung zur Überprüfung der Korrektheit haben und es besteht weiterhin die Möglichkeit die Zusicherungen in den Code als Prüfanweisungen zu implementieren.

Nutzung der Vererbung zur Bildung von Gerüsten

Ein großer Vorteil der Objektorientierung, der durch das Konzept der Vererbung gegeben ist, kann heute schon für die Strukturierung von Programmsystemen und für die Wiederverwendbarkeit genutzt werden.

---

[1] Es sind Entwicklungen für WindowsNT vorgesehen, die Methoden eines Objektes auf Threads abzubilden

Für sich ständig in einen Anwendungsfeld wiederholende Vorgänge können die Algorithmen in oberen Klassen vordefiniert werden. Dies können Standardoperationen zum Ansprechen der Prozeßperipherie sein oder Standardoperationen für die Prozeßkommunikation über Funktionen des Betriebssystems.
Bei der Implementierung eines konkreten Systems können diese vordefinierten Klassen zur Schaffung eines Architekturgerüst herangezogen werden, in das durch Erweiterung und Anpassung die Logik der aktuellen Anwendung implementiert werden. Man kann sich bei diesen Vorgehen auf die reine Anwendungslogik konzentrieren und ist von der Implementierung der Systemlogik weitgehend befreit.

Beispiele solcher Gerüste sind vordefinierte Klassen für die graphischen Bedienoberflächen oder in der Sprache SIMULA 67 die Klasse der SIMULATION in der die Ablaufsteuerung für Prozesse und weitere Architekturelemente zur Simulation diskreter Systeme vordefiniert sind.

Literatur

Bran Selec, Garth Gullekson, Paul T. Ward
Real-Time Object-Oriented Modeling
John Wiley & Sons 1994

Thomas Hüsener
Objektorientierter Entwurf von nebenläufigen, verteilten und echtzeitfähigen Softwaresystemen
Spektrum - Akademischer Verlag 1995

J.Rumbaugh, M.Blaha, W.Premerlani, F.Eddy, W.Lorensen
Objektorientiertes Modellieren und Entwerfen
Hanser 1994

Bertrand Meyer
Eiffel - The Language
Prentice Hall 1992

Echtzeitsysteme in der biotechnologischen Anwendung

K. Gollmer
Gesellschaft für Biotechnologische Forschung
38124 Braunschweig, Mascheroder Weg 1
kgo@gbf.de

W. Schulze
electronic system design
30165 Hannover, Vahrenwalder Str. 205
werner.schulze@esd.h.eunet.de

1 Einleitung

Dieser Beitrag beschreibt den Einsatz von PEARL/RTOS-UH basierten Automatisierungssystemen im Biotechnikum der Gesellschaft für Biotechnologische Forschung mbH (GBF). Die GBF betreibt Biotechnologie zur Lösung biomedizinischer Probleme und zum Schutz der Umwelt. Charakteristisch ist hierbei das interdisziplinäre Zusammenwirken zwischen Wissenschaftlern und Ingenieuren aus den Bereichen der Biologie, der Chemie, der Verfahrenstechnik sowie der Meß- und Regelungstechnik. Dies gilt insbesondere im Rahmen einer integrierten Bioprozeßentwicklung, bei der dic Umsetzung der im Labor gewonnenen Ergebnisse in den industriellen Maßstab im Vordergrund steht. Zentrales Element der bioverfahrenstechnischen Forschung ist der Bioreaktor, ein Edelstahlgefäß in dem die Mikroorganismen unter geregelten Umgebungsbedingungen kultiviert werden (Abb.1). Aufgrund der Komplexität der zellinternen Stoffwechselvorgänge und der gleichzeitig nur eingeschränkt verfügbaren Meßtechnik gehört die optimale Führung dieser Prozesse zu den Herausforderungen der modernen Leittechnik.

Es besteht heute kein Zweifel darüber, daß viele der dabei auftretenden Probleme auf der Basis mathematischer Überlegungen zu lösen sind. Die Aufgaben der technischen Informatik und Automatisierungstechnik bestehen dabei zum einen in der Bereitstellung entsprechender Entwicklungsumgebungen zur Modellierung und Simulation, zur Parameteridentifikation und zur Optimierung der Prozeßführungsstrategien. Bei der prozeßleittechnischen Realisierung der auf dieser Grundlage gewonnenen Strategien bedarf es schließlich einer modernen und flexiblen Automatisierungstechnik. Flexibilität, Leistungsfähigkeit und Reproduzierbarkeit in Verbindung mit einem auf die nicht MSR-technisch geschulten Anwendergruppen zugeschnittenen Bedienkonzept sind damit unabdingbare Voraussetzungen für eine erfolgreiche Umsetzung der theoretischen Erkenntnisse im Rahmen der integrierten Prozeßentwicklung.

Um dieses heterogene Anforderungsprofil abzudecken, wurde ein auf verteilten Komponenten basierendes Automatisierungskonzept entwickelt und im Technikum der GBF realisiert. Zentrales Element bildet das dezentrale Forschungsleitsystem UBICON (Universal Bioprocess Control System) in Verbindung mit einer Echtzeitdatenbank auf der Basis von CAN-Technologie. Ergänzt wird das Konzept durch den Einsatz eines online Simulationswerkzeugs zur prozeßbegleitenden Lösung von dynamischen Modellen und damit zum Betrieb eines virtuellen Bioreaktors.

Abb. 1: Blick in das Technikum der GBF. Im Vordergrund befindet sich ein Rührkesselreaktor mit 3000 l Arbeitsvolumen.

2 UBICON - ein dezentrales Forschungsleitsystem unter RTOS-UH

Im Gegensatz zu den im Produktionsbereich eingesetzten Prozeßleitsystemen werden an ein Leitsystem im Forschungseinsatz erhöhte Flexibilitätsanforderungen gestellt. Diese gilt sowohl auf der Seite der Anwenderprogramme als auch in Bezug auf die Systemsoft- und Hardware [Würstlin et al., 1993].

2.1 Systemanforderungen

Zum einen wird ein Forschungsbioreaktor für die unterschiedlichsten Prozesse eingesetzt - dies fordert vom Prozeßleitsystem die einfache Realisierung bzw. Änderung der jeweiligen Prozeßführungsstrategie. Zum anderen ist im innovativen

F&E Umfeld eine Änderung der Reaktorhardware und damit verbunden der PLT-Struktur praktisch an der Tagesordnung. Ein Beispiel ist die vermehrt zu beobachtende Integration von autarken, hochautomatisierten Analysesystemen, die mit dem Leitsystem im allgemeinen über serielle Protokolle kommunizieren. Hier muß die Systemsoftware innerhalb einer Multitasking-Umgebung in der Lage sein, die entsprechenden Treiber für die meist proprietären Kommunikationsprotokolle auf einfache Weise in das System zu integrieren.

Als dritte Anforderung kommt das im Rahmen der Prozeßentwicklung durchzuführende scale-up der verfahrenstechnischen Anlagen hinzu. Idealerweise sollte das Leitsystem bzw. die auf dem spezifischen Leitsystem entwickelte Prozeßführungsstrategie den kompletten Lebenszyklus eines Projektes vom Experimentalstadium im Kleinstreaktor bis hin zum Pilotreaktor im halbindustriellen Maßstab begleiten. Die Hardwareplattform muß dabei den rauhen Produktionsumgebungen im Technikum entsprechen und ggf. den erhöhten Anforderungen an Zuverlässigkeit und Verfügbarkeit genügen. In diesem Zusammenhang ist die vollständige Skalierbarkeit der eingesetzten Systemkomponenten aus Kostengründen eine essentielle Notwendigkeit.

Auch wenn es sich bei bioverfahrenstechnischen Prozessen aus der Sicht der Regelungstechnik oft um relativ langsame Systeme handelt, so ist ein gutes Realzeitverhalten des Prozeßrechners doch unabdingbar. Bei sogenannten fed-batch Experimenten zum Beispiel, bei denen die Substratkonzentration mit Hilfe entsprechender Zufütterungsstrategien im limitierenden Bereich geregelt wird, kann sich die Prozeßdynamik mit zunehmender Biomassenkonzentration durchaus im Sekundenbereich bewegen. Im Rahmen der sicheren Prozeßführung und -überwachung ist die Einhaltung definierter Abtastzyklen und eine schnelle Reaktion auf diskrete Ereignisse selbstverständlich. Gleichzeitig erfordert z.B. die Implementierung der verschiedenen Kommunikationsprotokolle eine schnelle Reaktion des Systems auch auf Hochsprachenebene.

2.2 Systemarchitektur

All diese Randbedingungen haben zur Systementscheidung PEARL/RTOS-UH [Gerth, 1994] beigetragen. Das System ist auf verschiedenen Plattformen vom Embedded Controller bis hin zum VMEbus etabliert und genügt auch erhöhten Sicherheitsanforderungen, wie sie im biotechnischen Bereich z.B. bei der Produktion von pharmazeutischen Wirkstoffen gefordert werden kann. Aufgrund der modularen Struktur läßt sich das System mit Hilfe entsprechender Interface-Karten praktisch an jede Reaktorhardware ankoppeln und die eingesetzte Rechenleistung je nach Prozeßanforderung skalieren. Das Spektrum reicht vom low-cost Fermentercontroller mit MC68000 CPU bis hin zum in Abb. 2 gezeigten VMEbus-System auf der Basis der Motorola MC68060. Allen Systemen gemeinsam ist die Funktionalität der Basissoftware. Hier sind vor allem die zur Lösung typischer Leitaufgaben selbstverständlichen Module zur Steuerung und Regelung, zur Visualisierung und

Bedienung, sowie zur Archivierung zu nennen. Daneben existieren eine Vielzahl von bei Bedarf zusätzlich einzubindende Komponenten z.B. zur online Simulation, zur Integration spezieller Treiber oder zur Realisierung komplexer Prozeßführungsaufgaben. Aufgrund der Komplexität wurde bei der Programmierung der Systemsoftware konsequent von der modularen PEARL-Philosophie gebrauch gemacht.

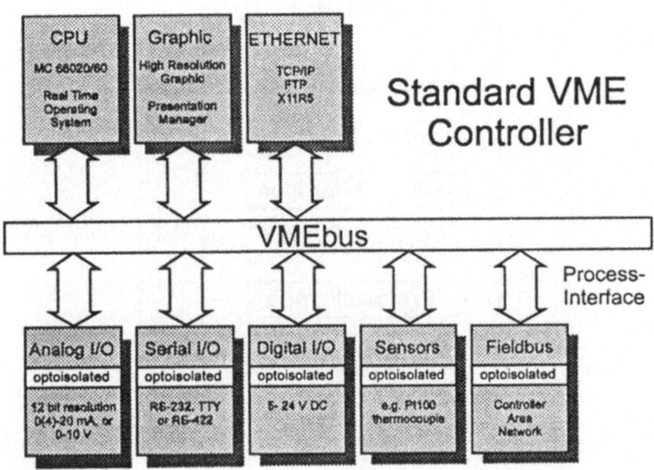

Abb.2: Systemhardware auf VMEbus-Basis ermöglicht den Einsatz auch unter rauhen Technikumsbedingungen.

Wie in Abb. 3 gezeigt, wird das zentrale Element dieses Konzeptes durch eine globale Datenbasis gebildet, die als Variablen-Pool allen peripheriespezifischen Ein-/ Ausgabetreibern und Netzwerktasks zur Verfügung steht. Nur diese Treiber sorgen auf der Eingangsseite für die Aktualisierung des Prozeßabbildes im Rechner und auf der Ausgangsseite für die Ausgabe der Stellgrößen. Alle anderen Teilaufgaben, wie z.B. die Regelung oder die Darstellung von RI-Fließbildern werden von separaten Tasks erledigt, die ausschließlich auf den Variablen-Pool arbeiten und damit vollständig hardwareunabhängig sind.

Zentrales Element der Prozeßvisualisierung unter UBICON bildet das skalierbare Grafik- und Multiwindow-System WiM [Artlt, 1994]. Neben der Möglichkeit der X11-Kommunikation über Ethernet erlaubt es die parallele Darstellung von bis zu sieben hochauflösenden Grafik- und beliebigen Textfenstern auf dem lokalen Desktop. Da sich der komplette Windowmanager auf die CPU einer intelligenten Grafikkarte auslagern läßt, ist die zusätzliche Belastung der Prozeß-CPU durch aufwendige Grafikoperationen sehr gering einzustufen. Bei Bedarf - und entsprechenden Abstrichen bei der Geschwindigkeit - läßt sich das System aber problemlos auch auf einen Einplatinenrechner portiern.

Das Tasking-Konzept eines vollausgebauten Systems besteht damit aus fast 100 (Shell)-Modulen, über 300 Tasks und diversen dynamisch generierten Shellprozessen.

Ein ganz wesentlicher Vorteil dieser modularen Struktur ist die weitgehende Entkopplung der einzelnen Komponenten und damit die Möglichkeit der universellen Wiederverwendbarkeit, so ist z.B. der integrierte online-Simulator auch als stand-alone Applikation lauffähig.

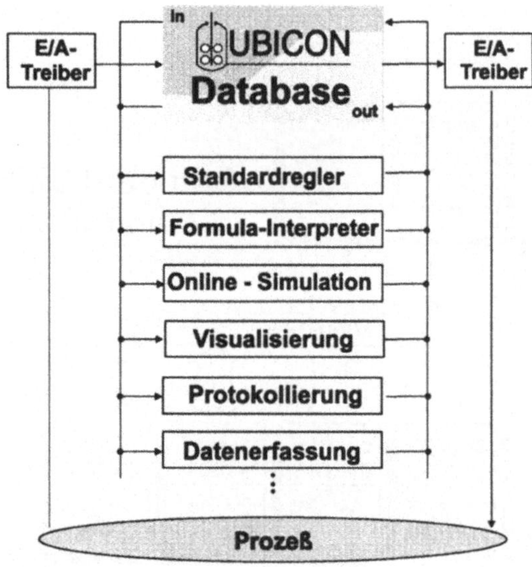

Abb. 3: Modulare Softwarearchitektur

2.3 Online Simulationsumgebung zur Validierung der Prozeßleittechnik

Das Simulationssystem erlaubt die Implementation beliebiger dynamischer und algebraischer Modellgleichungen in Form einer anwenderfreundlichen symbolischen Programmiersprache. Zur Beschreibung der physikalischen Verhältnisse im Rührkesselreaktor (Stofftransport für Gas- und Flüssigphase, Temperiersystem, Titrationsgleichungen etc.) wurde z.B. in Zusammenarbeit mit der Fachhochschule Hamburg ein umfangreiches Modell entwickelt und verifiziert, mit dessen Hilfe es möglich ist, das Verhalten eines kompletten Bioreaktors inklusive der Sensorik und Aktorik aller Teilsysteme realitätsnah zu beschreiben [Luttmann et al., 1997]. Je nach Modellverhalten lassen sich verschiedene numerische Integrationsverfahren zur Lösung der Modellgleichungen einsetzen (Kunge-Kutta, Adams, Gear). Entsprechende Watchdogprozeduren sorgen bei Bedarf für die Einhaltung eventuell geforderter Realzeitbedingungen.

Abb. 4: Ein dynamisches Modell des Bioreaktors ermöglicht die Verifikation der Prozeßleittechnik.

Aufgrund des bereits diskutierten dynamischen Verhaltens biotechnologischer Prozesse, ist die begleitende Lösung des resultierenden Differentialgleichungssystems auch parallel zu den eigentlichen Prozeßführungsaufgaben möglich. Abbildung 4 zeigt das Prinzip der dabei verwendeten online Simulation. Eine solcher "full scope simulator" eröffnet sowohl im Rahmen der Systementwicklung und -verifikation, als auch später bei der praktischen Anwendung vielfältige neue Möglichkeiten. So läßt sich die Auslegung von Standardkomponenten wie Reglerbausteinen oder der Alarmüberwachung durch Vorabsimulation erheblich vereinfachen. Die direkte Einbindung in die Prozeßleittechnik eröffnet dem Anwender weiterhin die Möglichkeit, neu entwickelte Prozeßführungsstrategien im vorab, d.h. ohne direkte Kopplung an den realen Fermenter zu validieren. Gerade im Rahmen der F&E Arbeiten sind es oft die kleinen Mißgeschicke, wie Vorzeichenfehler, Zahlendreher oder falsche Wertebereiche, die eine neu programmierte bzw. konfigurierte Prozeßführungsstrategie scheitern lassen. In der Praxis haben sich zwei unterschiedliche Strategien bewährt: Beim UBICON arbeiten Prozeßleitsystem und Simulator im allgemeinen auf dem selben Host-System, d.h. nur über den Variablen-Pool gekoppelt. Geht es dagegen darum, externe Prozeßleittechnik bzw. Interfacetechnik zu validieren, so ist eine stand-alone Version des Simulators in der Lage, sämtliche elektrischen Signale eines spezifischen Bioreaktors zu emulieren. Viele technische Probleme bei der automatisierungstechnischen Umsetzung einer bestimmten Strategie lassen sich somit in einem frühen Stadium erkennen und beheben, ohne den Kosten- und Zeitaufwand einer realen Fermentation zu verursachen. Aber auch bei der Inbetriebnahme von neuen Anlagen z.B. in der pharmazeutischen Industrie, lassen sich die notwendigen Validierungsläufe zur Qualifikation der Prozeßleittechnik durch den Einsatz entsprechender Simulatoren erheblich abkürzen.

2.4 Integration einer dezentralen Echtzeitdatenbank im Technikum

Neben den bereits angesprochenen Systemanforderungen zur Automatisierung eines einzelnen Forschungsreaktors ergeben sich bei der Umsetzung eines globalen Konzeptes für ein komplettes Forschungstechnikum weitere spezifische Randbedingungen für die Prozeßleittechnik. Das Forschungstechnikum der GBF verfügt über mehr als zwanzig Bioreaktoren unterschiedlicher Bauart, Größe und Alters. Diese Heterogenität, die einerseits aufgrund der nationalen Querschnittsaufgaben der GBF durchaus gewollt ist, stellt andererseits die prozeßleittechnische Infrastruktur vor erhebliche Probleme. Die von den einzelnen Reaktorherstellern beigestellte Basisautomatisierung zeigt einen sehr unterschiedlichen Stand der Technik (SPS, digitale oder analoge Kompaktregler, Analysengeräte, Laborwaagen, Analogschreiber etc.), hat sich aber trotzdem nahtlos in ein globales Datenkonzept zu integrieren. Im Rahmen vieler Experimente, z.B. bei der Realisierung mehrstufiger Prozesse, ist es nämlich zunehmend notwendig, daß die Prozeßleittechnik einzelner ansonsten autonomer Reaktoren koordiniert zusammenarbeitet. Eine Möglichkeit, diesen systemübergreifenden Datenaustausch zu beherrschen, ist der Einsatz moderner Informationstechnik auf der Basis von Feldbusnetzwerken. Im Unterschied zu industriellen Produktionsanlagen mit ihrer durch den Anlagenbau praktisch unveränderbaren Instrumentierung und den daraus resultierenden statischen Kommunikationswegen erfordert der Feldbuseinsatz im Forschungsumfeld die ständige Anpassung der Informationsflüsse an die Variabilität der Anlagenstruktur. Die allgemein übliche hierarchische Anordnung der Kommunikationsebenen erleichtert zwar durchaus die Planung und Realisierung einzelner Ebenen, steht aber teilweise im Widerspruch zu dem im Biotechnikum anzutreffenden Rahmenbedingungen. Im Zuge des "flexible lean Informationmanagement" ist hier eine integrale Struktur in Form einer dezentralen Echtzeitdatenbank besser geeignet. Eingehende Untersuchungen habe schließlich zur Auswahl des CAN (Controller Area Network) als Feldbusbasis geführt [Gollmer et al. 1995]. CAN bedient sich einem objektorientierten Modell zum Nachrichtenaustausch, bei dem die einzelnen Kommunikationsobjekte (COB) systemweit eindeutig durch ihre ID (Identifier) identifiziert werden. Aufgrund der häufigen Strukturänderungen ist es allerdings kaum möglich, die Verwaltung der Identifier manuell durchzuführen bzw. zu pflegen. Außerdem ist es aufgrund der begrenzten Nachrichtenlänge des CAN zwingend notwendig, eine OSI-Schicht 7 zu etablieren, die es ermöglicht, auch größere Datenmengen in Form eines segmentierten Protokolls auszutauschen. Hier bietet die von der CAN in Automation Usergroup (CiA) unter dem Namen CAL (CAN Application Layer) spezifizierte Schicht 7 eine ideale Grundlage zur Bereitstellung der benötigten Funktionalität. Im Rahmen der Automatisierung des Forschungstechnikums wurden die vollständigen CAL-Dienste in PEARL kodiert und unter RTOS-UH realisiert. Die Abbildung 5 zeigt die physikalische Netzwerkstruktur. Kernpunkt bildet der CAL Managementrechner, dessen Aufgaben einerseits in der Überwachung der Netzwerkfunktion und andererseits in der dynamischen und konfliktfreien Vergabe der COB-ID's besteht. Mit Hilfe dynamisch generierbarer shell-kommandos läßt sich das System relativ einfach auf neue Knoten bzw. auch auf mehrere getrennte CAN-Netzwerke ausdehnen. Aufgrund der intensiven Nutzung der in Hardware realisierten OSI-Schicht 2 Funktionen, zeigt das System ein sehr gutes Echtzeitverhalten. Größter Vorteil der Hochsprachenimplementation besteht in der leichten Portierbar- und Skalierbarkeit. Gerade bei der Integration der heterogenen MSR-Komponenten im Technikum erweist sich der Einsatz von intelligenten Feldknoten zur Protokollumsetzung als ausgesprochen leistungsfähiges Werkzeug. Ein Beispiel dafür ist die Anbindung der mobilen Abgasanalysengeräte mit Hilfe von Embedded Controllern im low-cost Bereich.

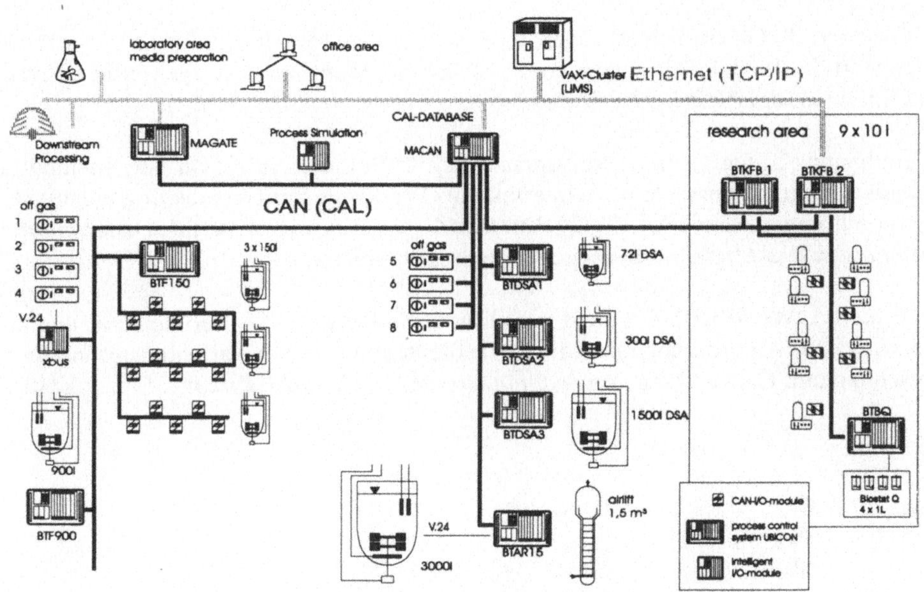

Abb. 5: Physikalische Struktur der CAL - Datenbank im Technikum.

3 Zusammenfassung

Das vorgestellte Automatisierungskonzept auf der Basis von Echtzeitsystemen unter RTOS-UH bietet neben der in weiten Bereichen frei skalierbaren Leistungsfähigkeit vor allem eine sehr hohe Flexibilität in Punkto Integration von Fremdkomponenten und Änderungen der unterlagerten Applikationsstruktur. Inzwischen hat sich das System in mehrjähriger praktischer Anwendung bei der Regelung biotechnologischer Prozesse bewährt. Auch kritische Bereiche wie z.B. die Realisierung einer Schicht 7 des CAN Protokolls (modifiziertes CiA-CAL) oder die online Simulation lassen sich komfortabel auf Hochsprachenebene abwickeln.

4 Literatur

R. Arlt, 1994, Ein skalierbares Grafik- und Multi-Window-System zur Prozeßvisualisierung für das Echtzeitbetriebssystem RTOS-UH für lokale Grafikhardware und X11. In P. Holleczek (Hrsg.), *PEARL 94 - Workshop über Realzeitsysteme*, Springer Verlag, 22-30.

W. Gerth, 1994, Handbuch RTOS-UH, Institut für Regelungstechnik, Universität Hannover.

K. Gollmer, T. Gäbel, J. Nothnagel, C. Posten, 1995, Moderne Informationstechnik erleichtert die flexible Automatisierung verfahrenstechnischer Anlagen in Forschung und Entwicklung, *BIOSCOPE* 5/95, 57-64.

R. Luttmann, G. Steimann, J. Rothsprack und K. Gollmer, 1997, On-line Simulation virtueller Bioreaktionssysteme - ein effektives Werkzeug zur Entwicklung komplexer Prozeßführungsstrategien, *GVC/DECHEMA - Tagung, Verfahrenstechnische Grundlagen und Modellierung von Bioprozessen,* Goslar.

D. Würstlin, W. Albert, T. Dressler, I. Hartmann-Lotsch, M. Theo de Reus und G. Sielaff, 1993, Anforderungen an die Prozeßleittechnik in der verfahrenstechnischen Forschung und Entwicklung, *atp Automatisierungstechnische Praxis*, 35, 215-221.

Verteilte Echtzeitverarbeitung im PLS *FlexControl* auf Basis OS QNX® 4.23 und microGUI Photon™

G. Geigemüller
ARTiS Systemhaus GmbH
Dieskaustr. 155
04249 Leipzig

1 Einleitung

Das Prozeßleitsystem ***FlexControl*** wurde von der Firma „ARTiS Systemhaus GmbH" in Leipzig entwickelt. ***FlexControl*** ist ein offenes und flexibles Leitsystem zur Automatisierung technologischer Prozesse, skalierbar von 100 bis 64.000 Prozeßgrößen. Zu den Bestandteilen des PLS ***FlexControl*** gehören Softwarekomponenten zur Prozeßanbindung, Treiber, Echtzeitdatenbanken mit Methoden der primären Prozeßdatenverarbeitung, Prozesse zur Meldungs- und Alarmverarbeitung, Prozesse zur historischen Speicherung und Protokollierung, ein Datenbanksystem, verschiedene Visualisierungen mit Fließbildern, mit Übersichten, mit Handeingaben, mit Trends, mit Diagrammen.

Diese Programme sowie weitere ca. 30 Anwendungsprozesse lassen sich problemlos in Last- und Funktionsteilung in einem PC-Netzwerk auf die vorhandenen Ressourcen verteilen. Die ***FlexControl*** Prozesse können parallel und redundant in heterogenen Netzwerken auf Basis ArcNet, Ethernet, VG AnyLAN, Token Ring, TCNS, X.25, ISDN, ATM und FDDI betrieben werden. Anwendungen existieren in den Bereichen Kraftwerke, Energieversorgung, Gasverteilung, Klärwerke, Gießereien, Gebäudeleittechnik, Dosiersysteme, Transportsysteme, Fernüberwachung u.a..

FlexControl ist hochgradig skalierbar. Das kleinste bisher realisierte System ist in nur 2 MB Flash gebrannt und arbeitet mit 2 MB RAM; das größte bisher eingesetzte Leitsystem umfaßt die Verarbeitung von ca. 10.000 externen Prozeßvariablen (msr-Stellen) mit 25 vollgrafischen Bedienstationen.

FlexControl benutzt die Basismechanismen und Eigenschaften des Microkernel-, POSIX-, Netzwerk- und Echtzeit-Betriebssystems QNX® (QNX/Neutrino®). Im Beitrag wird an ausgewählten Merkmalen die Philosophie des Betriebssytems QNX4 und QNX/Neutrino sowie deren praktische Umsetzung im Prozeßleitsystem ***FlexControl*** im Überblick erläutert. Besonderes Augenmerk wird dabei auf die Aspekte Echtzeit, Verteiltheit, Robustheit und Skalierbarkeit gelegt.

2 Kurze Geschichte des QNX

Das OS QNX ist eines der ältesten Betriebssysteme für Personal Computer. Die Urväter des Systems, Gordon Bell und Dan Dodge, begannen mit der Entwicklung Ende der 70-iger Jahre. Die ursprüngliche Bezeichnung des Betriebssystems lautete QUNIX - Quick UNIX. Im Jahr 1981 wurde QNX im Markt eingeführt und ein Jahr später unter diesem endgültigen Markennamen auf einem IBM PC auf der Ausstellung in Atlantic-City vorgeführt. 1983 war QNX weltweit das erste kommerzielle PC Betriebssystem im 80286 protected mode. Die Grundgedanken des QNX, die Microkernel Architektur und das Message Passing, wurden in den nachfolgenden QNX Versionen 2 und 3 um weitere fundamentale Eigenschaften, wie die vollständig im Netzwerk verteilte Interprozeß-Kommunikation (IPC), Shared Libraries u.a. ergänzt. Aus Anwendersicht war QNX2 zwar innovativ, jedoch leider recht weit von Standardisierung und recht weit einer UNIX Ähnlichkeit entfernt.

Mit dem Übergang zur QNX Version 4 wurde Anfang der 90-iger der Schritt in die POSIX Konformität und die 32-Bit Welt vollzogen. Dies war auch der Ausgangspunkt für die Entwicklung des PLS ***FlexControl***.

Parallel zum QNX4 entwickelt die kanadische Firma QNX Software Systems Ltd. heute an einem neuen Kernkonzept unter der Bezeichnung QNX/Neutrino - einem Microkernel mit POSIX-Konformität. Beide Entwicklungslinien, QNX4 und QNX/Neutrino, werden mittelfristig in einer gemeinsamen QNX Version 5 aufgehen. Als Beispiel für heutige Anwendungen sei die Fa. Intel genannt. Sie setzt das QNX Betriebssystem anstelle des OS iRMX für ihre Embedded Evaluation Boards ein.

3 Microkernel Architektur

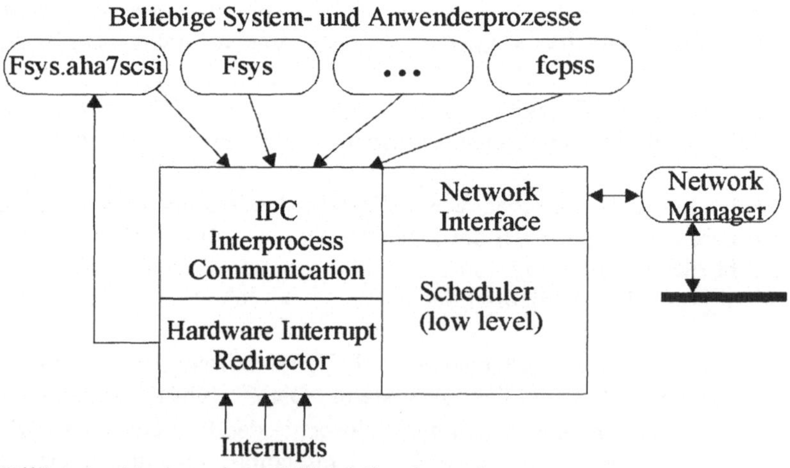

Bild 1 Architektur des QNX 4 Microkernel

Bevor die Struktur und die Arbeitsweise des PLS ***FlexControl*** erläutert wird, sind einige grundlegende Prinzipien im QNX zu betrachten. Die Bilder 1 und 2 zeigen die Microkernel Architektur des QNX4 und des QNX/Neutrino Kernel.

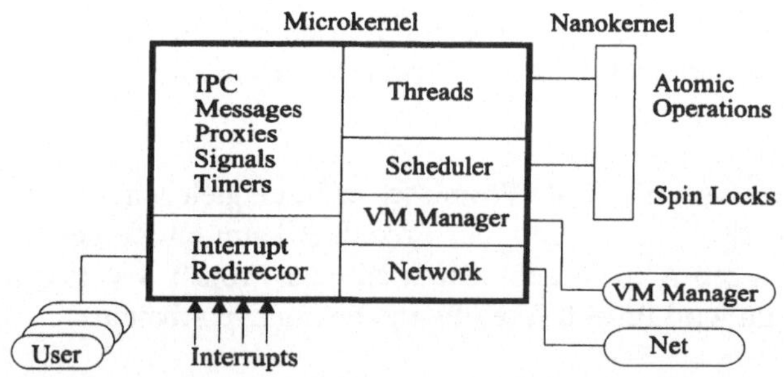

Bild 2 Architektur des QNX / Neutrino Microkernel

Zwischen dem QNX4 Microkernel und dem QNX/Neutrino Microkernel existieren wichtige Unterschiede: QNX/Neutrino ist ein Multi-Threading Kernel, er erfüllt mit seinen Kernel Calls die POSIX Richtlinien.

Eigenschaft	QNX 4 Kernel	QNX/Neutrino Kernel
Größe in kByte	ca. 10	ca. 32
Kernel Calls	14	57
Aufgaben	Interprocess Communication Network Comm. (Low-level) Process Scheduling Interrupt Dispatching	POSIX 1003.1a/b (Realtime) POSIX 1003.1c (Threads) POSIX 1003.1d (Extensions)
Preemtive	ja	ja, - multiple-thread model with memory protection (ohne MMU)
Stand-alone	nur gemeinsam mit Prozeß-Manager in einem Adreßraum lauffähig	einzeln lauffähig, Einbindung in verschiedene Speichermodelle und User-Process möglich, mit und ohne MMU
min. Timer	500 µs	< 1,0 µs
Priorität	benutzt fest die höchste	herabsetzbar

4 Echtzeitfähigkeit im QNX

Im Unterschied zu Windows NT® und den „Standard"-UNIX-Versionen ist QNX ein „truly preemtive" Betriebssystem.

Der Begriff preemtive ist im Sinne von Unterbrechbarkeit im Multitasking als eine Voraussetzung der Echtzeitfähigkeit zu verstehen. Was bedeutet unter QNX die Eigenschaft preemtive?

Angenommen der Prozeß A wird im Kernel eines Betriebssystems ausgeführt, er durchsucht eine Liste o.ä. und plötzlich wird ein Prozeß B rechenwillig (ready). Was passiert jetzt?

Beim non-preemtive Betriebssystem gilt als Prämisse, daß zur gleichen Zeit nur ein Prozeß im Kernel im Status ready sein kann. Der Prozeß B kann im Kernel solange nicht aufwachen, solange Prozeß A nicht geblockt wird oder Prozeß A versucht den Kernel zu verlassen. Erst dann wird Prozeß B ready und beginnt zu arbeiten.

Für ein preemtive Betriebssystem gilt, daß sich kein rechenwilliger Prozeß gleichzeitig sowohl im Kernel- als auch und im User-Mode befinden kann. Diese Prämisse bedeutet für obiges Beispiel, daß der Prozeß B nach einer definierten Latenzzeit sofort Rechenzeit bekommt und solange im Kernel-Mode arbeitet, bis er versucht, den Kernel-Mode zu verlassen. Bevor Prozeß B jedoch den User-Mode erreicht, läuft sofort Prozeß A im Kernel-Mode weiter, Prozeß B muß warten. Er beginnt erst dann im User Mode zu laufen, wenn Prozeß A den Kernel verläßt oder geblockt wird. Die Scheduler Latenzzeit wird damit im schlechtesten Fall vom längsten nicht geblockten Kernelkode bestimmt. Microsoft unterscheidet in diesem Zusammenhang eine „weiche“ und eine „harte“ Echtzeitfähigkeit. Windows NT soll diese „weiche“ Echtzeitfähigkeit als preemtive Betriebssystem gewährleisten.

In dem truly-preemtive Betriebssystem QNX läuft Prozeß B unmittelbar nach der Scheduler Latenzzeit. Prozeß A bekommt erst wieder Rechenzeit, wenn Prozeß B geblockt wird oder sich beendet. Der QNX Kernel besitzt keinen Ausführungsstatus. Wenn er unterbrochen wird, dann wird der aktive Prozeß A aus dem Kernel ausgestoßen und Prozeß B läuft an dessen Stelle. Der Prozeß A muß sich erneut bemühen, seinen Kernel Call zu wiederholen. Ein solches Verfahren gewährleistet sehr kurze Umschaltzeiten zwischen den Prozessen.

Die beiden Bilder 3 und 4 zeigen die niedrigen Task Wechsel Zeiten des QNX4 Kernel und des QNX/Neutrino Kernel.

Der Mircokernel des QNX belegt „privileged level 0“ des Intel Prozessors, die Ressourcen-Manager (Device Driver und Server) werden gewöhnlich auf „level 1“ implementiert, die Anwendungsprozesse laufen auf „level 3“. Durch Ausnutzung dieser Eigenschaft besitzt der QNX Microkernel eine sehr hohe Betriebssicherheit und Robustheit. Mögliche Softwarefehler und Abstürze in Anwenderprogrammen haben keine Auswirkungen auf die Verfügbarkeit des Betriebssystems. Als Nebeneffekt erreicht QNX eine gute Performance, allein weil sich sein Kernel im primären Cache des Prozessors unterbringen läßt.

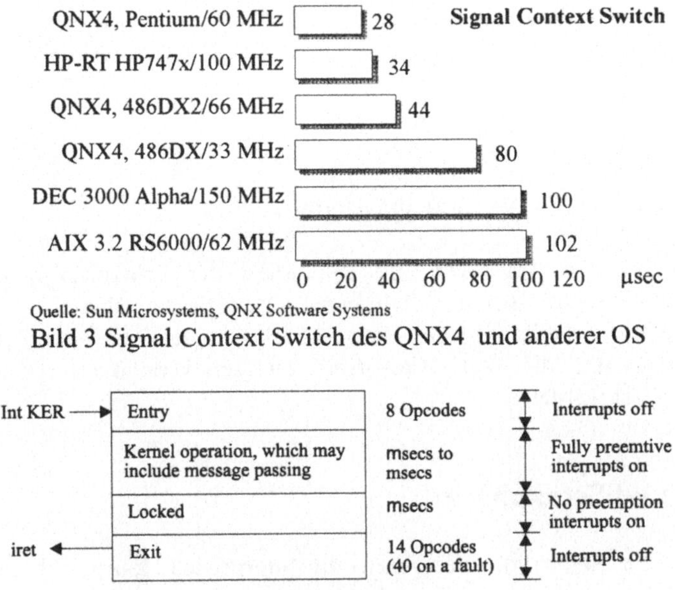

Bild 3 Signal Context Switch des QNX4 und anderer OS

Bild 4 Latenzzeit im QNX/Neutrino

Die Gerätetreiber (Device Driver) können unter QNX im „User Mode“ entwickelt werden. Der Vorteil besteht zum einen in der einfacheren Implementierung und zum anderen in der verbleibenden hohen Robustheit des Betriebssystems. Gerätetreiber können wie jeder andere Prozeß während der Laufzeit gestartet und beendet werden.

Im PLS ***FlexControl*** sind die Treiber für spezielle Feldbus- und Gerätekarten (Siemens SINEC L2 Profibus, GPIB, Intelligent Instrumentation u.a.) jeweils als ein einzelner Prozeß implementiert. Auch für die bitserielle Kommunikation, z.B. mit einem AEG SEAB 1/F Fernwirkgerät, können im QNX die einzelnen Bitflanken einer V.24 angesteuert werden. Diese Prozesse können ebenso beliebig aktiviert werden.

5 Scheduling Mechanismen im QNX

Der Prozeßverwalter (Scheduler) arbeitet gemäß den POSIX Mechanismen FIFO und Round-Robin sowie mit einem UNIX-like adaptiven Mechanismus mit Absenkung der Priorität. Die „low level“ Aufgaben des Schedulers übernimmt der QNX-Kernel, die Zuordnung zum jeweiligen Mechanismus obliegt dem Prozeßmanager, s. Bild 5.

QNX kennt 32 Prioritäten. Die Priorität und der zugeordnete Scheduler-Mechanismus kann sowohl im Programmkode eines Prozesses als auch von extern während der Laufzeit geändert werden.

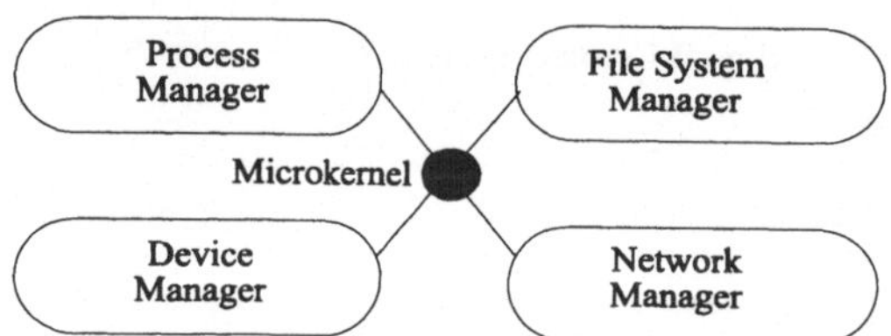

Bild 5 Wichtige Prozesse des QNX4 Betriebssystems

Der Mechanismus FIFO sichert im QNX die Prinzipien der Echtzeitfähigkeit: Determinismus, Rechtzeitigkeit sowie beliebige Verarbeitungsdauer. Die ***FlexControl*** Systemtreiber zur Erfassung der Betriebsfähigkeit der Ressourcen des PC (RAM, Festplatte u.a.) und die Watch-Dog-Einrichtungen können mit diesen Verfahren effektiv eingesetzt werden.

6 Message Passing und Semaphore

Unter QNX existieren eine Reihe von Verfahren zur Interprozeß-Kommunikation (IPC): Interrupts, Exception Handling, Shared Memory, Semaphores, Message Passing, File Locking. Das Wichtigste davon ist das Message Passing. Ein großer Teil der QNX Philosophie gründet sich auf diesem Ansatz. Im Unterschied zu einigen anderen Betriebssystemen bei denen im Message Passing die Verweise auf Speicherbereiche übertragen werden (z.B. beim OS/2), werden im QNX die Daten des sendenden Prozesses direkt in den Adreßraum des Empfängerprozesses kopiert.

Dieser Mechanismus eröffnet die Möglichkeit der direkten Kommunikation aller Prozesse. Jeder Prozeß eines jeden Rechners kann potentiell mit jedem anderen Prozeß im Netzwerk kommunizieren. Nicht nur der Zugriff auf alle Ressourcen des Netzwerks wird damit faßbar, sondern auch die Implementation paralleler Algorithmen, - ähnlich einem Transputer. Das Werkzeug „gmake“ verteilt unter QNX z.B. die Kompilationsaufträge der Programmteile auf die Rechner im Netzwerk und ruft gleichzeitig mehrfach den Compiler auf.

Das Message Passing erfolgt im QNX nach einem „send - receive - reply“ Zyklus, wobei die beiden beteiligten Prozesse nach ihren Aktionen in den jeweiligen geblockten Zustand übergehen und sich damit synchronisieren, siehe Bild 6.

Ungeblocktes Message Passing ist unter QNX möglich, es wird im PLS ***FlexControl*** jedoch nicht verwendet. Zum einen verlangt ungeblocktes Empfangen das ständige Abhören des Nachrichtenkanals wie beim Polling und belastet zusätzlich den Prozessor. Zum anderen birgt ungeblocktes Senden Datenverlust in sich. Um den

Senderprozeß nicht an seinen Echtzeitaufgaben zu hindern, wird in diesem Falle eine Message Queue angewandt. Beide Prozesse arbeiten dann asynchron zueinander.

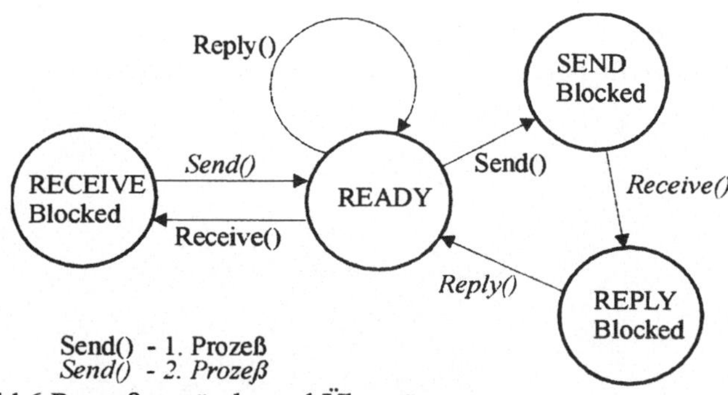

Bild 6 Prozeßzustände und Übergänge

Beim Microkernel des QNX/Neutrino ist neben dem Prozeßstatus weitergehend auch der „thread life cycle" einzubeziehen. Dieses kombinierte Thread-Prozeßmodel ist im QNX/Neutrino wesentlich komplexer als oben für QNX4 betrachtet und wird hier nicht behandelt.

Semaphore werden unter QNX als Proxies bezeichnet. Ein Proxy kann von einem Prozeß belegt (attach) oder freigegeben (detach) werden. Das Triggern eines Proxy ist gleichzusetzen dem Senden einer leeren, nicht blockierenden Message. An Proxies werden die eintreffenden Ereignisse gezählt, so daß im PLS ***FlexControl*** eine Überwachung über den Verarbeitungsdurchsatz einzelner Prozesse möglich wird.

Sowohl Message Passing als auch Proxies sind im QNX netzwerkfähig. Sie stellen auch die grundlegenden Mechanismen der verteilten Arbeitsweise im PLS ***FlexControl*** dar.

7 Grundlagen des PLS *FlexControl*

Beim Entwurf des PLS FlexControl wurde von folgenden Prämissen ausgegangen:

- Abnahme der Echtzeitforderungen mit Zunahme der virtuellen Entfernung des Verarbeitungsprozesses zum technologischen Prozeß.
- Abnahme des zeitlich relevanten Datenaufkommens mit Zunahme der virtuellen Entfernung des Verarbeitungsprozesses zur Datenquelle, siehe Bild 7.

Beide Prämissen besagen lediglich, daß ein technologischer Prozeß i.allg. sehr viele Prozeßgrößen in kurzer Zeit erzeugt, die jede für sich genommen die Prozeßstabilisierung und die Prozeßführung nicht unmittelbar beeinflußen und die auch rechentechnisch im Umfang nicht zu bewältigen sind. Die Daten müssen schnell vorverarbeitet und in geeigneter Weise verdichtet werden, um entsprechende Steuerentscheidungen treffen zu können.

Im Unterschied zu anderen Prozeßleitsystemen, bei denen die Prozeßperipherie abgefragt wird (Polling), fließt im ***FlexControl*** der Datenstrom ganz natürlich „Event" getrieben vom technologischen Prozeß hin zu den verarbeitenden rechentechnischen Prozessen.

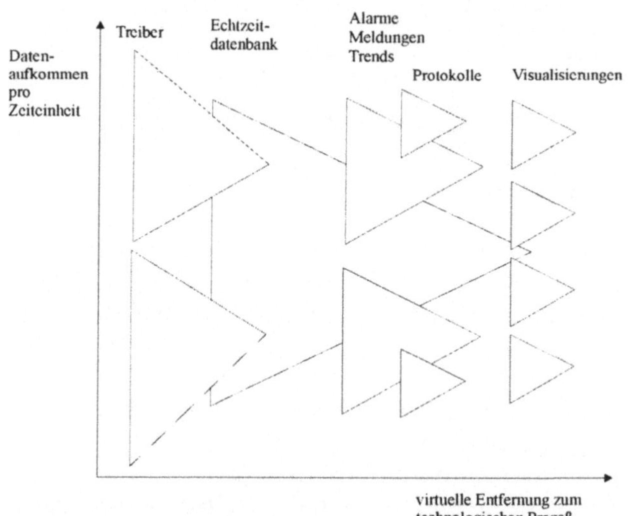

Bild 7 Datenverdichtung im PLS ***FlexControl***

Im ***FlexControl*** senden die Treiber (Prozeßanbindungen) ihre Prozeßinformationen unmittelbar oder optional mit Vorverarbeitung, an die Echtzeitdatenbank. Die Auflösung der Echtzeitdatenbank des ***FlexControl*** beträgt im QNX4 eine Millisekunde, wobei auf einem Intel Pentium 133 MHz ca. 10.000 Prozeßvariable pro Sekunde verarbeitet werden können. Unter Verarbeitung der Echtzeitdatenbank sind eine Reihe von Funktionen zu verstehen, wie Grenzwertüberwachung, Mittelwertbildung, Laufzeitüberwachung, elementare Verknüpfungen, Inkrementieren u.a..

Die Prozesse im ***FlexControl*** werden entweder als Server oder als Client implementiert. Ein Prozeß als Server steht beständig im Status receive() um die Anfragen des Client zu bedienen, während ein Client Anforderungen und Daten aktiv zum Server sendet. Wenn aber Daten und Anforderungen von einem Server an einen Client übertragen werden sollen, so wird ein zugeordnetes Proxy getriggert und der Empfängerprozeß holt sich die Daten über das reply(). Eine Prozeßanbindung gibt z.B. Sollwerte nur über dieses Verfahren an den technologischen Prozeß.

Das PLS ***FlexControl*** ist nach diesen Prinzipien konstruiert und absolut frei von Blockierungen und Verklemmungen. Eingangsseitig senden die Prozesse und ausgangsseitig werden Prozesses, die Daten senden wollen, über Proxy getriggert. Die Echtzeitfähigkeit des ***FlexControl*** wird maßgeblich von den Eigenschaften des QNX bestimmt und beträgt unter QNX4 mind. eine Auflösung von 1 ms.

8 Struktur des PLS *FlexControl*

Die Modularität und Flexibilität des OS QNX widerspiegelt sich in der Struktur des PLS ***FlexControl***. Sie ist gekennzeichnet durch eine Vielzahl von Prozessen, die miteinander kooperieren und konkurrieren, Informationen austauschen und sich gegenseitig synchronisieren, s. Bild 8.

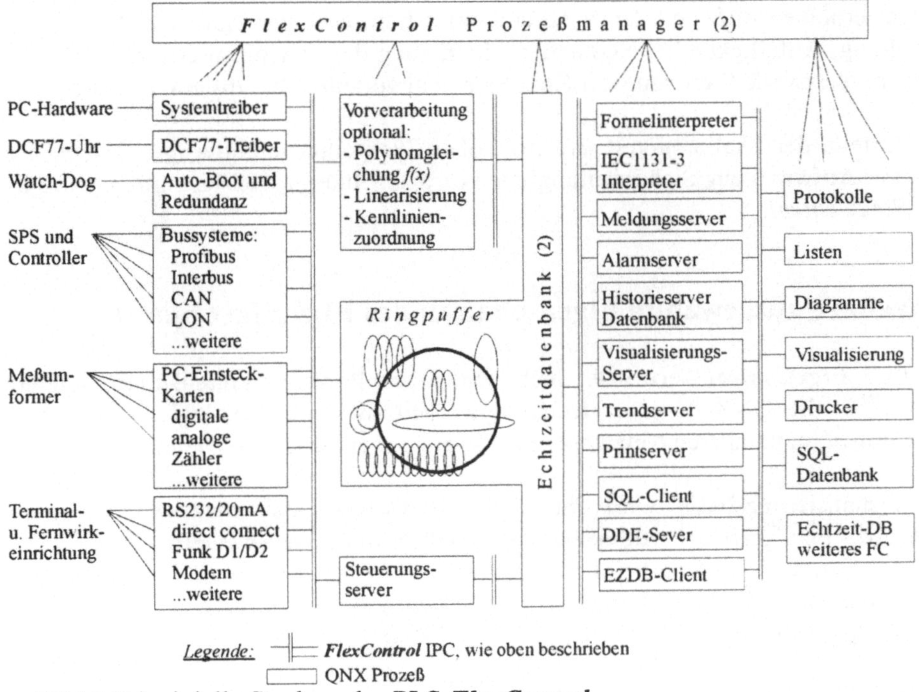

Bild 8 Prinzipielle Struktur des PLS ***FlexControl***

Die kardinalen Prozesse eines geschlossenen ***FlexControl*** Systems sind der Prozeßmanager und die Echtzeitdatenbank. Beide Prozesse können im PC -Netzwerk nur zweifach (2), d.h. redundant in heißer Reserve unter dem gleichen Namen betrieben werden. Bei Ausfall eines dieser Prozesse synchronisieren sich automatisch alle anderen Prozesse auf die neue Prozeßverwaltung bzw. die neue Echtzeitdatenbank auf dem redundanten PC im Netzwerk. Alle anderen Prozesse können beliebig oft gestartet werden, unabhängig davon, auf welchem PC im Netzwerk sie laufen, LAN oder WAN.

Auf einem einzelnen PC oder in einem PC-Netzwerk können mehrere ***FlexControl*** Systeme autark oder gemeinschaftlich betrieben werden. Im letzteren Fall kommunizieren die Echtzeitdatenbanken über die gemeinsamen Prozeßvariablen der projektierten Prozeßabbilder miteinander.

9 Kritische Punkte des Verbunds OS QNX und PLS *FlexControl*

Mit einer starken Dezentralisierung der Echtzeitverarbeitung in einem QNX Netzwerk entstehen verschiedene Probleme, die in einem konventionellen Prozeßleitsystem oder einem zentralisierten „Windows“ System normalerweise keine Rolle spielen: erhöhter Aufwand der Netzkommunikation, erhöhter Aufwand der Prozeßverwaltung, Anfälligkeit bei Netzfehlern, Sicherung der Synchronisation der Systemuhren im Netzwerk, Sicherung der Konsistenz bei verteilten Konfigurationsdaten.

Die Vorteile der Skalierbarkeit und der hohen Flexibilität rechtfertigen jedoch den erhöhten Aufwand zur Sicherstellung der korrekten Interprozeß-Kommunikation im PLS ***FlexControl***.

10 Weitere ausgewählte Eigenschaften des PLS *FlexControl*

Das PLS ***FlexControl*** verwendet nicht tcp/ip zur Prozeßkommunikation, sondern FLEET™ - die QNX Netzwerktechnologie. Mit dieser Technologie ist das PLS ***FlexControl*** im parallelen Netzwerk fehlertolerant und lastausgleichend.

Als Visualisierungsbasis wird im PLS ***FlexControl*** das microGUI Photon™ eingesetzt - eine grafische Microkernel Architektur mit einem virtuellen Event Space im QNX Netzwerk. Photon beinhaltet skalierbare Fonts, UNICODE, Multiscreening, Spiegelung der grafischen Oberfläche Photon über LAN und WAN, Spiegelung auch unter Windows 95, NT, X11, OS/2.

Das PLS ***FlexControl*** ist unter QNX4 implementiert. Für das Jahr 1998 werden erste Vorbereitungen für eine Portierung nach QNX/Neutrino getroffen.

Literatur

(1) Dan Hildebrand, An Architectural Overview of QNX®[1], QNX Software Systems Ltd., Firmenschrift, Kanada/Ottawa, 1992

(2) FlexControl Systemhandbuch, ARTiS Systemhaus GmbH, Leipzig, 1997

---

[1] QNX®, FLEET™, Neutrino™, Photon™ sind Warenzeichen der Fa. QNX Software Systems Ltd.

Trajektorienplanung und Kollisionsvermeidung unter Echtzeitbedingungen für Anwendungen der Service–Robotik

Ralf Blechschmidt

Universität Bremen
Institut für Automatisierungstechnik
Kufsteiner Straße, 28359 Bremen
email: blech@physik.uni-bremen.de

Zusammenfassung Ein Teilgebiet der Service–Robotik ist die Entwicklung von Manipulatorsystemen, durch deren Einsatz alten oder behinderten Menschen eine größere Selbständigkeit ermöglicht werden soll. Am Beispiel eines rollstuhlmontierten Manipulatorarmes wird ein Planungssystem vorgestellt, das unter der Verwendung eines evolutionären Optimierungsverfahrens eine wissensbasierte Trajektorienplanung realisiert. Die benötigte Rechenleistung wird von Standardrechnern unterschiedlichen Typs bereitgestellt, die mittels des Software–Systems PVM zu einem einzigen Rechnersystem integriert werden. Die Konfigurierbarkeit des Algorithmus zur Trajektorienplanung und seine Realisierung auf einem verteilten System ermöglichen bei einer Kollisionsgefahr des Manipulators die Modifikation einer Bewegungsbahn in Echtzeit.

1 Einleitung

In den letzten Jahren ist der Einsatz von autonomen Manipulatorsystemen zur Durchführung von Service–Aufgaben ein wichtiges Forschungsgebiet der Robotik geworden. Verschiedene Studien zeigen an bereits entwickelten Service–Robotern die Bandbreite der möglichen Einsatzbereiche. Im Baugewerbe werden Robotersysteme zum automatischen Verputzen von Wänden oder zum Verlegen von Wand- und Bodenfliesen eingesetzt. Im Bereich Verkehr werden Service–Roboter zur Innenreinigung von Flugzeugen und Zügen, sowie zur automatischen Reinigung von Flughäfen und Bahnhöfen genutzt. Weitere Einsatzbereiche befinden sich in der Landwirtschaft, beim Umweltschutz, der Abfalltrennung und innerhalb von autonomen Transportsystemen [1].

Ein weiteres Anwendungsfeld der Service–Robotik liegt in der technischen Unterstützung von alten, behinderten oder kranken Menschen. Durch den Einsatz von intelligenten Rollstühlen, Handhabungshilfen und rollstuhlbasierten Manipulatoren ist es möglich, das Pflegepersonal von Transport- und Handhabungsaufgaben sinnvoll zu entlasten, und die kommunikativen und pflegerischen Aspekte in den Vordergrund ihrer Aufgabe zu stellen.

Am Beispiel einer konkreten Aufgabe werden nachfolgend verschiedene Aspekte hinsichtlich der Bewegungsplanung für einen rollstuhlmontierten Manipulatorarm dargestellt [2]. Im dritten Abschnitt werden, nach einer Einführung in die evolutionäre Optimierung, einige wichtige Aspekte der wissenbasierten Trajektorienplanung, der Kollisionsvermeidung in Echtzeit und das Konzept einer Trajektorienplanung mit verteilten Ressourcen erläutert. In Abschnitt 4 wird anhand simulativer Ergebnisse eine Diskussion der Leistungsfähigkeit des evolutionären Planungssystems vorgenommen. Den Abschluß bilden eine kurze Zusammenfassung und ein Ausblick auf die Ausrichtung zukünftiger Untersuchungen.

2 Aufgabenstellung

Die technische Unterstützung bei der Handhabung von Gegenständen kann für kranke oder behinderte Menschen eine erhebliche Erleichterung sein. Die Möglichkeit, selbständig ein Buch aus einem Regal zu nehmen oder ein Telefon zu bedienen, kann zur einer wesentlichen Erhöhung der Lebensqualität beitragen. Ein Ansatz einer solchen technischen Unterstützung besteht in der Montage eines Manipulatorarmes an einem Rollstuhl (Abbildung 1). Die verschiedenen Teilaufgaben bei der Planung und Ausführung von Trajektorien stellen unterschiedliche Anforderungen an die dafür eingesetzten Algorithmen. Am Beispiel des Transports eines gefüllten Trinkbechers kann die Abgrenzung der Aufgaben eines Systems zur Trajektorienplanung für einen rollstuhlmontierten Manipulator vorgenommen werden. Der gesamte Vorgang kann in folgende Teilaufgaben gegliedert werden:

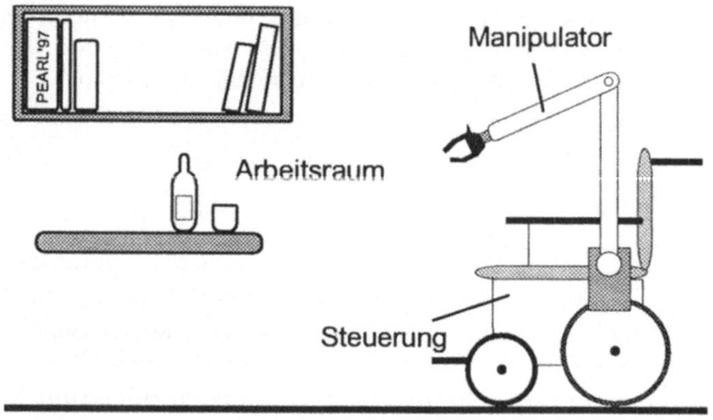

Abbildung 1. Einsatzszenario

1. Bewegung des Manipulators aus einer Ruhestellung zu einem Annäherungspunkt am Trinkbecher
2. Sensorgeführtes Greifen und Anheben des Trinkbechers

3. Transport des Trinkbechers unter Berücksichtigung von Randbedingungen in eine Trinkstellung
4. Trinkvorgang
5. Transport des Trinkbechers unter Berücksichtigung von Randbedingungen in eine Abstellposition
6. Sensorgeführtes Abstellen und Loslassen des Trinkbechers
7. Bewegung des Manipulators vom Abstellpunkt am Trinkbecher in eine Ruhestellung

Für das Greifen und Manipulieren von Objekten (Teilaufgaben 2 + 6) sind sensorgeführte Regelungen notwendig, die für den Einsatz in einem lokalen Arbeitsbereich ausgelegt sind. Für die Annäherung an einen Arbeitspunkt und den Transport von Objekten (Teilaufgaben 1, 3, 5 + 7) werden dagegen Verfahren zur Planung von kollisionsfreien Trajektorien eingesetzt.

Die grundlegende Zielsetzung der Trajektorienplanung ist die Überführung der Manipulatorhand aus einem beliebigen Anfangszustand in einen beliebigen Endzustand. Die Bewegung ist unter Einhaltung von gegebenen Randbedingungen, wie z.B. kürzester Weg, minimale Ausführungszeit oder Ausrichtung der Manipulatorhand, auszuführen. Weiterhin sind die Hindernisse in der Umgebung des Manipulators kollisionsfrei zu umgehen. Die analytisch exakte Modellierung dieses Steuerungsproblems ist aufgrund der komplexen Umweltbedingungen des Manipulators kaum möglich. Deshalb wird die Trajektorienplanung mit Hilfe von heuristischen Lösungsansätzen angegangen.

Der Ausgangspunkt der meisten Verfahren ist die numerische Abbildung der mittels Sensoren erfaßten oder im Weltmodell vorliegenden Umgebung des Manipulators. In diesem problemspezifischen Lösungsraum wird für jede Bewegung des Manipulators die kürzeste kollisionsfreie Bewegungsbahn durch eine statische Optimierung ermittelt und ein geeignetes Geschwindigkeitsprofil auf der Grundlage vorhandener Randbedingungen zugeordnet. Am obigen Beispiel ist zu erkennen, daß eine Bewegungsbahn zur Lösung mehrerer Teilaufgaben geeignet sein kann. Beim Transport des Trinkbechers (Teilaufgaben 3 + 5) wird nur die Bewegungsrichtung umgekehrt, so daß unter der Voraussetzung einer unveränderten Umwelt diese Trajektorie wiederverwendet werden kann. Im Fall einer veränderten Umwelt kann es ausreichend sein, eine Adaption der vorhandenen Bewegungsbahn an die neue Problemstellung vorzunehmen. Die aufgezeigten Möglichkeiten können durch den Einsatz eines evolutionären Optimierungsverfahrens zur schnelleren Planung von Trajektorien genutzt werden.

Eine Trajektorie muß mit einem endlichen Satz von Parametern beschrieben werden, damit evolutionäre Operatoren auf sie angewendet werden können [3]. Aus diesem Grund wird eine Beschreibungsform gewählt, in der die Bewegungsbahn eines Manipulators mittels einer parametrischen Kurve modelliert wird. Unter Verwendung eines parametrischen Ansatzes ist die Beschreibung von Kurven in n-dimensionalen Räumen möglich, so daß die Planung von Trajektorien im Gelenkwinkelraum des Manipulators durchgeführt werden kann. Weiterhin besitzen parametrische Kurven einen festen Start- und Endpunkt, was die direkte Darstellung von Trajektorien entscheidend vereinfacht [4].

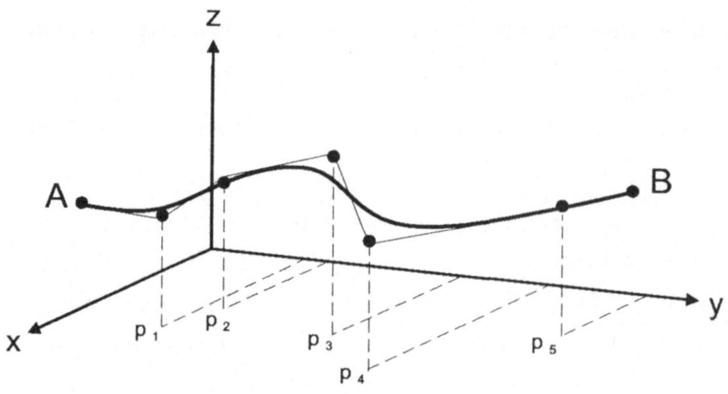

Abbildung 2. Trajektorie aus kubischen B–Splines

Für die Repräsentation der Trajektorien werden die parametrischen Kurven durch univariante B-Splines beschrieben (Abbildung 2). Dabei erfordert die Planung von zeitoptimalen Trajektorien die Verwendung von B-Splines höherer Ordnung, weil neben dem geometrischen Bahnverlauf zusätzlich ein Geschwindigkeits- bzw. Beschleunigungsprofil benötigt wird [5]. Die Stützpunkte $\boldsymbol{p_i}$ der B-Spline-Kurve werden als Untermenge der beschreibenden Parameter eines Individuums aufgefasst. Diese Form der Darstellung einer Trajektorie ermöglicht eine einfache Implementation und bildet die Grundlage der evolutionären Optimierung.

3 Lösungskonzept

Die Vielzahl der unterschiedlichen Bewegungen, die mit einem Manipulatorarm zu realisieren sind, erfordern den Einsatz von leistungsfähigen Algorithmen zur Planung der entsprechenden Trajektorien. Zur Lösung der beschriebenen Problematik wird der Einsatz eines neuentwickelten Algorithmus zur Trajektorienplanung vorgeschlagen, der die Modifikation einer bestehenden Bewegungsbahn unter Verwendung von *Evolutionsstrategien* ermöglicht. Der Aufbau des Verfahrens ermöglicht die Planung einer neuen Trajektorie durch die Adaption einer vorhandenen Bewegungsbahn an eine neue Aufgabenstellung. Der Einsatz eines evolutionären Optimierungsverfahrens eröffnet dabei eine Anzahl neuer Möglichkeiten für die Trajektorienplanung.

3.1 Evolutionäre Optimierung

Evolutionäre Algorithmen (EA) sind Such- und Optimierungsverfahren, deren Grundprinzip in der Nachbildung von Vorgehensweisen und Strategien aus der Tier- und Pflanzenwelt liegt. Die algorithmische Nachbildung einer künstlichen Evolution beruht auf dem Konzept eines kollektiven Lernprozesses innerhalb einer aus Individuen bestehenden Population, wobei jedes Individuum eine mögliche Lösung des betrachteten Optimierungsproblems darstellt.

Zur Lösung von Optimierungsaufgaben mit reellwertigen Parametern eignet sich das Modell der Evolutionsstrategien (ES) von *Rechenberg* [6]. In diesem Modell besteht in einer Population P^t jedes Individuum a_i^t aus einem kodierten Lösungsvektor und einem zusätzlichen Vektor aus Strategieparametern. Die fortschreitende Entwicklung der Individuen wird durch die wiederholte Anwendung von evolutionären Operatoren wie Mutation, Rekombination und Selektion erreicht (Abbildung 3). Die Selbstadaption der Strategieparameter stellt dabei

$$
\begin{array}{l}
t := 0; \\
\textit{initialisiere } P^0 := \left(a_1^0, \ldots, a_\lambda^0\right) \in I^\lambda; \\
\textit{bewerte } P^0; \\
\textbf{while } \textit{Abbruchkriterium nicht erfüllt } \textbf{do} \\
\quad \textit{rekombiniere } a_k^{'t} := \textit{rek}\left(P^t\right) \quad \forall \;\; k \in \{1, \ldots, \lambda\}; \\
\quad \textit{mutiere } a_k^{''t} := \textit{mut}\left(a_k^{'t}\right); \\
\quad \textit{bewerte } P^{'t} := \left(a_1^{''t}, \ldots, a_\lambda^{''t}\right); \\
\quad \textit{selektiere } P^{t+1} := \textit{sel}\left(P^{'t}\right); \quad \text{bzw.} \quad P^{t+1} := \textit{sel}\left(P^{'t}, P^t\right); \\
\quad t := t + 1; \\
\textbf{enddo}
\end{array}
$$

Abbildung 3. Grundalgorithmus einer Evolutionsstrategie

einen Lernprozeß im Hinblick auf das innere Modell der zu optimierenden Funktion dar und ermöglicht eine optimale Anpassung der Suchschrittweite an die aktuelle Optimierungsaufgabe.

Eine (μ, λ)–ES operiert in jeder Generation mit μ Eltern, aus denen λ Nachkommen durch die Anwendung der evolutionären Operatoren erzeugt werden. Der Mutationsoperator bewirkt bei den Nachkommen mittels einer normalverteilten Zufallsfunktion geringe Veränderungen der Problemparameter, während durch die Rekombination ein Austausch von Informationen zwischen einzelnen Individuen vorgenommen wird. Zur Bestimmung der Qualität einer möglichen Lösung wird ein Individuum in seiner definierten Umgebung realisiert und auf die Einhaltung gegebener Randbedingungen überprüft. Im Selektionsschritt werden aus den Eltern und Nachkommen die μ qualitativ besten Individuen ausgewählt, welche die Ausgangsbasis für den nachfolgenden Generationszyklus bilden. Dieser Vorgang wird solange wiederholt, bis ein Individuum das geforderte Gütekriterium erfüllt oder eine Anzahl von Generationen durchlaufen wurde.

Evolutionsstrategien besitzen Eigenschaften, die sie von traditionellen Such– und Optimierungsverfahren wesentlich unterscheiden. Durch die Arbeit mit einer Population von mehreren Individuen anstatt einer einzigen Lösung wird erreicht, daß diese Strategien unempfindlich gegen den Einfluß lokaler Optima im Lösungsraum sind. Weiterhin muß die gegebene Zielfunktion keine speziellen Eigenschaften, wie Stetigkeit, Monotonie oder stetige Differenzierbarkeit erfüllen. Gegenüber spezialisierten Optimierungsverfahren zeigen ES oftmals zwar eine erheblich geringeren Konvergenzgeschwindigkeit, dieser Nachteil wird aber durch die einfache Realisierung auf paralleler Hardware oder verteilten Systemen ausgeglichen.

3.2 Wissensbasierte Trajektorienplanung

Die Grundidee der eingesetzten wissensbasierten Trajektorienplanung ist die wiederholte Verwendung erfolgreich ausgeführter Bewegungsbahnen. Dafür werden vorhandene Trajektorien unter Verwendung von Evolutionsstrategien an neue Aufgabenstellungen und Umweltbedingungen angepaßt. Die anschließende Speicherung der neuen Trajektorien führt zu einer Erweiterung der Wissensbasis und stellt einen Lernvorgang des gesamten Planungsystems dar. Der prinzipielle Aufbau des Planungssystems ist in Abbildung 4 schematisch dargestellt.

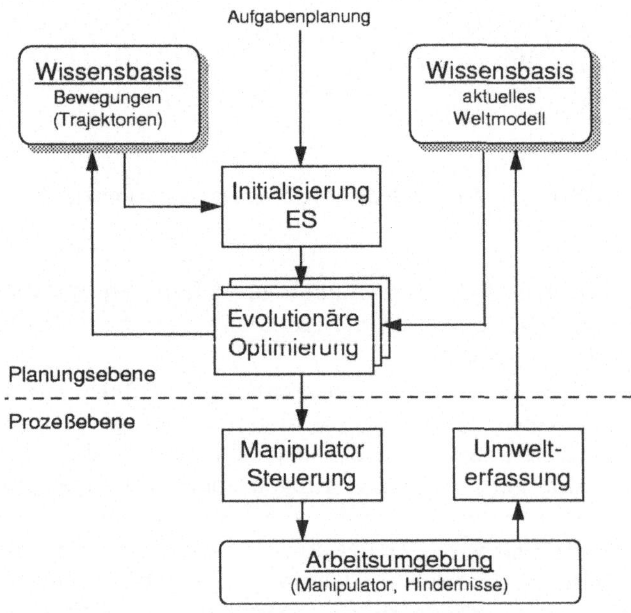

Abbildung 4. Aufbau des Planungssystems

Die Planung einer Bewegungsbahn wird mit einer gezielten Vorbelegung der Initialpopulation einer Evolutionsstrategie begonnen. Dazu werden aus einer Datenbank Trajektorien ausgewählt, die bereits bei der Lösung ähnlicher Aufgaben erfolgreich eingesetzt wurden. Im zweiten Schritt wird durch die evolutionäre Optimierung ein kollektiver Lernprozeß gestartet, der das Vorwissen innerhalb der Population in die Richtung der gewünschten Lösung überführt. Für jedes erzeugte Individuum werden dabei die Problemparameter in eine Trajektorie umgewandelt, deren Qualität an den gegebenen Randbedingungen gemessen wird.

Die Planung kann dann beendet werden, wenn ein Individuum die geforderten Gütekriterien erfüllt.

Eine besondere Eigenschaft dieses Systems liegt in der Möglichkeit, eine Parametrierung des evolutionären Algorithmus vorzunehmen. Mit dem Vorwissen in der Datenbank kann der Schwierigkeitsgrad einer Aufgabenstellung abgeschätzt werden. In Abhängigkeit der aktuellen Planungsaufgabe ist es möglich, durch eine Anzahl sich parallel entwickelnder Populationen eine effektive Planung zu realisieren. Die Nutzung der potentiellen Parallelität innerhalb eines ES-Algorithmus erlaubt dabei eine einfache Implementierung auf einem Rechnersystem mit verteilten Ressourcen.

3.3 Kollisionsvermeidung in Echtzeit

Die Gefahr einer Kollision mit einem neuen Hindernis stellt eine Ausnahmesituation während der Bewegung des Manipulatorarms entlang einer geplanten Trajektorie dar. Am Beispiel eines vereinfachten Szenarios (Abbildung 5) wird für dieses Problem eine mögliche Lösung unter Verwendung der evolutionären Trajektorienplanung erläutert.

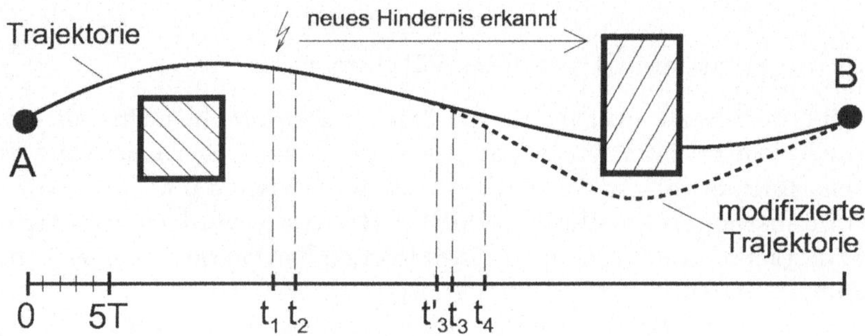

Abbildung 5. Kollisionsvermeidung mittels Modifikation

Im gewählten Beispiel wird zum Zeitpunkt t_1 im Prozeß der sensorischen Umweltüberwachung erkannt, daß sich ein neues Hindernis im Arbeitsraum des Manipulators befindet. Als Reaktion darauf wird das Weltmodell aktualisiert und die Task *Trajektorienplanung* aktiviert.

Von der Trajektorienplanung wird zunächst überprüft, ob das neue Hindernis einen Einfluß auf die aktuelle Bewegungsbahn des Manipulators hat. Im Falle einer möglichen Kollision wird zuerst der Zeitpunkt t_4 ermittelt, der aufgrund der Position des Hindernisses und der aktuellen Stellung und Geschwindigkeit des Manipulatorarms die letzte Möglichkeit für einen kontrollierten Nothalt darstellt. Der nächste Schritt ist die Bestimmung des Zeitpunkts $t_3 < t_4$, bis zu dem unter Einhaltung der gegebenen Randbedingungen eine zulässige Ausweichbewegung des Manipulators möglich ist. Der Zeitpunkt t_3 kann allerdings nicht

exakt bestimmt werden und deshalb mittels einer Heuristik abgeschätzt. Dabei ist zu beachten, daß zur Ausführung der Bewegungsbahn an die Steuerung des Manipulators nur zu äquidistanten Abtastzeitpunkten $k \cdot T$ die jeweils neue Konfiguration zu übergeben ist. Die Berechnung der Ausweichbewegung muß deshalb mit einem Abtastzeitpunkt zusammenliegen und spätestens zum Zeitpunkt $t'_3 = k \cdot T \leq t_3$ abgeschlossen sein.
Die Entscheidung über die Reaktion auf eine mögliche Kollision und die Parametrierung des evolutionären Algorithmus sei zum Zeitpunkt t_2 abgeschlossen. Der Versuch einer Modifikation ist dann sinnvoll, wenn die hierzu benötigte Rechenzeit kleiner als $t'_3 - t_2$ ist. Zwischen den Zeitpunkten t_2 und t'_3 wird mittels der evolutionären Optimierung versucht, die Trajektorie unter Einhaltung der gegebenen Randbedingungen an die veränderte Umwelt anzupassen. Nach einer erfolgreichen Umplanung wird die Manipulatorbewegung ab dem Zeitpunkt t'_3 entlang der modifizierten Trajektorie vorgenommen, während bei einem Scheitern der Umplanung bis zum Zeitpunkt t'_3 ein kontrollierter Nothalt eingeleitet werden muß.

Die zur Verfügung stehende Rechenzeit $t'_3 - t_2$ variiert in Abhängigkeit der jeweiligen Situation. Um Echtzeitfähigkeit zu erreichen, wird ein verteiltes Rechnersystem eingesetzt, mit dem evolutionäre Schritte soweit möglich parallel ausgeführt werden können.

3.4 Planungssystem mit verteilten Ressourcen

Aus Kosten– und Realisierungsgründen kann ein Rollstuhl nicht mit Hochleistungsrechnern ausgerüstet werden, so daß die benötigte Rechenleistung extern, z.B. mittels Telemetrie, zur Verfügung gestellt werden muß. Zur Vermeidung der kostenintensiven Anschaffung paralleler Hardware wird vorgeschlagen, die Leistungsfähigkeit einzelner Rechner eines lokalen Netzwerkes in einer verteilten Anwendung zu nutzen.

Die Basis des verteilten Systems zur Trajektorienplanung bildet das Software–System *Parallel Virtual Machine* (PVM), welches vom Oak Ridge Laboratory in Tennessee, USA, entwickelt wurde [7]. In den USA ist dieses kombinierte Anwendungs– und Entwicklungssystem zu einem Quasi–Standard bei der Realisierung verteilter Systeme geworden.
Einen wesentlichen Aspekt von PVM stellt die Realisierung von Kommunikationsdiensten zwischen unterschiedlichen Computern auf Basis des *message–passing*–Modells dar. Weiterhin besteht die Möglichkeit, Prozesse auf Fremdrechnern zu starten sowie zusätzliche Rechner in die virtuelle Maschine neu zu integrieren. Der Datentransfer und die Synchronisation zwischen Prozessen wird über lokale Netzwerke auf Grundlage des *TCP/IP*–Standards durchgeführt. Mit Hilfe des PVM-Systems können virtuelle Maschinen aufgebaut werden, in denen neben Standardkomponenten (z.B. Industrie–PC, IBM Workstation) auch spezielle Architekturen (z.B. MIMD-Parallelrechner) enthalten sein können. Die PVM–Software vereinigt diese Rechnertypen einschließlich ihrer unterschiedlichen Betriebssysteme zu einem leistungsfähigen System mit verteilten Ressourcen.

4 Simulationsergebnisse

Das beschriebene Verfahren zur Trajektorienplanung wurde im Rahmen eines Simulationssystems implementiert [8]. Das Rechnersystem für die benötigte Rechenleistung wurde mit drei Standard-PCs (zwei Pentium PC mit 90MHz, ein PC486 mit 50MHz) mit dem Betriebssystem *LINUX* sowie einer IBM RS6000 Workstation mit dem Betriebssystem AIX realisiert, die unter Verwendung von PVM zu einer parallelen Maschine zusammengefaßt wurden (Abbildung 6). Mit dem im lokalen Netzwerk verwendeten TCP/IP-Übertragungsprotokoll kann keine Kommunikation durchgeführt werden, welche die rechtzeitige Übergabe der Konfigurationen an den Manipulator zu den Abtastzeitpunkten sicherstellt. Deshalb wird die Steuerungseinheit des Manipulators direkt an den Rechner angeschlossen, auf dem die Trajektorienplanung ausgeführt wird.

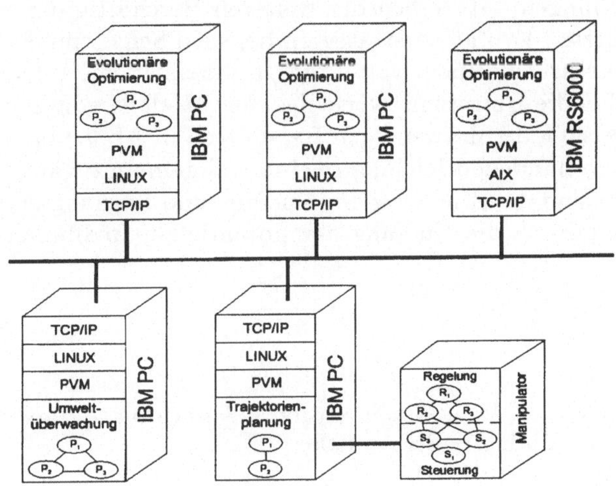

Abbildung 6. Physikalischer Aufbau des Simulationssystems

Durch den Einsatz mehrerer Rechner kann bei dem Modell einer verteilten Evolutionsstrategie insbesondere die rechenintensive Prüfung der Kollisionsfreiheit einer Trajektorie mit Hilfe des Weltmodells erheblich beschleunigt werden. Weiterhin kann auch die Realisierung eines Evolutionsmodells mit mehreren Populationen von Trajektorien auf einem verteilten System zu einer erheblich schnelleren Bahnplanung führen.

Bei den durchgeführten Simulationen wurde ermittelt, daß die durchschnittliche Ausführungszeit einer Bewegung, z.B. das Transportieren und Abstellen eines Trinkbechers, zwischen 5 und 10 Sekunden beträgt. Durch den Einsatz des konfigurierbaren Algorithmus auf einem verteilten System ist es möglich, bei einer entdeckten Kollisionsgefahr die Korrektur der Bewegungsbahn in weniger als 0.2 Sekunden durchzuführen.

5 Zusammenfassung und Ausblick

Für einen rollstuhlmontierten Manipulatorarm wurde ein Verfahren vorgestellt, das unter der Verwendung einer evolutionären Optimierungsstrategie eine wissensbasierte Trajektorienplanung realisiert. Eine besondere Eigenschaft des Planungssystems besteht in der aufgabenabhängigen Konfigurierbarkeit des verwendeten evolutionären Algorithmus. Die Realisierung der Trajektorienplanung auf einem verteilten Rechnersystem ermöglicht die Modifikation einer Trajektorie in Echtzeit, wenn während ihrer Ausführung die Gefahr einer Kollision des Manipulators mit einem neuen Hindernis entsteht. Die benötigte Rechenleistung wird von Standardrechnern unterschiedlichen Typs bereitgestellt, die mittels des Software–Systems PVM zu einer virtuellen parallelen Maschine integriert werden.

Die ersten Ergebnisse zeigen eine Vielzahl an Möglichenkeiten für weitergehende Untersuchungen auf. Neben der weiteren Beschäftigung mit dem Verhaltens der eingesetzten Evolutionsstrategien liegt ein Schwerpunkt in der Realisierung des Verfahrens auf einem verteilten Rechnersystem. Interessante Ansatzpunkte sind dabei die Umsetzung verschiedener Modelle von Evolutionsstrategien und die Zuweisung der notwendigen Ressourcen in Abhängigkeit der aktuellen Rechenlast der vorhandenen Rechner in einem allgemein zugänglichen Netzwerk. Weitere Aspekte sind die Erhöhung der Ausfall– und Planungssicherheit der Trajektorienplanung durch die Nutzung der potentiellen Redundanz des verteilten Systems.

Literatur

1. R. D. Schraft and H. Volz. *Serviceroboter – Innovative Technik in Dienstleistung und Versorgung.* Springer, Berlin, 1996.
2. R. Blechschmidt. *Kollisionsfreie Trajektorienplanung unter Verwendung Evolutionärer Strategien.* PhD thesis, Universität Bremen, 1997. (in Arbeit).
3. Z. Shiller and S. Dubowsky. Robot path planning with obstacles, actuator, gripper, and payload constraints. In *The International Journal of Robotic Research, Vol. 8*, pages 3–18. IEEE, New York, 1989.
4. M. E. Mortensen. *Geometric modeling.* John Wiley & Sons, New York, 1985.
5. P. Dierckx. *Curve and Surface Fitting with Splines.* Clarendon Press, Oxford, 1993.
6. I. Rechenberg. *Evolutionsstrategie ' 94.* frommann – holzboog, Stuttgart, 1994.
7. A. Geist. *PVM 3 user's guide and reference manual.* Oakridge National Laboratory, Oakridge, Tennessee, 1994.
8. A. Horstschäfer. Verteilte Rechenleistung in PC– oder Workstation–Netzen. Institut für Automatisierungstechnik, Universität Bremen, Studienarbeit, 1996.
9. R. Blechschmidt. Evolutionäre Strategien in der Trajektorienplanung. 17. Kolloquium der Automatisierungstechnik, Salzhausen, Vortrag, 1995.
10. Y. Davidor. *Genetic Algorithms and Robotics.* World Scientific, Singapore, 1991.

Anbindung von Automatisierungssystemen an Intranet/Internet

Dr.-Ing. Wolfgang Kabatzke
Automatisierungstechnik AUT - P
Siemens AG Hamburg
Lindenplatz 2
D - 20099 Hamburg

1. Einleitung

Der Service in industriellen Anlagen wird in den meisten Fällen mit anwendungsspezifischen Hard- und Softwarekomponenten realisiert. Die Software beruht auf proprietären Protokollen und grafischen Oberflächen, die einer großen Vielfalt unterliegen. Die Internet-Technologie bietet eine neue und erfolgversprechende Chance, einfach bedienbare und auf Standardsoftware aufsetzende Servicekonzepte zu realisieren, die für die Insustriemikrocomputerwelt nutzbar sind, aber auch auf SPS und andere Automatisierungssysteme übertragen werden können.

2. Industriemikrocomputertechnik (IMC) - Technik und Chancen für den Anwender

Die Chancen von Industriemikrocomputern liegen in der Differenzierung zur SPS und CNC-Steuerungen. Kleine Rechnerkerne, schlanke Busse und angepaßte Protokolle ermöglichen Höchstleistungen zu kleinem Preis durch:

- Kompaktindustriemikrocomputer
- Low-cost Feldbusse z.B.: CAN-Bus, PROFIBUS, ...

IMC eignet sich besonders gut für:

- Datenverarbeitungsorientierte Aufgabenstellungen
  Berechnen und Protokollieren von Produktionsdaten
  Steuern, Regeln, numerische Funktionen, Datenverarbeitung,
  Kommunikation und Visualisierung
  kombinierte Anwendungen
- Kommunikationsaufgaben
  Cell-Controller, Protokollumsetzer
  Fernwirksysteme
- Schnelle asynchrone Reaktionen (Echtzeitanwendungen !)
- PC-Systeme in harter industrieller Umgebung

"WINTEL-Technologie" wird auch erste Wahl in der Automatisierungstechnik. Somit können sofort in der Automatisierungstechnik weltweite Standards genutzt werden:

PC-Technologie
PCI-Technik
Betriebssysteme
Sprachen-Compiler

Sofort wird weltweites Know-how verfügbar. Die PC-Technik ist Stand der allgemeinen Ausbildung und eine weltweite Akzeptanz ist gegeben. Damit können die Vorteile des PC-Mainstreams voll genutzt werden. Mit der x86-Architektur bleiben IMC-Systeme in der offenen Welt und es können Softwareentwicklungen aus dem PC-Mainstream, wie z. B. aus dem Internet, können jederzeit aufgriffen bzw. unterstützt werden. Die "Durchgängigkeit" ist der Key-Faktor für Systementscheidungen.

3. Industriemikrocomputer in der Automatisierungstechnik und Support - Gedanken zu neuen Techniken

3.1 Anforderungen an den Support

Die überwiegende Mehrheit der Firmen, die Waren und Dienstleistungen an Verbraucher und Zwischenkunden verkaufen, wenden viel Zeit und Geld auf, um technischen Support anzubieten. Das brauchen nicht nur Software- und Hardwarehersteller zu sein. Das Bereitstellen eines qualifizierten Supports kann eine vielschichtige und kostenintensive Aufgabe werden. Support läßt sich wie folgt gliedern:

- Telefonsupport
- Service / Kundendienst (Support vor Ort)
- Support per Mail

Speziell in der Automatisierungstechnik, die weltweit eingesetzt wird und wo es auf effizienten und kurzfristigen Support ankommt, sind in den letzten Jahren auf dem Sektor der SPS-Technik viele Arbeiten gelaufen. Hervorzuheben sind die Thematiken Ferndiagnose / Fernwartung über Telefonleitungen via Modem, die auch als Teleservice bekannt geworden sind und für allen am Markt vorhandenen Systeme verfügbar sind. Hier können Servicetechniker sich aktuelle Anlagenzustände anschauen bzw. Fehlerzustände analysieren. Neben dieser Technik wurde in den letzten 1-2 Jahren mit der Einführung des Internet als technisches Hilfsmittel für den Support begonnen. Hierbei ist als besonderer Aspekt die Kostenreduzierung und Reaktionszeitverkürzung im Support anzusehen.
Viele Firmen haben daher Internet-Server für den Support installiert, die dem Supportnutzer folgende Leistungen bieten:

- E-Mail	- Fragen können schriftlich an den Support geschickt werden, detaillierte Antworten können empfangen werden
- Download	- User können sich Ihre Software durch Download aktualisieren
- Benutzerforen	- Anwender im direkten Dialog untereinander oder im direkten Dialog mit Servicetechnikern
- FAQ-Sites	- häufig wiederkehrende Fragen zu Problemen mit Ihren möglichen Antworten (Online-Datenbanken)

Neben den hier geschilderten bereits genutzten Anwendungsbereichen bietet diese Technik den Vorteil des weltweiten Einsatzes rund um die Uhr. In der Welt der Industriemikrocomputer hat das Thema Ferndiagnose / Fernwartung bisher keine so große Bedeutung gehabt. Aber auch hier sind in der heutigen Zeit Anstrengungen zur Bereitstellung eines qualifizierten und schnellen Services unbedingt notwendig. IMC-Systeme lassen sich 3 Hauptgruppen differenzieren:

- PC-kompatible Architekturen (80x86)
- Nicht-PC-kompatible Architekturen (z.B. Motorola, Sun, ...)
- Embedded Systeme (beliebige Prozessoren)

Hier wurde begonnen Mittel und Wege zu finden um Aufwendungen zu minimieren und auf Standards aufzusetzen, die zum Beispiel im etablierten Internet zu suchen sind.
Die bisherigen Vorarbeiten haben gezeigt, daß viele Aufgaben mit diesen Internet-gekoppelten Strukturen möglich sind, die bislang für IMC-Anwender nur schwer möglich waren oder einen sehr hohen Aufwand in Personal und Technik erforderlich machten:

- **Service**
- **Diagnose / Ferndiagnose**
- **Software-Update**
- Fernwartung
- Bedienen und Beobachten
- Parametrierung von Systemen

Die Servicetechnik auf Internet-Basis bietet eine Vielzahl von Vorteilen:

- WWW-Browser auf den Servicerechnern bieten standardisierte Bedienoberflächen
- die Rechnerplattform für den Service-Rechner ist austauschbar (es muß nur ein Internet-Browser für das jeweilige Betriebssystem verfügbar sein)
- einfache Realisierbarkeit von Online-Hilfen durch einfache Links auf HTML-Texte
- Einbeziehung von Multimedia-Effekten
- die Kommunikation für den Service wird durch Standards abgedeckt
- Möglichkeit von Remote-Service
- keine aufwendige Softwareentwicklung für die Bedieneroberflächen
- somit auch keine Probleme bei der Versionspflege der Servicesoftware

Ein wichtiges Instrument für die Erstellung von Service-Applikationen via Internet stellt die Programmiersprache Java dar. Java, eine objektorientierte Sprache, ist aus Smalltalk und C/C++ entstanden. Die Vorteile dieser Technologie lassen sich wie folgt beschreiben:

Vorteil
Senkung der Softwareentwicklungskosten (Normung,
=> Billigere Produkte
Einsatzgebiete
Handy, Telefon, Webphone, PDA (PIC), ***Prozeßautomatisierung, Motorsteuerung***, JavaCard
Trend zur Vernetzung von Low-End Systemen

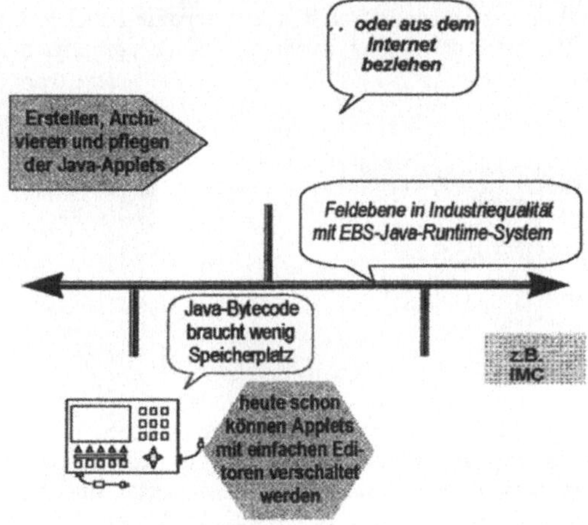

Abb. 3.1: Java und Internet in der Automatisierungstechnik

Die praktische Umsetzung läßt sich (über die Zeit gesehen) in 4 Realisierungsstufen beschreiben, die sich je Verfügbarkeiten von notwendigen Komponenten und den geforderten Aufgaben ergeben.

	Ausgeführt auf Target	Sprache
1. Stufe	http-Server	C/C++
	Steuerung per http	-
2. Stufe	http-Server	C/C++
	Bedien- und Steuer-SW	C/C++
3. Stufe	http-Server	Java
	nicht zeitkrit. Teile	Java, 90%
	zeitkrit. Teile	C/C++, 10%
4. Stufe	http-Server	Java
	Bedien- und Steuer-SW	Java

Für die eigenen Applikationen in den Segmenten PC-kompatible Architekturen und Embedded Systems (je 80x86-basierend) wurden nach umfassenden Machbarkeitsuntersuchungen die Stufen 1 und 2 in die Realisierung aufgenommen, die bei Vorhandensein entsprechender JVM (Java Virtual Machine) auf den Zielsystemen auch bis zur 4. Stufe ausdehnbar sind. Entscheidend für die Weiterführung zur Java-Technik ist weiterhin, daß die JVM implementierungs- und plattformunabhängig sind. Die auf den Clients laufenden Browser sind bereits heute schon Java-basiert (z.B. Netscape Navigator, Internet Explorer, ...), wobei hier vielfach Interpretertechnologien angewandt werden.

4.2 Die Homepage eines embedded Systems - neue Wege Servicekonzepte

4.2.1 HTTP und TCP/IP als Grundlage des Servicekonzeptes

Die technische Basis des Internet (WWW), das HyperText Transfer Protocol (HTTP) und die HyperText Markup Language (HTML), werden nicht nur im weltumspannenden Internet eingesetzt, sondern auch in firmeninternen Intranet's oder auch bei temporären Verbindungen, wie einem Service-PC, der vorübergehend an eine Anlage angeschlossen wird. Die technische Grundlage des Internet ist das Internet Protokoll (IP), ein paketorientiertes Protokoll, das Informationspakete variabler Länge zwischen IP-Adressen transportiert. Das auf dem Internet Protokoll aufbauende Transmission Control Protocol (TCP) stellt gesicherte virtuelle Verbindungen bereit. Die Kombination TCP/IP ist die eigentliche Basis der höheren Dienste des Internet. Zu diesen gehört zum Beispiel die Electronic Mail (e-mail), das File Transfer Protocol (FTP) oder eben HTTP. Wenn ein Anwender von seinem PC oder seiner Workstation eine WWW-Seite anzeigen läßt, dann besteht zwischen dem Anzeigeprogramm (Browser) und dem Rechner, der die Informationen zur Verfügung stellt, eine Client/Server-Beziehung, die über das Hypertext Transfer Protocol (HTTP) geregelt wird. Im Kern besteht dieses Protokoll aus einem einfach Request/Response-Schema. Der Client fordert eine bestimmte Information an (Request), der Server antwortet mit der gewünschten Information oder mit einer Fehlermeldung (Response).

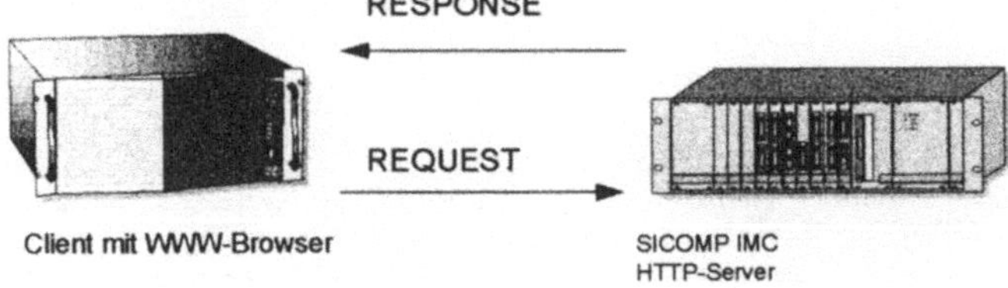

Abb. 4.1: HTTP-Verbindung

Der Erfolg des Internet (World Wide Web WWW) beruht vor allem auf der intuitiven Bedienbarkeit. Der Anwender muß die einzelnen Informationen nicht explizit adressieren, sondern er kann sich von Verweisen, sogenannten Hyperlinks leiten lassen, die in die Informationsseiten selbst eingebettet sind. Diese Eigenschaft des Internet, Informationen über Hyperlinks zu vernetzen, beruht auf der Verwendung der speziellen HTML. HTML-Seiten enthalten neben dem Text, den der Anwender in seinem Browser sieht, noch verborgene Zusatzinformation in sogenannten Tags. In diesen Tags ist beschrieben, was geschehen soll, wenn der Anwender z.B. ein als Link gekennzeichnetes Wort anklickt. Ein weiterer Begriff, der im Zusammenhang des Internet erwähnt werden muß, ist der Uniform Resource Locator (URL). URLs sind die Bezeichner, mit denen Informationen im Internet adressiert werden. Ein Beispiel für eine URL ist der String „http://www.aut.siemens.de/sicomp/html_76/aboutus.htm". Die wichtigsten Bestandteile sind in diesem Beispiel wie folgt vorhanden:

Das Protokoll	:	http
Der Server-Name	:	www.aut.siemens.de
Der serverlokale Name	:	sicomp/html_76/aboutus.htm

Der Browser erkennt am ersten Teil der URL, um welches Protokoll es sich handelt. Durch den mittleren Teil findet der Request seinen Weg durch das Internet zu dem Server, auf dem die gewünschte Information liegt. Der letzte Teil wird schließlich dem Server übergeben, und er sendet - falls vorhanden - die angeforderte Seite „index.htm" zurück.

Zur Realisierung der Servicefunktionalität von Automatisierungssystemen werden mehrere Komponenten benötigt:

- Software auf der Bedienerseite, die z.B. auf dem Laptop eines Service-Technikers läuft, oder auf dem Rechner, der eine Remote-Verbindung zur Anlage hat.
- Ein Protokoll, das die Kommunikation zwischen Service-Rechner und dem Automatisierungssystem regelt.
- Software im Automatisierungssystem, z.B. eine spezielle Service-Task und Kommunikationssoftware.

Ein HTTP Server im Automatisierungssystem ist ein notwendiger Bestandteil einer Service-Lösung auf Internet-Basis. Für den Einsatz eines HTTP-Servers als Teil einer Service-Lösung muß dieser eine bestimmte Funktionalität mitbringen und entsprechend konfiguriert werden. Weltweit werden derzeit HTTP Server zum Beispiel von Microsoft oder Netscape vertrieben (Windows und UNIX). Daneben gibt es mehrere HTTP-Server in der public domain (z.B. Apache, CERN), die im Sourcecode frei verfügbar sind.

4.2.2 HTML-Seiten

Bei großen Automatisierungssystems, die über eine eigene Festplatte verfügen, oder z.B. über NFS auf das Filesystem eines anderen Rechners zugreifen können, können die HTML-Seiten der Service-Anwendung in diesem Filesystem abgelegt werden. HTML-Seiten können heute mit unterschiedlichen Methoden erstellt werden:

- direkt mittels Editor in HTML
- mittels komfortabler HTML-Seitengeneratoren (z.B. Frontpage 97/98, Netsite, ...)

Da die Programmiersprache HTML leider noch nicht standardisiert ist, müssen unbedingt die bei der Erstellung genutzten Tools, wie HTML-Seitengenerator und Web-Browser, angegeben werden.

4.2.3 HTTP-Server

Der erforderliche Speicherbedarf eines HTTP-Servers ist stark von seinem implementierten Funktionsumfang abhängig. 500-600 KBytes Codegröße sind keine Seltenheit. Bei PC-basierten Systemen mit großem Hauptspeicher (>= 16 Mbyte) und großen Massenspeichern ist diese Größe kein Problem. Anders schaut es bei embedded Systemen aus. Dazu kommen völlig neue Anforderungen bezüglich Echtzeitfähigkeit, Speicherverwaltung usw. die eine neue Architektur erforderlich machen (siehe Kapitel 6)

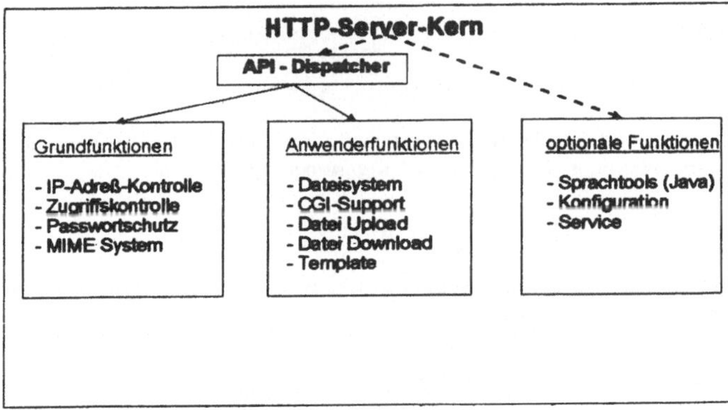

Abb. 4.2: Architektur eines HTTP Servers (nach /4/)

4.3 Aufbau einer Serviceapplikation mit HTTP-Technik

Wie sieht die praktische Vorgehensweise aus. um eine Automatisierungsapplikation mit einer WWW-Oberfläche (z.B. für Service) zu versehen? Am Beispiel des der vorliegenden Applikationen soll dies für die wichtigsten Typen von HTML-Seiten aufgezeigt werden.

4.3.1. Statische HTML-Seiten

Das einfachste Beispiel sind statische HTML-Seiten. Hierbei bezieht sich das Adjektiv „statisch" nicht auf das Erscheinungsbild einer Seite, sondern auf die Art, wie sie vom HTTP-Server erzeugt wird. Eine statische Seite liegt beim HTTP-Server fertig vor und wird zum Zeitpunkt der Abfrage nicht verändert. Ob die Seite nur aus Text besteht, oder auch Graphiken und vielleicht sogar bewegte Bilder enthält, tut nichts zur Sache. Eine typische Anwendung könnte ein Online-Help-System oder die Einbindung des Bedienerhandbuchs sein, das einen Service-Techniker bzw. den Anwender bei seiner Arbeit unterstützt.
Sobald die notwendigen Werkzeuge - ein Editor zum Erstellen der HTML-Seiten und ein HTTP-Server - vorhanden sind, ist die Vorgehensweise relativ einfach:

- Die HTML-Seiten werden mit dem Editor erzeugt
- Die erstellten Seiten werden in das Filesystem des Automatisierungssystems eingespielt, falls es über eine eigene Platte verfügt, bzw. über Netzwerk Zugriff darauf hat.
- Bei Automatisierungssystemen ohne Filesystem werden die Seiten in den Programmcode eincompiliert und im ROM abgelegt.

4.3.2 Dynamische HTML-Seiten

Dynamische HTML-Seiten werden erst zum Zeitpunkt der Anfrage erzeugt und können damit Informationen über den aktuellen Zustand des Systems liefern. Ein Beispiel ist eine Presse, die auf einer WWW-Seite den aktuellen Produktionsstand ausgibt. Hierfür eigner sich optimal der Template-Mechanismus:

Nur der dynamische Teil der Ausgabe wird als eine kleine C-Funktion kodiert:

```
STATUS tmplPresseProduktion
    (
    HTTP_REQ * pReq,
    char *     szArg
    )
    {
    httpPrintf (pReq,"%d", sStueckzahl);
    return (OK);
    }
```

In der Konfiguration wird dem HTTP-Server mitgeteilt, daß die Template-Funktion „tmplPresseProduktion" in HTML-Files unter dem Namen „Presse" angesprochen werden soll:

```
httpTmplFnConfAdd ("Presse", tmplPresseProduktion);
```

Der statische Teil der Ausgabe kann nun als HTML-File beschrieben werden. An Stelle der dynamisch zu erzeugenden Information wird ein Template-Tag eingesetzt:

```
<HTML>
...
Produzierte Stueckzahl: <TEMPLATE NAME=Presse>
...
```

Die Ablage des HTML-Files und die weiteren Schritte sind analog zu den statischen HTML-Seiten. Das besondere am Template-Konzept ist der vorgeschaltetete HTML-Parser, der im HTTP-Server automatisch aktiviert wird. In der Phase, in der die HTML-Seite aus dem Speicher geholt und an den Browser weitergeleitet wird, analysiert der HTML-Parser diese Seite. Dort, wo er ein TEMPLATE-Tag findet, wird der Datenfluß an den Browser unterbrochen, und die assoziierte Funktion, hier *tmplPresseProduktion* aufgerufen. Ihr mit *httpPrintf* erzeugter Output ersetzt das TEMPLATE-Tag in der HTML-Seite. Danach wird der restliche Text der statischen HTML-Seite weitergesendet.

4.3.3 Formulare - Datenaustausch in beiden Richtungen

Mit Hilfe von HTML-Formularen ist der Datenaustausch zwischen Benutzer und Applikation in beide Richtungen möglich. Damit können interne Zustände eines Automatisierungssystems nicht nur angezeigt, sondern auch verändert werden. Die Nutzung der Formulartechnik erlaubt das Erstellen einfacher HTML-Seiten zur Prozeßbeobachtung und Prozeßbedienung, wie sie im Service durchaus vorkommen und gefragt sind.

5. Service in PC-kompatiblen 80X86-Architekturen mittels Internet

Die Zielsetzung für derartige Systeme wurde wie folgt definiert:

- Konfiguration des Zielsystemes betrachten / auswerten
- Start der Autokonfiguraton auf dem Entwicklungssystem
- Betriebsdaten und Maschinendaten auswerten / betrachten
- Betrachtung von visualisierten Daten einer auf dem Zielsystem laufenden Applikation
- Software-Update mittels Up- und Download
- Einsatz eines Standardbetriebssystemes, z.B. Win95
- Nutzung von frei zugänglichen HTTP-Servern und Browsern

5.1. Konfiguration des Zielsystemes und Autokonfiguration

Moderne IMC-Systeme erhalten immer mehr einen spezielle ASIC-Baustein, der dem Anwender folgende Eigenschaften des Anwendersystemes garantieren soll:

- Komfortable Bedienoberfläche unter Windows
- Menügeführte Handhabung
- Unterstützung durch ausführliche Online-Hilfe
- Möglichkeit der vollautomatischen Baugruppen-Konfiguration
- Ausgetauschte Baugruppen (gleichen Typs) werden erkannt und automatisch nachkonfiguriert

Diese Features konnten bislang nur SPS-Nutzer anwenden. Die Software zur Autokonfiguration erzeugt **System-Konfigurations-Dateien** (im folgenden SKD-Datei genannt), die von dem Zielsystem bei einem Systemhochlauf erkannt und ausgewertet werden.

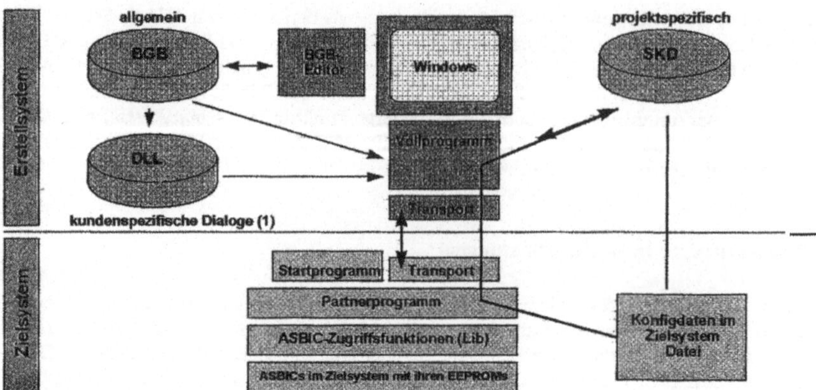

Abb. 5.1: Software-Überblick Autokonfiguration

Für den entfernt sitzenden Servicetechniker bieten sie die Möglichkeit nachzuschauen, welche Hardware im Zielsystem gesteckt ist, da diese Dateien den realen Zustand der gesteckten Prozeßhardware widerspiegeln. Sind doch einmal schwerwiegende Änderungen an diesen Dateien notwendig, wird der Servicetechniker in die Lage versetzt, diese vorzunehmen und die neuen Dateien im Zielsystem abzulegen. Diese SKD-Dateien lassen sich zur verfeinerten Diagnose dann noch zusätzlich als Hex-Dump anzeigen. Abbildung 5.2 zeigt ein Beispiel für die Darstellung einer Testkonfiguration.

Anwender:	User
Typ:	CPU 045
MLFB:	6AR1300-0FG20-0AA0
KS:	KS07
Steckplatz:	04

Abb. 5.2: Darstellung einer Testkonfiguration mittel HTML-Seite

5.2 Betriebsdaten und Maschinendaten auswerten / betrachten

Die Visualisierung von Prozessen ist ein weitgefächertes Areal, das nicht Gegenstand dieser Arbeiten war. Vielmehr sollte aufgezeigt werden, daß für den Service weniger durchaus mehr ist. Hierbei wurde darauf geachtet, daß prozeßrelevante Daten in einfachen Tabellen auf dem Bildschirm prozeßaktuell dargestellt werden. Genauere Informationen findet der Leser in /5/.

6. Echtzeitbetriebssysteme (EBS) goes Intranet / Internet - neue Wege für den Service in Embedded-Systemen

6.1 Aufgabenstellung

Die Hauptaufgabe eines Embedded Systems ist es, eine technische Anlage zu steuern oder zu überwachen. In vielen Anwendungsbereichen haben Embedded Systems daneben eine zusätzliche Service-Komponente, die nur aktiv wird, wenn ein Servicetechniker vor Ort an der Anlage oder über eine Datenfernübertragungsstrecke Verbindung mit dem System aufnimmt. Teilweise können diese Arbeiten auch vom Anwender selbst durchgeführt werden. Charakteristisch ist jedoch immer, daß es sich hier nicht um den normalen Betriebsmodus der Anlage handelt, sondern um einen speziellen Zustand für Einstellungs- und Wartungszwecke, der spezielle Hardware und Software erforderlich macht(e).

6.2 Besonderheiten bei Embedded Systems

Die Arbeiten und deren Ergebnisse, die im Kapitel 5 dargestellt sind, mußten auch auf Embedded Systeme umgesetzt werden können, da viele Automatisierungslösungen auf dieser Technologie basieren.

6.2.1 HTTP-Server

Der erforderliche Speicherbedarf von ca. 500 KByte bei der HTTP-Server-Portierung der PC-kompatiblen Architekturen läßt erkennen, daß die Portierung dieser HTTP-Server für eine embedded Umgebung nicht realistisch ist. Dazu kommen völlig neue Anforderungen bezüglich:

- Echtzeitfähigkeit
- Speicherverwaltung
- Interruptverhalten
- etc.

die eine neue Architektur erforderlich machen. Am Beispiel eine portierten Servers sollen im Folgenden diese Anforderungen beschrieben werden.

6.2.2 HTML-Seiten

Wie kann ein embedded System, das vielfach über begrenzte Ressourcen verfügt, dennoch mit einem HTTP-Server ausgestattet werden? In diesem Fall müssen die HTML-Seiten zusammen mit der Applikation und dem Code des HTTP-Servers im EPROM abgelegt werden. Beim portierten Server /4/ (in der Programmiersprache „C" erstellt) kann dies mit dem hostbasierten Tool PAGEPACK bewerkstelligt werden, das HTML-Seiten, aber auch beliebige binäre Informationen, komprimieren und in Objectfiles verwandeln kann, die dann zur Applikation hinzugebunden werden. Gleichzeitig wird ein C-Headerfile generiert, das die Symbolinformation enthält, über die der HTTP-Server dann auf die Seiten zugreifen kann. Aus der Sicht des Anwenders kann auf diese eincompilierten Seiten genauso zugegriffen werden, wie auf Seiten, die in einem Dateisystem auf Diskette oder Festplatte abgelegt sind.

6.2.3 HTTP-Server - Skalierbarkeit

Wie bei jeder embedded Software ist auch bei einem HTTP-Server die Codegröße ein kritischer Faktor. Im portierten HTTP-Server ist hohe Skalierbarkeit durch die Aufteilung in einen Kernel und sogenannte Request Processing Modules (RPM) realisiert.
Der Kernel enthält die unverzichtbare Grundfunktionalität des Servers, sowie optionale Bestandteile, die bei Bedarf hinzugenommen werden können. Durch die Auswahl der Kernel-Features und der benötigten RPMs kann der ProWeb Server in einem großen Bereich skaliert werden. Der Speicherbedarf liegt dabei zwischen 8 KByte für eine absolute Minimalversion und etwa 50 KByte im Maximalausbau.

Literaturverweise:

/1/ Schönlebe, Klaus; Keck, Cornelius
InterNet-Handbuch
Franzis-Verlag GmbH, 1995

/2/ Wildberger, Andreas
In 8 Sekunden um die Welt
Addison-Wesley (Deutschland) GmbH, 1994

/3/ Morris, Bruce
HTML im Einsatz
Microsoft Press (USA), 1996

/4/ Kraus, Peter
Neue Wege für Service-Software
MignaMedia Verlag AG, Design&Elektronik, 2/97

/5/ Bicker, Herman-Josef
Dplomarbeit FHO Ostfriesland Emden, 1997
Fachbereich Elektrotechnik, Institut für Automatisierungstechnik

/6/ Zeltner, Armin
Diplomarbeit „Fernwartung von Industriemikrocomputern mit Internet"
Fachhochschule „Georg-Simon-Ohm" Nürnberg, 1997
Fachbereich Nachrichten- und Feinwerktechnik

QoS-Überwachung von verteilten Echtzeitanwendungen mit Java

Martin Fangmeyer, Edgar Hellfritsch und Clemens Brogi
{Fangmeyer | Hellfritsch | Brogi}@rrze.uni-erlangen.de

Regionales Rechenzentrum Erlangen, Martensstraße 1, 91058 Erlangen

1 Einführung

Das gemeinsame DV-Versorgungskonzept des Landes Bayern erfordert in zunehmenden Maße eine enge Zusammenarbeit der bayerischen Hochschulrechenzentren. Nachdem der Arbeitskreis ihrer Leiter, genannt BRZL, sich zwanzig Jahre lang im Abstand von Monaten getroffen hatte, konferieren seine Teilnehmer seit 1996 nunmehr wöchentlich, um die wachsende Zahl aktueller Themen noch untereinander koordinieren zu können. Natürlich wäre es nicht durchführbar, einmal pro Woche alle bayerischen Rechenzentren für einen ganzen Tag ihrer Leitung zu berauben. Deshalb wird der allwöchentliche Jour Fixe in den Cyberspace verlegt - in Gestalt einer Videokonferenz.

Das Projekt wird technisch und wissenschaftlich im Rahmen eines DFN-Projekts mit dem Namen „Telekonferenz der bayerischen Rechenzentrumsleiter" oder kurz „TKBRZL" betreut. Damit ist gewährleistet, daß neben einer Vereinfachung der Zusammenarbeit des BRZL-Arbeitskreises auch allgemeine Erkenntnisse über die Probleme der Videokonferenz über paketvermittelnde Netze gewonnen werden können.

Sehr bald wurde im Projektverlauf klar, daß es an Mechanismen mangelt, mit denen man die leider gar nicht selten auftretenden Ton- und Bildstörungen auf ihre Ursache zurückverfolgen kann. Größere Schwankungen der Übertragungsverzögerung führen vor allem beim Ton zur teilweisen oder völligen Unverständlichkeit von Sprechern [Fangmeyer96]. Insgesamt ist die Übertragung multimedialer Daten ein weiches Echtzeit-Problem [Panzieri93]. Deshalb wird am Regionalen Rechenzentrum Erlangen (RRZE) ein Werkzeug entwickelt, das es ermöglichen soll, im bayernweit verteilten System TKBRZL eine QoS-Überwachung durchzuführen.

2 QoS-Messung

Da die Übertragung multimedialer Daten höchste Ansprüche an die Zuverlässigkeit sowohl der Endgeräte, als auch der Netzverbindungen stellt, werden in einem ersten Analyseschritt Beobachtungsgrößen aus diesen Bereichen ausgewählt.

Im TKBRZL-Projekt handelt es sich bei den Endgeräten um Sun Workstations, die unter Solaris betrieben werden. Die Workstations stellen statistische Daten bereit, insbesondere zur CPU-Auslastung, zur „load"-Rate, ferner über die Anzahl der ein- und abgehenden Pakete, die Paging-Rate sowie die Anzahl von Kollisionen und Fehler bei der Netzübertragung. Ähnlich wie die Endgeräte verfügt das Netzwerk über eine

Statistik zu seinem aktuellen Status, wobei jedoch die Abfrage und Auswertung dieser Informationen sehr komplex ist. Die in diesen Statistiken enthalten Daten spiegeln nur die Sicht der betreffenden Netzkomponente wieder. Verbindungsabhängige Informationen wie Delay, Jitter und Paketverluste können daraus nicht gewonnen werden. Um diese für die Übertragung multimedialer Echtzeitdaten wichtigen Messwerte bestimmen zu können, wurden spezialisierte Programme erstellt, die sie durch Versenden von Test-Datenpaketen mit hoher Genauigkeit registrieren sollen.

In einem ersten Ansatz war geplant, das gesamte System zur QoS-Überwachung in der objektorientierten Programmiersprache Java [Hendrich97] zu realisieren. Java ist rechnerunabhängig, so daß eine QoS-Überwachung auch in einer heterogenen Rechnerumgebung durchführbar wäre. Daneben verfügt Java über einen Mechanismus zum Remote Procedure Call (Fernaufruf) und erlaubt somit die transparente Gestaltung eines Verteilten Systems. Erste Versuchsmessungen zeigten allerdings starke Streuungen der Meßwerte, die vorwiegend auf Einflüsse der dynamischen Speicherzuteilung des Java-Systems zurückgeführt werden konnten. Nun stellte sich die Frage, ob Java Echtzeit-Anforderungen erfüllen kann.

Bei den Messungen wurden auf einer Maschine zwei Prozesse gestartet, die das Round-Trip-Delay innerhalb des Systems (Eigen-Delay) notierten. Hierzu tauschen die Prozesse Testnachrichten aus und berechnen das Delay. Abbildung 1 zeigt den Plot und das Histogramm der Versuchsmessung. Die Tabelle 1 enthält die zugehörigen statistischen Daten für die „jping“-Messung („j“ wie Java). Zusätzlich finden sich in der Tabelle die Meßwerte eines zu „jping“ weitgehend äquivalenten in C geschriebenen Programms („cping“).

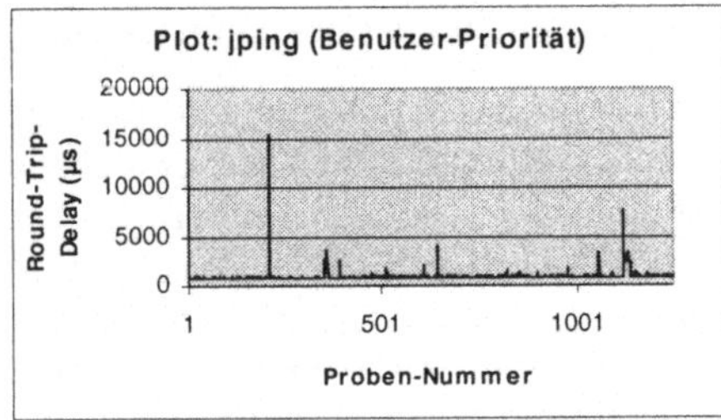

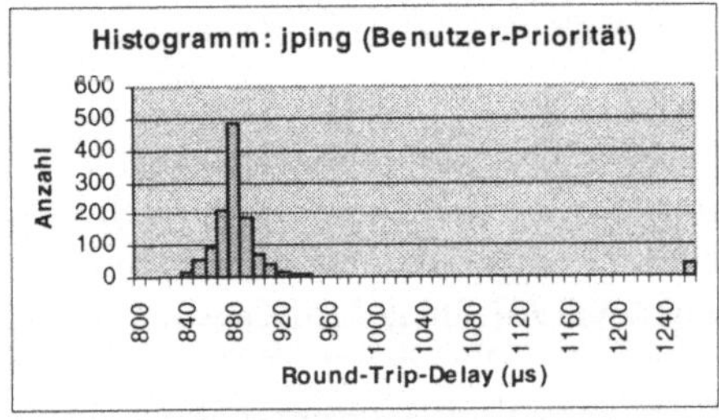

Abbildung 1: Plot und Histogramm des von „jping“ gemessenen Eigen-Delays

Bereits im Plot sind einige Ausreißer zu beobachten, die Werte von bis zu 15.000 μs (!) erreichen. Das Histogramm zeigt eine im Kern symmetrische Verteilung, allerdings eine beachtliche Zahl von großen Ausreißern, die am rechten Rand des Histogramms in einer gemeinsamen Klasse zusammengefaßt sind. Der Mittelwert liegt, bedingt durch die Ausreißer, über dem Median. Die Standardabweichung erreicht, ebenfalls durch die Ausreißer beeinflußt, einen sehr hohen Wert. Entsprechend groß ist der Variabilitätskoeffizient.

Während der Messungen war die Maschine, von der normalen grafischen Benutzeroberfläche abgesehen, unbelastet. Im Vergleich zu Messungen mit „cping“ (siehe Abb. 2: „Normal/Leerlauf“) ergaben sich demnach erhebliche Abweichungen der Datenreihen.

Weder die zentralen Momente (Mittelwert, Median), noch die Dispersionsmaße (Standardabweichung, Range) nahmen verträgliche Werte an. Damit bleibt nur die Aussage, daß zwei Stichproben vorliegen, die nicht aus gemeinsamen Grundgesamtheiten stammen, d. h. daß die von jping gelieferten Meßdaten mit denen von cping nicht vergleichbar sind . Aufgrund der starken Streuung und der Verschiebung der zentralen Momente (Bias) gegenüber der mit „cping" durchgeführten Messung, kann Java nicht zur Bestimmung des Round-Trip-Delays eingesetzt werden kann. Die letzte Aussage läßt sich dahingehend erweitern, daß Java momentan nicht zur Programmierung von Echtzeit-Systemen eingesetzt werden kann.

Tabelle 1: Eigen-Delays (μs) von „jping" und „cping"

Tool	Min.	Max.	Range	Mittelwert	Median	Standard-abw.	Variabilitäts-koeff.
cping	831,0	15.484,0	14.635,0	944,1	880,0	539,4	57,1
jping	375,0	563,0	188,0	408,4	407,0	14,3	3,5

Zur QoS-Überwachung im TKBRZL-Projekt mußte ein Verteiltes System [Tanenbaum95] realisiert werden. Da Java für diesen Einsatzzweck die ideale Basis bilden würde, wurde versucht, zeitkritische von zeitunkritischen Programmteilen zu trennen. Hierzu wurden die zeitkritischen Programmteile isoliert und als eigenständige Unix-Prozesse („cping") gestartet. Mit Hilfe der Ein- und Ausgabeumleitung von Unix konnte Java die Daten der Prozesse einlesen und weiterverarbeiten. Auf diese Weise wurden sämtliche Echtzeitprobleme vom Java-System entkoppelt.

3 Messungen mit Unix-Systemen

Alle mit Unix-Systemen durchgeführten Zeitmessungen sind prinzipiell unzuverlässig. Dies ist eine Folge der automatischen Justierung der Prioritäten und den damit verbundenen Prozeßwechseln [Bach91]. Im Unix System V Release 4 wurde eine zusätzliche Prioritätsklasse eingerichtet, nämlich die der Echtzeit-Prioritäten [Goodheart94]. Diese Klasse bildet die höchste Prioritätsstufe im System. Echtzeit-Prioritäten werden manuell vergeben und werden nicht vom Unix-System angepaßt. Unix garantiert, daß ein aktiver Echtzeit-Prozeß nur durch einen Echtzeit-Prozeß höherer Priorität unterbrochen werden kann. Da die Prioritäten auch im Betriebssystem-Kern immer bestehen bleiben, werden Echtzeit-Prozesse auch im Kern-Modus bevorzugt behandelt.

Im folgenden sollen verschiedene Belastungssituationen des Rechners erzeugt und die Veränderung des Eigen-Delays beobachtet werden. Hierbei wird ein Vergleich angestellt zwischen dem normalen Unix-Betrieb („nice 0") und dem Unix-Echtzeit-Betrieb. Für das Testprogramm wurden drei Lastsituationen erzeugt:

• ***„Leerlauf"***
Die Unix-Workstation wurde mit der üblichen grafischen Benutzeroberfläche gestartet. In dieser Situation sind etwa 72 Prozesse zusätzlich zu cping und cpingd auf der Ma-

schine aktiv. Die Prozesse werden jedoch nur sporadisch aktiv, die gesamte CPU-Auslastung liegt in der Größenordnung von 1%.

• ***CPU-Last***
Zusätzlich zur Leerlauf-Konfiguration wurden 25 weitere Prozesse gestartet, die eine unbedingte leere Schleife ausführen. Diese 25 Prozesse sorgen für eine CPU-Auslastung von 100%.

Die hohe Zahl von Prozessen hebelt das Scheduling-Konzept von Unix weitestgehend aus, denn die einzelnen Prozesse können nur wenig rechnen und werden entsprechend nur gering für die CPU-Nutzung „bestraft". In dieser Situation haben alle Prozesse hohe Prioritäten, so daß das System zunehmend nach Round-Robin scheduled, anstelle von Multi-Level-Feedback.

Eine solch hohe Zahl rechenbereiter Prozesse tritt bei den TKBRZL-Videokonferenzen zwar nicht auf. In der beschriebenen Situation kann jedoch das Verhalten von Solaris bei extremer CPU-Last gut beurteilt werden.

• ***Netzlast***
Aufbauend auf der Leerlauf-Situation wurden 25 cping-Prozesse gestartet, die jeweils pro Sekunde 20 Datenpakete mit 6.250 Bytes Daten an einen anderen Rechner sendeten. Jeder Prozeß versuchte damit 1 MBit/s zu senden, entsprechend einer summierten Sendeleistung von 25 MBit/s. Hinzu kamen noch die empfangenen Antwortnachrichten des Zielrechners.

Die Parameter dieses Netzwerk-Tests wurden willkürlich festgelegt. Eine solch hohe Ein-/Ausgabelast ist für die Videokonferenzen von TKBRZL untypisch. Um das prinzipielle Verhalten von Solaris zu untersuchen, eignet sich diese Situation extremer Last jedoch gut.

In Tabelle 2 sind die wichtigsten statistischen Daten der sechs Messungen zusammengefaßt.

Tabelle 2: Eigen-Delays (μs) bei verschiedenen Lastsituationen

Lastsituation	Betriebsmodus	Min.	Max.	Range	Mittelwert	Median	Standardabw.	Variabilitätskoeff.
Leerlauf	Normal	375,0	563,0	188,0	408,4	407,0	14,3	3,5
	Echtzeit	339,0	481,0	142,0	368,0	368,0	13,6	3,7
CPU	Normal	391,0	761,0	370,0	436,6	429,0	31,5	7,2
	Echtzeit	362,0	540,0	178,0	404,8	400,0	19,3	4,8
Netz	Normal	414,0	692,0	278,0	497,6	500,0	31,3	6,3
	Echtzeit	384,0	623,0	239,0	397,1	395,0	14,4	3,6

Im folgenden werden die Histogramme der Messungen dargestellt und miteinander verglichen. Um den Effekt der Echtzeitausführung begutachten zu können, werden die zwei Messungen einer Lastsituation gegenübergestellt.

• ***Leerlauf***
In der Leerlaufsituation ergeben sich ähnliche Verteilungsformen der Daten, wie Abbildung 2 zeigt.

Trotz der geringen Belastung des Systems ergibt sich beim Echtzeitbetrieb ein um 40 μs geringerer Mittelwert. Demnach scheint bereits die Grundlast Einfluß auf die in der normalen Unix-Betriebsart durchgeführte Messung zu nehmen. Die Verteilungen sind annähernd symmetrisch, was auch durch die weitestgehende Übereinstimmung von Mittelwert und Median einer jeden Messung bestätigt wird. Der Variabilitätskoeffizient ist bei beiden Messungen etwa gleich groß.

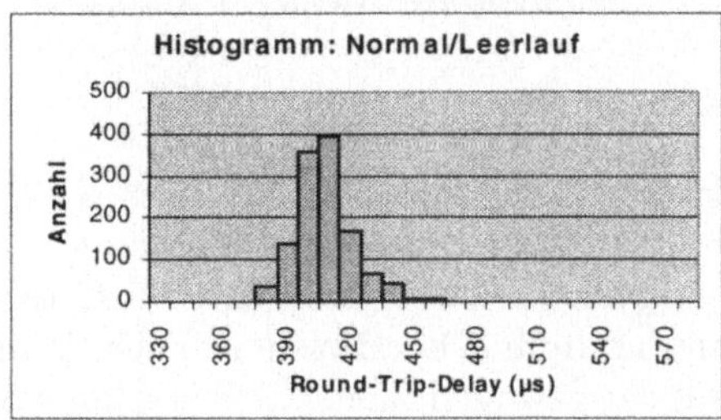

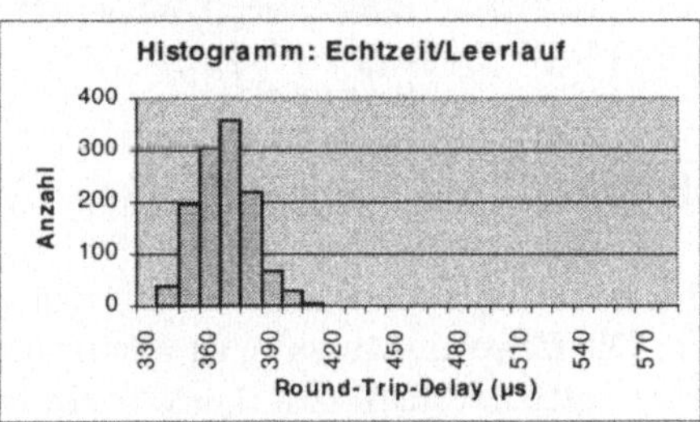

Abbildung 2: Verteilungen des Round-Trip-Delays ohne Last („Leerlauf")

• ***CPU-Last***
Bei der Auswertung des CPU-Tests ergibt sich ein um 31,8 μs geringerer Mittelwert beim Echtzeitbetrieb. Beide Verteilungen (Abb. 3) verlieren ihre Symmetrie und werden rechtsschief. Durch die Ausreißer auf der rechten Seite der Verteilung (insbesondere in der Grafik links in Abb. 3 zu sehen) werden die Mittelwerte gegenüber den Median-Werten erhöht. Bei beiden Messungen steigt auch der Variabilitätskoeffizient im Vergleich zur Leerlauf-Messung an, die Streuung nimmt gegenüber dem Mittelwert also überproportional zu. Insbesondere bei der Messung im normalen Betriebsmodus steigt auch die Spannweite des Delays (der Range) an und verdoppelt sich gegenüber der Leerlauf-Situation. Die Echtzeit-Messung bleibt hier stabiler, es ergeben sich keine extremen Ausreißer.

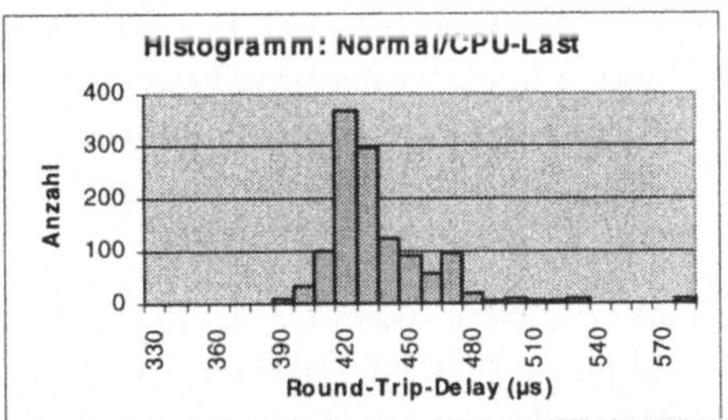

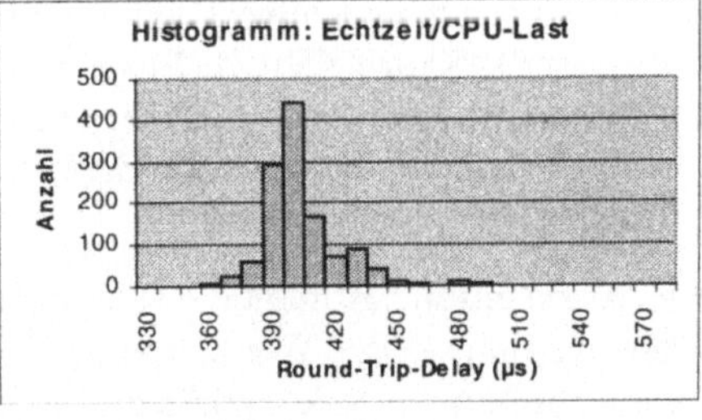

Abbildung 3: Verteilungen des Round-Trip-Delays bei CPU-Last

• ***Netzlast***
Während der Mittelwert der Echtzeit-Messung etwa im Rahmen der bisherigen Messergebnisse bleibt, steigt das Mittel der Normal-Messung stark an und übertrifft die Echtzeit-Messung um 100,5 μs. Bei beiden Verteilungen (in Abbildung 4 dargestellt) sind die Mittelwerte und Mediane jeweils annähernd gleich, was auf eine Symmetrie der Verteilungen schließen läßt. Während dies für die Echtzeit-Messung annähernd gilt, scheint sich bei der Normal-Messung eine Verteilung mit zwei Häufungspunkten zu etablieren.

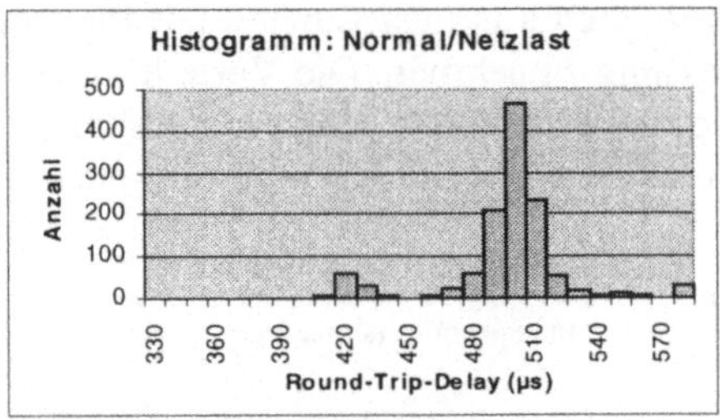

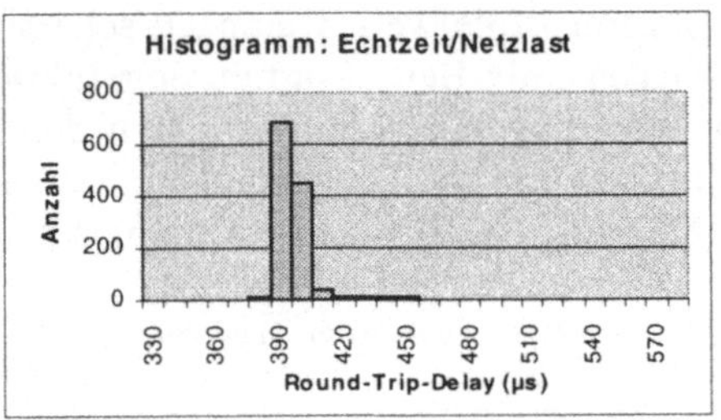

Abbildung 4: Verteilungen des Round-Trip-Delays bei Netzlast

Der Variabilitätskoeffizient der Normal-Messung ist, wie zuvor beim CPU-Test, recht hoch. Die Echtzeit-Messung ist unauffällig, ihr Variabilitätskoeffizient ist sogar geringer als beim Leerlauf-Test. Dies ist ein Resultat der geringen Standardabweichung bei höherem Mittelwert.

Insgesamt ergibt sich durch den Einsatz der Echtzeit-Technologie eine deutliche Verringerung der Mittelwerte und der Streuungen. Es fällt auch auf, daß der Range bei den Echtzeit-Messungen immer deutlich unter dem der Normal-Messungen liegt, da sich weniger Ausreißer ergeben. Während die Ergebnisse der normalen Unix-Messungen stark von der Lastsituation abhängen, ergibt bei den Echtzeit-Messungen nur eine einheitliche Verschiebung der zentralen Momente von etwa 32 μs gegenüber dem Leerlauf. Zusammenfassend kann also gesagt werden, daß die Echtzeit-Technologie den Einfluß der Systemaktivität auf die Messungen entscheidend reduziert.

4 Mekka: Ein verteiltes System zur QoS-Überwachung

Bisher wurden nur einzelne Tools zur Messung des Delays vorgestellt. Für die Überwachung der QoS im TKBRZL-Projekt müssen jedoch noch weitere Meßwerte erhoben, gespeichert, aufbereitet und dargestellt werden. Diese gesamte Aufgabe übernimmt ein Verteiltes System, das wir „Mekka“ genannt haben. Mekka ist, bis auf die cping-Programme in Java geschrieben.

Jede Workstation bestimmt die Round-Trip-Delays zu jeder anderen Maschine. Darüber hinaus werden weitere Werte, wie CPU-Auslastung sowie Paket-, Interrupt- und Seitenaustauschraten für jede Workstation bestimmt. Die Daten werden lokal auf den einzelnen Rechnern von einem Agenten gesammelt und archiviert.

Neben diesen „harten“ Meßwerten soll auch eine subjektive Einschätzung der Dienstqualität der Videokonferenz durch die Anwender erfolgen. Hierzu können auf jeder Maschine Störungsmeldungen („weiche“ Meßwerte) mit Hilfe eines Java-Programms mit grafischer Benutzeroberfläche generiert werden. Jede Meldung wird an eine zentrale Komponente, den „Server“, gesendet und von dort aus an alle aktiven Clients verteilt. Die Clients zeigen die eingehenden Mitteilungen zur Einsichtnahme an. Der Server speichert die Nachrichten, damit zu einem späteren Zeitpunkt nach einer Korrelation zwischen den „harten“ und „weichen“ Meßwerten gesucht werden kann.

Ein Monitor-Tool erlaubt, Daten von den Agenten anzufordern, auszuwerten und grafisch darzustellen. Da der Monitor rein in Java geschrieben ist, können alle Systemplattformen, für die eine Java-Maschine vorliegt, als Überwachungsstation eingesetzt werden. Auch die Einbettung in das WWW ist denkbar, aufgrund des Java Sicherheitskonzepts muß dann jedoch ein zusätzlicher Kommunikationsserver eingesetzt werden.

Eines der Hauptprobleme in Verteilten Systemen, wie dem Mekka-System, ist das der Kommunikation. Da Mekka in Java geschrieben wurde, konnte die Java-Version des Fernaufrufs [Tanenbaum95], die Remote Method Invocation (RMI) eingesetzt werden. Auf syntaktischer Ebene der Programmierung erscheint damit ein Fernaufruf wie ein lokaler Methodenaufruf. Da durch den Transport der Parameter und Rückgabewerte durch das Netzwerk Fehlerquellen neu hinzukommen, bleibt auf der semantischen Ebene ein gewisser Mehraufwand gegenüber dem lokalen Aufruf. Insgesamt vereinfachte der RMI jedoch die gesamte Programmierung und auch die Strukturierung des Systems.

5 Messungen

Mit Hilfe des Mekka-Managers können die von den Agenten gesammelten Daten ausgelesen, ausgewertet und grafisch dargestellt werden. Der Manager ist vollständig in Java geschrieben und konnte sowohl auf einer Unix-Workstation (Sun), als auch auf einem PC unter Windows95 erfolgreich getestet werden. Hierfür waren keine Anpassungen des Programms notwendig.

Der Anwender kann dem Manager einen zu betrachtenden Agenten und einen Zeitrahmen vorgeben. Der Manager ermittelt, den Vorgaben entsprechend, die Informationen und ermöglicht in einem Auswahlfenster die Zusammenstellung der gewünschten Auswertung. Eine derartige Auswertung zeigt Abbildung 5.

Die Grafik zeigt das Round-Trip-Delay und die Paketverluste zwischen dem Rechner „Tkbrzl“ (RRZE) und „Multima“ (Rechenzentrum der Universität Augsburg). Im Plot des Round-Trip-Delays ist eine Absenkung in der Zeit von ca. 11:17 bis 11:43 von etwa 20 ms auf 14 ms zu erkennen[1]. Im Histogramm sieht man entsprechend eine Verteilung mit zwei Häufungspunkten. Der untere Plot zeigt einen kurz unterbrochenen, voll-

[1] Der Manager verbindet aufeinanderfolgende Meßwerte mit einer Linie. Da für den Zeitraum keine Meßwerte vorlagen, ergibt sich in der Grafik scheinbar ein linear abfallendes Delay.

ständigen Paketverlust während des genannten Zeitintervalls. Die Meßwerte zu allen anderen Rechnern im TKBRZL-Netzwerk waren zu dieser Zeit unauffällig.

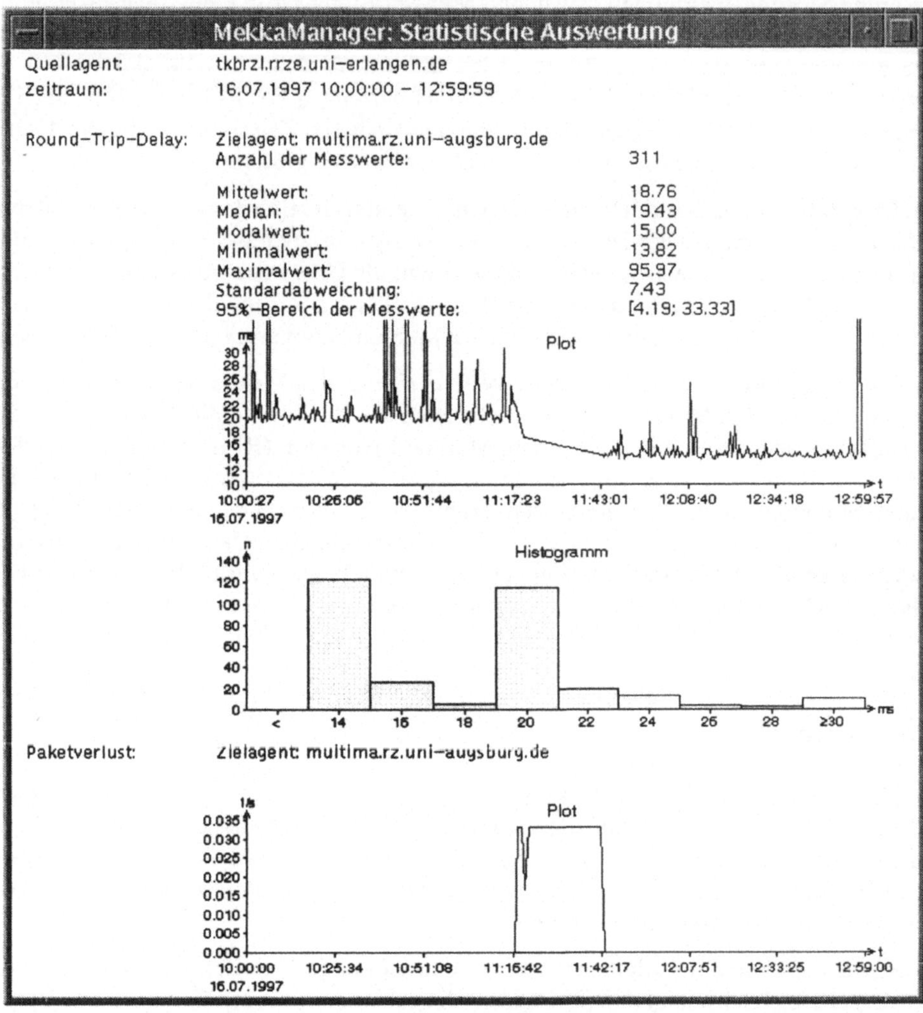

Abbildung 5: Auswertung mit dem Mekka-Manager

Anhand der Meßdaten läßt sich schließen, daß das lokale Netz in Augsburg während des Zeitintervalls modifiziert wurde. Während der Arbeiten war Multima nicht erreichbar. Durch die Veränderung ergab sich eine wesentliche Absenkung des Delays, vielleicht wurde eine andere Route geschaltet oder es kamen leistungsstärkere Netzwerk-Komponenten zum Einsatz.

6 Schlußfolgerungen

Es hat sich gezeigt, daß Java noch nicht für Echtzeit-Anwendungen geeignet ist. Dies wird im wesentlichen durch die automatische Speicherverwaltung, die ja prinzipiell ein großer Vorteil von Java ist, verursacht. Durch die Auskopplung der Echtzeit-Prozesse kann Java jedoch als hervorragende Basis für die Realisierung Verteilter Systeme, insbesondere in heterogenen Umgebungen, eingesetzt werden. Der RMI kann helfen, Verteilte Systeme transparent zu gestalten und damit die Komplexität der Kommunikation zu reduzieren. Dank der extensiven Fenster- und Grafikbibliotheken kann Java auch gut zur Visualisierung von Meßdaten verwendet werden.

Der Echtzeit-Betrieb erlaubt es, Unix-Workstations für die Lösung weicher Echtzeit-Probleme zu verwenden. Dies konnte anhand der geringeren Dispersion der Meßwerte experimentell belegt werden. Es sind jedoch Situationen denkbar, in denen es trotz der Echtzeit-Ausführung zu Verspätungen kommen kann. So kann ein eingehender Paketsturm zu einer großen Zahl von Interrupts führen. Jeder Interrupt unterbricht die Programmausführung für einen kurzen Zeitraum. In der Summe kann es zu einer verlangsamten Abarbeitung oder sogar zu Unterbrechungen des aktiven Prozesses kommen. Zu bedenken ist auch, daß ein Unix-Echtzeitsystem durch Paketstürme sabotiert werden kann, ohne daß das System als solches Schutz vor derartigen Angriffen bieten könnte.

7 Literaturverzeichnis

[Bach91] M. J. Bach, *UNIX: wie funktioniert das Betriebssystem?,* Prentice-Hall, München, 1991

[Fangmeyer96] M. Fangmeyer, *Durchführung von rechnergestützten Telekonferenzen mit vielen Teilnehmern,* Studienarbeit, Erlangen, 1996

[Goodheart94] B. Goodheart; J. Cox, *The Magic Garden Explained,* Prentice Hall, London, 1994

[Hendrich97] N. Hendrich, *Java für Fortgeschrittene,* Springer, Berlin, 1997

[Panzieri93] F. Panzieri; R. Davoli, *Real Time Systems: A Tutorial,* Technical Report UBLCS-93-22, Bologna, 1993, über: ftp://ftp.cd.unibo.it/pub/TR/UBLCS/93-22.ps.gz [am 23.07.1997]

[Tanenbaum95] A. Tanenbaum, *Verteilte Betriebssysteme,* Prentice Hall, München, 1995

Ablösung einer PEARL-codierten regelungstechnischen Anwendung durch eine standardisierte IEC 1131-3-konforme Applikation

Dipl.-Ing. Jan Bartels
ATR INDUSTRIE-ELEKTRONIK GmbH & Co. KG
Textilstraße 2
41751 Viersen

1 Einleitung

Wegen der relativ geringen Leistungsfähigkeit bisheriger SPS-Systeme im Bereich der schnellen Regelungstechnik (10 ms Abtastzeit) konnten sich VMEbus-Anwendungen auch in einem heterogenen Automatisierungsumfeld des Anlagenbaus halten, wenngleich sie von den Anlagenbetreibern stets als „Fremdkörper" betrachtet worden sind. Gleichzeitig ergab sich durch die gegebene Spezialisierung der Hardware eine strikte Trennung der Regelungs- und Steuerungstechnik. Während die Steuerung klassisch auf SPSen wie der Siemens S5 oder Allen-Bradley PLC-5 ablief, wurde die Regelungstechnik auf einem VMEbus-System unter dem Multitasking-Echtzeitbetriebssystem RTOS-UH als PEARL-Programme implementiert.

Aufgrund der weltweiten Aktivitäten von ATR müssen dabei stets SPSen verschiedener Hersteller berücksichtigt werden, was bisher die Parallelentwicklung von funktionsidentischen Steuerungsprogrammen für die verschiedenen Zielsysteme bedeutet hat. Für den VMEbus-Prozeßrechner hingegen wurde eine Laufzeitumgebung geschaffen, die durch einfache Tabellenanpassung die Integration in die verschiedenen, steuerungsspezifischen Automatisierungsumgebungen ohne Softwareänderungen ermöglicht hat.

Heutige Steuerungssysteme (z. B. Siemens S7-400) sind durchaus in der Lage, die Anforderung hinsichtlich der Rechenleistung auch für die Regelung zu erfüllen. Es stellt sich somit die Forderung nach einer Integration der Steuerungs- und Regelungstechnik in einem homogenen Umfeld. Mit der fortschreitenden Verbreitung von IEC 1131-3-konformen Systemen können Anwendungen heute einfach portiert werden. Als Hardwareplattformen stehen außer den neuen SPS-Generationen auch Prozeßrechner (z. B. VMEbus-Systeme unter RTOS-UH) und Industrie-PCs zur Verfügung.

2 Die Applikation „ContiRoll®"

Bei der Anlage handelt es sich um eine Fertigungsstraße für Span- und Faserplatten in der Holzindustrie. Das Kernstück bilden die sogenannte Formstraße und eine kontinuierlich arbeitende Presse, die ContiRoll®, deren regelungstechnische Anteile die Basis der PEARL- bzw. 1131-3-Applikation darstellen. Die Gesamtanlage besteht aus der Zerfaserung oder Zerspanung, in der das Holz entsprechend aufbereitet wird. Um die Materialfeuchtigkeit zu vereinheitlichen, durchlaufen die Späne resp. Fasern zunächst eine Trocknung, bevor sie beleimt werden. Anschließend gelangen sie in Vorratsbunker, aus denen sie auf ein Transportband, das sogenannte Formband, gestreut werden. Dieser Austrag muß in Abhängigkeit der Produktionsgeschwindigkeit nach Gewicht geregelt werden. Bevor das Material in die ContiRoll-Presse gelangt, wird es in einer Vorpresse vorverdichtet, die lagegeregelt ist. In der ContiRoll-Presse drücken zwei rotierende Stahlbänder auf die Fasern bzw. Späne. Durch gleichzeitige Hitzeeinwirkung härtet der Leim aus. Durch das kontinuierliche Produktionsverfahren entsteht eine unendliche Platte, die eine Diagonalsäge in die gewünschte Plattenlänge teilt. Abschließend werden die geschnittenen Platten nach einer Kühlung oberflächenveredelt.

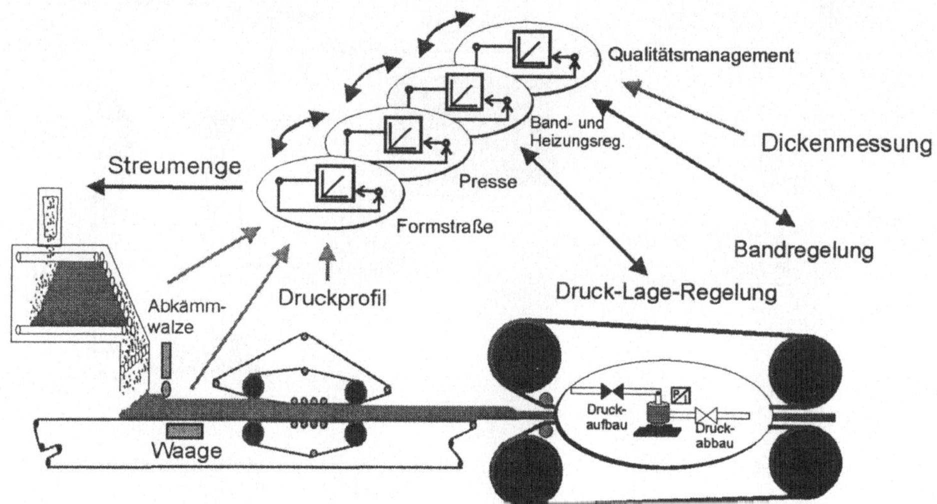

Abbildung 2-1: Formstraße und Presse

Im Bereich der Presse muß ein produktabhängiges Druckprofil gefahren werden. Dabei darf jedoch auch eine vorgegebene Dicke nicht unterschritten werden. Diese Druck-Lage-Regelung erfordert eine erhebliche Rechenleistung, da ein Überschwingen sicher vermieden werden muß. Als Eingangswerte stehen der Regelung Distanz- und Druckmessungen zur Verfügung. Zusätzlich wirkt eine hinter der Presse installierte Dickenmeßeinrichtung auf die Regelung zurück. Auf die beiden Stahlbänder muß außerdem in Längsrichtung geregelt Zug ausgeübt werden, um sie nicht seitlich verrutschen zu lassen.

3 Bisherige, heterogene Realisierung mit PEARL

Wie bereits eingangs erwähnt, bieten bisherige SPS-Systeme wie Siemens S5 oder Allen-Bradley PLC-5 nicht die notwendige Rechenleistung, um insbesondere die Anforderungen im Bereich der Druck-Lage-Regelung der Presse zu erfüllen. Für die Gesamtanlage wird deshalb ein Verbund aus insgesamt acht SPSen und einem VMEbus-Prozeßrechner mit fünf 68040-Prozessoren unter RTOS-UH eingesetzt. Von den acht SPSen sind zwei für die Formstraße und Presse zuständig. Die Steuerungen und der Prozeßrechner besitzen jeweils eigene Peripherie und sind über ein Automatisierungsnetzwerk miteinander verbunden. Auf diesem Ethernet-Netzwerk werden die herstellerspezifischen Protokolle SINEC-H1 oder Allen-Bradley-Interchange gefahren. Es dient zur Anbindung der Visualisierungs- und Rezepteingabesysteme sowie zum Austausch langsamer Prozeßgrößen zwischen den Steuerungen und dem Prozeßrechner. Zeitkritische Signale sind parallel verdrahtet.

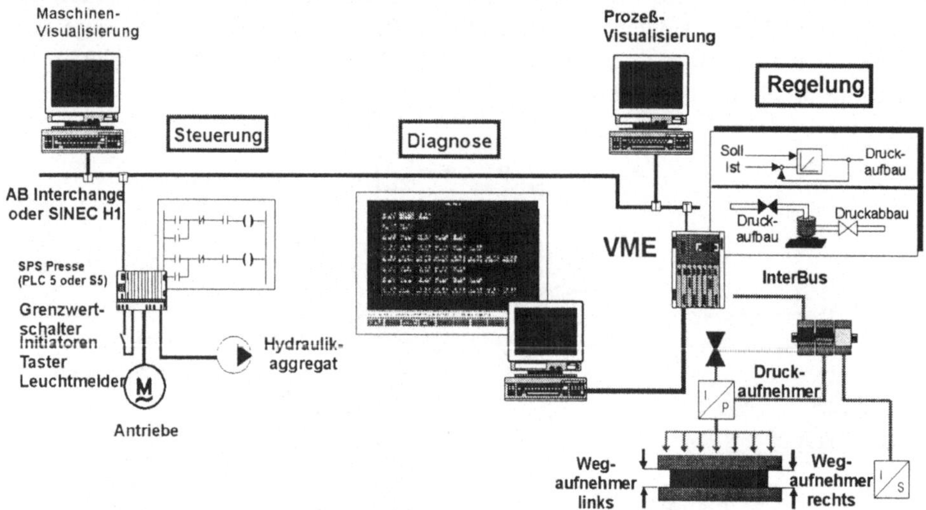

Abbildung 3-1: Prinzipdarstellung des Rechnerverbunds

Während auf den SPSen die Programme nicht herstellerunabhängig austauschbar sind und somit für die verschiedenen Zielsysteme parallel entwickelt und gepflegt werden müssen, wurde für den VMEbus-Rechner eine tabellenkonfigurierte Laufzeitumgebung geschaffen, die es ermöglicht, auf unterschiedliche Umgebungen ohne Softwareänderungen zu reagieren. Dies betrifft vor allem die Anbindung der anlagenabhängigen E/A-Ebene, die mit Interbus-S realisiert wird, sowie den Netzwerkdatenverkehr. Die zentrale Idee dieses Konzepts besteht darin, die Anpassung nicht innerhalb der Regelungssoftware selbst zu realisieren, sondern durch konfigurierbare Treiberprogramme zu erledigen. Somit kann trotz der gerade im Anlagenbau häufigen Varianten weitgehend standardisierte Software eingesetzt werden, wobei lediglich bestimmte Treiber je nach Umfeld ausgetauscht bzw. anders konfiguriert werden. Hierdurch wird der Planungsaufwand deutlich reduziert [1].

Die Konfigurierung der Software geschieht mittels ASCII-Tabellen. Alle prozeßrelevanten Größen erhalten einen Namen, ein sogenanntes Label, wodurch sie eindeutig identifiziert werden können. Diese Namen werden verwendet, um Querreferenzen unter den Tabellen aufzulösen und um die Software zur Initialzeit an die Daten zu binden. Eine Tabelle beschreibt den Aufbau eines VMEbus-Speicherbereichs, in dem alle Signale abgelegt werden, der sogenannten gemeinsamen Echtzeit-Datenbasis. Für jedes Signal sind eine logische Adresse und ein Datentyp anzugeben. Für eine Netzwerkanbindung wird außerdem die Netzwerkadresse (Datenbaustein/Datenwort für SINEC-H1, File und Element für Allen-Bradley-Interchange) benötigt. Die E/A-Ebene wird in einer eigenen Tabelle konfiguriert, die die Struktur der Interbus-S-Stränge sowie der verwendeten VMEbus-E/A-Karten darstellt. Jedem Hardwaresignal ist ein Eintrag zugeordnet, der die hardwaremäßige Adressierung durch Angabe z. B. einer hierarchischen Feldbusbetriebsmittelkennung ermöglicht. Geeignete Treiberprogramme werten die Tabellen aus und kümmern sich ausschließlich um den Datenverkehr zwischen dem der Datenbasis und der E/A-Ebene bzw. dem Automatisierungsnetzwerk. Daneben sind in der Hardwaretabelle Skalierungsinformationen enthalten, so daß die Regler mit den Hardwaretreibern ausschließlich in Prozeßgrößen skalierte Werte austauschen. Diese Trennung ermöglicht es, die Regelungssoftware komplett hardwareunabhängig zu gestalten. Auch Service- und Diagnosetools (Visualisierung, Trendingsystem David) werden durch diese Tabellen konfiguriert.

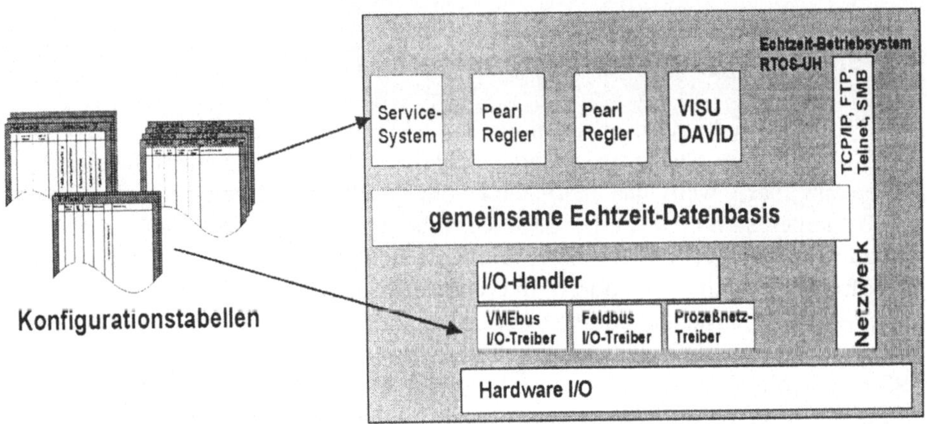

Abbildung 3-2: Reglerprogramme im PEARL-Umfeld

Dieses Konzept spielt seine Stärken bei der im Anlagenbau häufig vertretenen Variantenkonstruktion aus. Große Teile der Software bestehen aus vielfach eingesetzten und bewährten Standardkomponenten. Sogar die Reglersoftware in PEARL ist derart strukturiert, daß sie lediglich durch Anpassung einiger anlagenabhängigen Konstanten parametriert wird. Zur Initialzeit erst erfolgt die

Bindung der Regler an die Prozeßdaten, indem die Labels in der zuständigen Tabelle gesucht und die zugehörigen Adreßinformationen extrahiert werden. Hierbei werden die Labelnamen zum Teil sogar erst algorithmisch berechnet, was die Reglerkonfiguration besonders flexibel macht. Diagnosetools für die E/A-Ebene (Servicesystem) passen sich durch Auswertung der Tabellen automatisch individuell an die Anlagenkonfiguration an.

Da die Regelung in einen kontinuierlichen Prozeß eingebunden ist, müssen Softwareänderungen auch im laufenden Betrieb möglich sein, um Kosten für Produktionsausfälle zu vermeiden oder wenigstens gering zu halten. Die tabellenkonfigurierten Treiberprogramme brauchen lediglich die neuen Tabellen laden und auf die neue Konfiguration umschalten. Selbst die PEARL-codierten Reglerprogramme können unter RTOS-UH mit leichten Einschränkungen während des Betriebs ausgetauscht werden. Dazu müssen die Reglerprogramme möglichst modular mit wenigen Querbeziehungen der Module untereinander strukturiert werden. Für eine Programmänderung muß ein Modul compiliert werden, das alte Modul entladen, sofort die neuen S-Records geladen und die Tasks neu eingeplant werden:

UNLOAD MODULE*--LOAD /ED/MODULE.SR--ALL ... SEC TASKNAME

Dieses Vorgehen wird durch den Lader von RTOS-UH ermöglicht, der erst während des Ladens die externen Symbolreferenzen in andere Module auflöst. Hierbei kommt es zwar zu einer kurzen Störung im Regelablauf; in der Praxis sind der Prozeß bzw. die Regler jedoch so stabil, daß sich hieraus kaum negative Auswirkungen ergeben.

4 Neue, homogene Realisierung mit IEC 1131-3

Der Einsatz von PEARL-programmierten VMEbus-Rechnern stellt im Anlagenbau der Holzindustrie häufig trotz ihrer Möglichkeiten ein Problem hinsichtlich der Akzeptanz dar, weil das Kundenpersonal trotz mittlerweile guter Diagnosemöglichkeiten sich nicht in der Lage sieht, bei Problemen die Ursachen zu erkennen und zu beheben. Der SPS-Bereich präsentiert sich dem Anlagenbetreiber hingegen als ein offenes System, das durch die Unterstützung der großen SPS-Hersteller in Hinblick auf Ersatzteilhaltung und Schulungsmöglichkeiten gut beherrschbar erscheint. Der Markt fordert daher, daß möglichst große Teile der Applikation auf SPSen ablaufen. Dies war in der Vergangenheit stets mit dem hohen Aufwand verbunden, für verschiedene, inkompatible Systeme Programme entwickeln zu müssen. Daneben existierte für die Anforderungen der Regelungstechnik keine geeignete Unterstützung durch Hochsprachen.

Auf der Seite der Entwickler erfordert der Einsatz von VMEbus-Rechnern unter einem Echtzeitbetriebssystem stets einen großen Aufwand, um mit verbreiteten Standards mithalten zu können. Insbesondere auch im Bereich der Bedienoberflächen liegen solche Embedded Controller weit hinter Standardsystemen zurück. Auch die

Anbindung an Automatisierungsnetzwerke mit Standardprotokollen z. B. für Visualisierungszwecke ist oftmals nicht ohne weiteres möglich, sondern bedingt die Entwicklung von Treiberprogrammen. Bei den vergleichsweise geringen Marktanteilen belasten diese Punkte die Kostenseite sehr.

Die neue Generation von Steuerungen wie die Siemens S7-400 oder die Allen-Bradley Logix 5000 fordern es daher mit ihrer Leistungsfähigkeit geradezu heraus, daß Regelungs- und Steuerungstechnik auf einer gemeinsamen Plattform ablaufen. Außer der fehlenden Performance stand bei bisherigen Steuerungen auch die fehlende Portierbarkeit der Software einem solchen Ansatz entgegen, da dies eine herstellerabhängige, mehrfache Entwicklung und Pflege auch der Regelungssoftware bedeutet hätte. Der Programmiersprachenstandard IEC 1131-3 bietet jedoch auf allen Steuerungen gleiche Sprachmittel und gleiche Laufzeitunterstützung. Dies bedeutet für Systemintegratoren wie ATR eine erhebliche Vereinfachung durch die Wiederverwendung von Quelltexten auf unterschiedlicher Hardware.

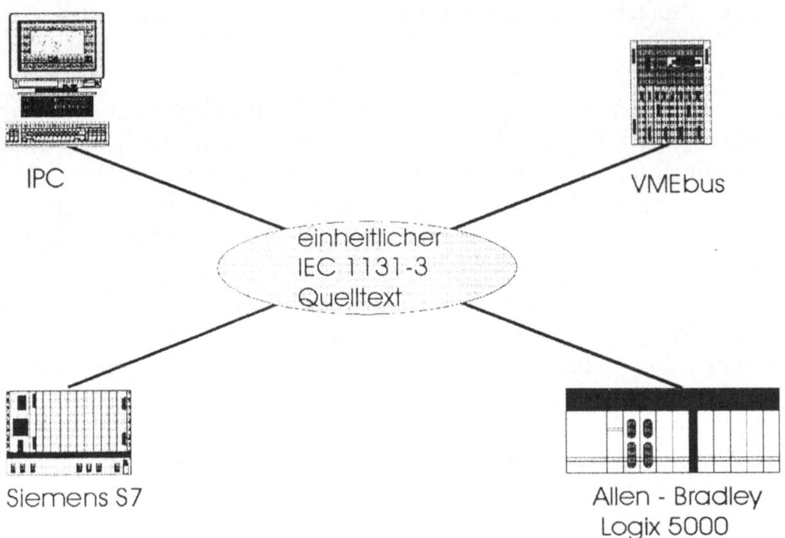

Abbildung 4-1: einheitlicher Quelltext für unterschiedliche Zielsysteme

Die Norm IEC 1131-3 definiert lediglich einen Mindestumfang, der durch systemspezifische Erweiterungen ergänzt werden kann. Es muß daher bei der Entwicklung portabler Software berücksichtigt werden, diese meist unverzichtbaren, herstellerabhängigen Erweiterungen so wenig wie möglich zu verwenden oder auf einer höheren Ebene durch geeignete Funktionen oder Funktionsblöcke zu kapseln. Es wird dennoch nicht möglich sein, einen einheitlichen Applikationsquelltext für alle Zielsysteme zu entwickeln, da bereits z. B. bei den Step7-Sprachen von Siemens deutliche Abweichungen auftreten, die durch die teilweise Anlehnung an das alte Step5- bzw. DIN 19239-Bausteinkonzept bedingt sind, die keinerlei Entsprechung in der IEC 1131-3 haben [3]. Es ergibt sich jedoch trotzdem ein identisch strukturierter

Programmtext, da die Sprachmittel (Verzweigungen, Schleifen, Datenstrukturen) sowie die Laufzeitfunktionen weitgehend dem Standard entsprechen und die Abweichung im wesentlichen syntaktischer Natur sind. Damit ist aber bereits auch eine erhebliche Vereinfachung für Systemintegratoren zu erreichen, die verschiedene Zielsysteme einsetzen müssen. Der Aufwand für Änderungen, Fehlerbeseitigungen und Erweiterungen fällt deutlich geringer aus als bei Nicht-IEC-1131-SPSen, da die Programmlogik auf allen Systemen identisch ist.

Ein weiterer Aspekt, der die Migration von PEARL nach IEC-1131-3 unterstützt, ist das Vorhandensein einer Hochsprache, in der die insbesondere in Reglerprogrammen vorkommenden komplexen arithmetischen Ausdrücke übersichtlich formuliert werden können. Diese „Strukturierter Text“ (ST) genannte Sprache deckt etwa den Umfang von PEARL ohne E/A-, Zeiger- und Taskoperationen ab, die im Programmiermodell einer Steuerung ohnehin wenig sinnvoll sind. Ähnliche Syntax und Semantik vereinfachen den Umstieg von PEARL zu ST. Der bisher für Regelungen auf SPSen notwendige Einsatz der maschinennahen und daher fehleranfälligen Sprache „Anweisungsliste“ (AWL) entfällt zugunsten der Hochsprache.

Durch den zielgerichteten Einsatz aller IEC 1131-3-Sprachen kann eine verbesserte Lesbarkeit des Quelltextes erreicht werden. Die 5 genormten Sprachen (Strukturierter Text, Anweisungsliste, Ablaufsprache, Kontaktplan und Funktionsbausteinsprache) können auf Bausteinebene beliebig verwendet und untereinander gemischt aufgerufen werden. Gerade die grafische Programmierung und Darstellung kann gegenüber einer textuellen deutliche Vorteile bringen. Die Spezialisierung der Sprachen bedeutet jedoch auch einen erhöhten Lernaufwand für die Programmierer. Dafür können dic Sprachen unabhängig von den Zielsystemen erlernt werden, weil sich schließlich nur die Bedienung der Editoren in den verschiedenen Programmieroberflächen unterscheidet, nicht jedoch die Syntax und Semantik.

Zahlreiche Systemeigenschaften, die in der PEARL-codierten Variante mit erheblichem Aufwand implementiert werden mußten, bieten die SPS-Umgebungen standardmäßig. Hierzu zählt außer der Netzwerkanbindung vor allem die Möglichkeit, die Programme im laufenden Betrieb zu ändern. Die Applikation kann meistens sogar vorab als Simulation auf dem Programmiergerät ablaufen, um die Programmlogik zu testen. Außerdem bieten die Systeme umfangreiche Debugmöglichkeiten. Während es unter Produktion zwar wenig sinnvoll ist, ein Programm mit Hilfe von Breakpoints oder im Einzelschrittmodus zu untersuchen, helfen die Online-Darstellung von Variablenwerten oder die Markierung des durchlaufenen Codes sehr.

Im Gegensatz zu der für die Variantenkonstruktionen optimalen Projektierungs- und Laufzeitumgebung der PEARL-Variante bedeutet der Einsatz der IEC 1131-3 einen erhöhten Planungsaufwand für die Software, da es nicht mehr ausreicht, die Programme zu konfigurieren und zu parametrieren. Vielmehr müssen die IEC-1131-

3-Reglerprogramme – wie bisher auch der Steuerungsanteil – speziell für eine Anlage aus Bausteinen individuell zusammengesetzt werden. Insbesondere die Anbindung der E/A-Ebene zu der Programmlogik muß jedes Mal im Quelltext angepaßt werden.

Das Konzept der FUNCTION_BLOCKs erleichtert diese Aufgabe deutlich. Bei den FUNCTION_BLOCKs handelt es sich um eine Kombination von Unterprogrammen und Datenstrukturen, für die es unter PEARL keinerlei Gegenstück gibt; aus objektorientierter Sicht entsprechen sie dem Klassenansatz. Diese „Software-ICs" bestehen formal aus einem Unterprogramm, das Übergabeparameter und lokale Variablen besitzt. Vor einer Verwendung müssen sie instanziiert werden. Das bedeutet, daß statisch Speicherplatz für die Parameter und die lokalen Variablen bereitgestellt wird. Unter Angabe des Instanznamen werden die FUNCTION_BLOCKs aufgerufen und die Aktualparameter übergeben. Eine Besonderheit der IEC 1131-3 ist, daß die Parameterliste nicht vollständig ausgefüllt werden muß. Bei Bedarf werden ausgelassene Parameter durch definierte Standardwerte ersetzt.

Für den VMEbus-Prozeßrechner wurde ein IEC 1131-3-konformes Programmiersystem lizensiert und für den Einsatz unter RTOS-UH in dem bereits geschilderten Laufzeitumfeld angepaßt. Da die IEC-Sprachnorm Multitasking ausdrücklich unterstützt, ist es problemlos möglich, auch innerhalb der IEC-Programme voneinander unabhängige RTOS-UH-Tasks zu bilden, die durch das Betriebssystem verwaltet werden. Dieser Zwischenschritt erleichtert den endgültigen Umstieg vom Prozeßrechner zu den Steuerungen, weil die Umsetzung schrittweise erfolgen kann, da alte PEARL-Regler und neue IEC-1131-3-Regler übergangsweise im gleichen Umfeld laufen können.

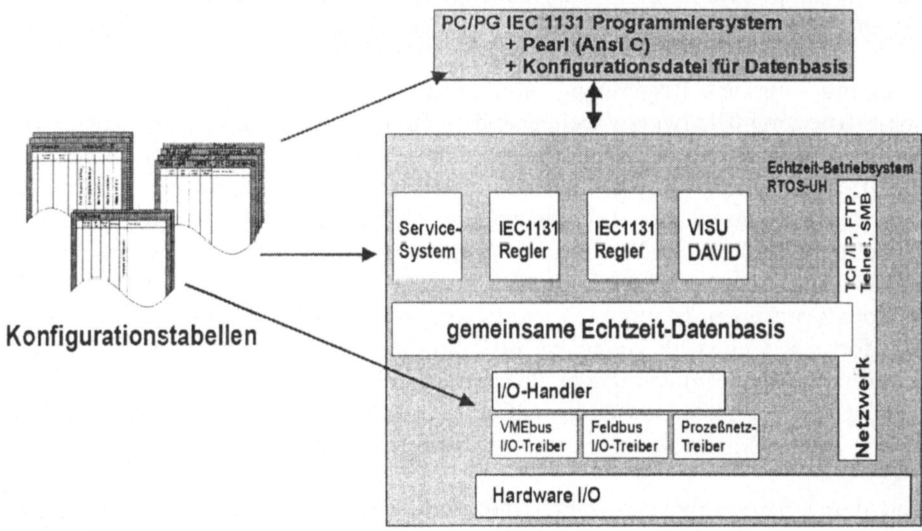

Abbildung 4-2: IEC 1131 unter RTOS-UH

Dieser Zustand stellt jedoch nur einen Zwischenschritt aufgrund der noch nicht verfügbaren bzw. zum Zeitpunkt der Entscheidung noch nicht ausreichenden Stabilität der SPS-Systeme dar. Er verkürzt jedoch den endgültigen Umstieg erheblich, da große Teile der Applikation dann bereits vorliegen und lediglich portiert werden müssen. Insbesondere im Allen-Bradley-Umfeld wird die Kombination aus dem VMEbus-System und der (alten) PLC-5 noch einige Zeit eingesetzt werden müssen. In diesem Zeitraum können dann jedoch bereits die IEC 1131-Programme zwischen dem VMEbus-System und der Siemens S7 ausgetauscht werden. Als Endzustand ist selbstverständlich angestrebt, die Regelung zusammen mit der Steuerung auf derselben Hardware ablaufen zu lassen. Dies reduziert die Gesamtkomplexität deutlich, weil künstliche Schnittstellen entfallen. Ein wesentlicher Vorteil ergibt sich auch dadurch, daß für die Steuerung und Regelung aufgrund identischer Systemumgebungen nicht mehr zwingend verschiedenes Inbetriebnahmepersonal erforderlich ist. Einschränkend wirkt sich in der Praxis dabei jedoch die unterschiedliche Qualifikation zwischen den Steuerungs- und Regelungstechnikern aus.

5 Zusammenfassung und Vergleich

Die geringe Kundenakzeptanz von VMEbus-Prozeßrechnern im Bereich der Holzindustrie sowie die Festlegung aller großen SPS-Hersteller auf die Sprachnorm IEC 1131-3 haben zu dem Entschluß geführt, das VMEbus-System zunächst mit einem Zwischenschritt durch eine SPS-basierte Lösung zu ersetzen. Für die Umsetzung der Anforderungen der Sprachnorm waren die SPS-Hersteller gezwungen, neue, sehr leistungsfähige Hardware zu entwickeln, die es erlaubt, auch die Regelungstechnik als Hochsprachenprogramm auf einer Steuerung ablaufen zu lassen.

Während vorher Regelungs- und Steuerungstechnik aufgrund der jeweils spezialisierten Hardware weitgehend getrennt mit unterschiedlichen Mitteln implementiert werden mußten, bietet die IEC 1131-3 die Chance, beide Bereiche zu integrieren. Damit wird nicht nur die Systemkomplexität verringert, sondern ebenso der Personaleinsatz bei Inbetriebnahmen oder Wartungen vereinfacht, da ein Mitarbeiter beide Bereiche abdecken kann, ohne sich auf andere Hardware einstellen zu müssen. Ebenso wird die Spezialisierung des Inbetriebnahme- und Projektierungspersonals auf einen bestimmten Hardwarehersteller deutlich abnehmen, da auf allen Plattformen identische Sprachen und Laufzeitsysteme vorhanden sind, die sich lediglich in der Bedienung der Programmieroberflächen unterscheiden. Die Norm vereinfacht auch die Portierung auf verschiedene Zielsysteme sehr, fordert in der Praxis jedoch durch Inkompatibilitäten einen gewissen Aufwand.

Auf dem Prozeßrechner alter Prägung mußten mit erheblichem Aufwand Lösungen implementiert werden, die bei SPS-Systemen Standard sind. Hierzu gehört vor allem die Möglichkeit, Programme im laufenden Betrieb ändern zu können. Darüber hinaus bieten sie sehr viel umfassendere Debugunterstützung als das RTOS-UH/PEARL-Umfeld. Auch im Bereich der Fehlerdiagnose liefern SPS-Hersteller zu ihrer Hardware Diagnosetools, die nicht mehr von den Systemintegratoren entwickelt werden müssen. Andererseits ist man bei den Standardsystemen auf die von den Herstellern vorgesehenen Möglichkeiten angewiesen. Bei dem VMEbus-System hingegen konnten und mußten sehr spezialisierte Werkzeuge (z. B. Fast-Trending-Systeme zur Regleroptimierung) eingesetzt werden.

Um den Planungs- und Projektierungsaufwand bei den zahlreichen Variantenkonstruktionen gering zu halten, wurde auf dem VMEbus-System mit der Tabellenkonfiguration eine optimal angepaßte Umgebung geschaffen, die kein Standard-SPS-System bieten kann. Während bisher durch Umkonfigurieren und Umparametrieren eine Anpassung von Standardreglerprogrammen auf die konkrete Anlage stattfinden konnte, ist in der IEC 1131-3-Version individuelle Programmierung notwendig, um die Unterschiede der Anlagen zu berücksichtigen. Sowohl mit dem alten als auch mit dem neuen System wurde versucht, mit möglichst geringem Aufwand in Automatisierungsumgebungen verschiedener Hersteller zu bestehen. Der VMEbus-Prozeßrechner unter PEARL realisierte dies im wesentlichen durch den Austausch der Netzwerkanbindung, während dies unter IEC 1131-3 durch die Anpassung des Applikationsquelltextes an das Zielsystem und Wiederverwendung von Bausteinen geschieht.

Gegenüber einer spezialisierten Umgebung auf einem VMEbus-Prozeßrechner schneiden SPS-Standardsysteme daher nicht in allen Disziplinen als Sieger ab. Obwohl es dem angestrebten Ziel der Norm widerspricht, werden die Projektierungskosten speziell bei dieser Anwendung mit großem Variantenreichtum gegenüber der Realisierung unter PEARL ansteigen, da die Programme nun individuell für die Anlagen erstellt werden müssen. Ob die Einsparungen durch einen optimaleren Personaleinsatz diesen Anstieg auffangen, wird sich in der Praxis erst noch erweisen müssen. Die politische Entscheidung zugunsten einer standardisierten, SPS-basierten Realisierung, die eine höhere Kundenakzeptanz besitzt, wird sich hingegen kaum finanziell auswirken.

Literaturverzeichnis

[1] B. Scherff; R. Krumbach Voß; B. Kroll: Echtzeitsysteme flexibel konfigurieren – Projektierung und Planung von Mehrprozessorsystemen im Anlagenbau; in: Elektronik 12/1994, München 1994

[2] K.-H. John; M. Tiegelkamp: SPS-Programmierung mit IEC 1131-3; Springer; Berlin Heidelberg 1995

[3] H. Maier; B. Matz: Kompatibel oder normgerecht – Die Simatic S7: Spagat zwischen Simatic S5 und IEC-Norm; in: Elektronik 24/1996; München 1996

Modellbasierter Test der Echtzeitaspekte eingebetteter Systeme der dezentralen Automatisierungstechnik

J. Bergmann
Forschungsbereich Mikrorechnertechnik
Forschungszentrum Informatik
Haid-und-Neu-Straße 10–14
76131 Karlsruhe

1 Kurzfassung

In diesem Beitrag werden Grundkonzepte eines Testverfahrens, das den systematischen und effizienten Test der vom Echtzeitverhalten abhängigen Firmwarefunktionalität eingebetteter Systeme ermöglicht, vorgestellt. Das Testverfahren nutzt einen Ansatz auf Basis gefärbter zeitbehafteter Petri-Netze. Die zu testenden Systemeigenschaften der Firmwareimplementierung des eingebetteten Systems in Form von Verhaltensbestandteilen werden in ein Systemmodell überführt. Das Systemmodell wird durch Testmodelle, die Testszenarien repräsentieren, zu einem Gesamtmodell ergänzt. Für das Gesamtmodell wird das Verhalten analysiert und aus den Analyseergebnissen kann auf Fehler der Firmwareimplementierung geschlossen werden.

2 Umfeld und Motivation

Dezentrale intelligente Automatisierungsgeräte lösen heutzutage stets komplexer werdende Automatisierungsaufgaben. Ein großer Anteil der Funktionalität wird von Software (Firmware) erbracht. Da die Qualitätsansprüche in der Automatisierungstechnik hoch sind, ist die Nachweiserbringung, daß das Gerät die geforderte hohe Produktqualität besitzt, einer der wesentlichen Schritte im Entwicklungsprozeß. Bei der Integration der Software mit der Hardware existieren hinsichtlich des effizienten und systematischen Tests allerdings noch erhebliche methodische Defizite: „*... Embedded and realtime systems are perhaps the most complex systems to specify, design, and implement. It is no surprise that they are particularly hard to verify. ...*“ [8]. Vor allem der systematische und aussagekräftige Nachweis, daß die Firmwareimplementierung (Testobjekt) die gestellten Echtzeitanforderungen in ihrem technischen Einsatzfeld erfüllt, weist heute noch wesentliche Defizite auf [2].

Der Test der Firmware unter Echtzeitbedingungen zeichnet sich vor allem durch das physikalische Vorhandensein der Hardwarebestandteile des Testobjekts aus. Ein *Testbett* — aus Hardwarekomponenten bestehend — übernimmt weitgehend die Aufgaben des Testrahmens. Ein Testrahmen kann hierbei nicht automatisiert generiert werden, wie dies im Fall eines reinen Softwaresystems möglich wäre. Da den physikalischen Schnittstellen nicht wie bei Softwareschnittstellen ein einheitliches Strukturkonzept zugrunde liegt, sind die Schnittstellenadaptionen im allgemeinen unterschiedlich und resultieren in einem hohen, spezifischen Implementierungsaufwand.

Die Leistungsfähigkeit eines Testbetts ist sehr eng begrenzt und für einen systematischen und umfangreichen Test nicht ausreichend genug. So läßt sich das Ablaufverhalten der Firmware auf der Gerätehardware im realen technischen Umfeld aufgrund nur teilweise verfügbarer Kontrollfähigkeiten weder deterministisch noch in dem Umfang, wie dies für Tests notwendig ist, vorgeben. Das Vorhandensein technischer Toleranzen in der Systemimplementierung, der Spezifikation sowie im Testbett bewirken, daß ein Testfall keine umfassende Aussage über die damit getesteten Aspekte der Funktion gibt. Bei einer Wiederholung des Testfalls mit etwas veränderten Signalwerten, die noch im erlaubten Toleranzbereich liegen, kann die Firmwareimplementierung eine andere Reaktion zeigen.

3 Firmware eingebetteter Systeme

Die durch die Firmware eingebetteter Systeme erbrachte Funktion läßt sich als die „Bereitstellung von definierten Signalwerten an einer definierten Schnittstelle zu einem definierten Zeitpunkt abhängig von einem inneren Zustand" beschreiben. Demgemäß teilt sich das in der Firmware implementierte funktionale Verhalten in die Bestandteile datentransformierendes Verhalten, Kontrollverhalten sowie Zeitverhalten auf.

Die Firmwareimplementierung gibt wesentliche Randbedingungen für den Testansatz vor. Die Firmware eingebetteter Systeme ist organisatorisch in nebenläufige Prozesse unterteilt. Ein Prozeß ist in sich sequentiell organisiert und kann als ein aus einzelnen Modulen bestehendes System aufgefaßt werden. Die Funktionalität in Modulen wird durch sequentiell ablaufende Programmbefehle erbracht. Die Einzelfunktionalität der Prozesse ergänzen sich zusammen zur Gesamtfunktionalität. Die Prozesse beeinflussen sich dabei gegenseitig auf mehrere Arten. Zum einen werden unter den Prozessen Daten zur Verarbeitung ausgetauscht bzw. weitergegeben. Um auf Datenbestände konsistent zugreifen zu können, müssen sich die Prozesse gegenseitig koordinieren. Zum anderen ist die Kontrollfunktionalität auf die Prozesse verteilt. Dabei ist es wie auch bei der Verarbeitung der Daten notwendig, teilweise auf gemeinsamen Zustandsvariablen zu arbeiten. Da die Prozesse auf einem Prozessor zur Ausführung kommen, werden sie sequentiell abgearbeitet. Ein ereignisorientiertes Scheduling sorgt für eine gegenseitige Unterbrechung der Prozesse. Ein unterbrechender Prozeß kann somit andere unterbrochene Prozesse in ihrem zeitlichen Voranschreiten verzögern.

Für die Implementierung eines konkreten Zeitverhaltens stellen Programmiersprachen keine geeigneten „eingebauten Mechanismen" zur Verfügung. Das Zeitverhalten muß deshalb über andere Hilfsmittel, z. B. Zeitgeber, bereitgestellt werden. Das Einhalten von Zeitanforderungen ist um so schwieriger, je höher die Auslastung des Mikrocontrollers ist. Die Auslastung wird durch den Rechenzeitbedarf der gleichzeitig zu bearbeitenden Prozesse sowie durch den Rechenzeitbedarf für die Koordination bestimmt, die die Zuteilung der Rechenleistung des Mikrocontrollers zu den Prozessen durchführt. Das Einhalten eines geforderten Zeitverhalten ist dabei nicht unbedingt ein Performanceproblem, sondern entspricht dem Erfüllen eines zeitgerechten und genauigkeitsgerechten Agierens. Für eine optimale Ausnutzung der Prozessorleistung, muß der Koordinierungsaufwand minimiert werden. Der Zeitbedarf der Prozesse muß zudem möglichst genau angeschätzt werden. Bei der Erfüllung kleiner Zeitintervalle sowie enger Zeittoleranzen muß die Dauer sowie die zeitliche Unschärfe sowohl einzelner Befehlssequenzen als auch von Zeitverzögerungen bekannt sein.

Die Programmiersprache stellt eine virtuelle Maschinen dar, mit deren Mechanismen das datentransformierende Verhalten sowie das Kontrollverhalten realisiert werden. Das Kontrollverhalten kann in das in Algorithmen enthaltene lokale und in das globale Kontrollverhalten, das nach außen hin als Steuerungsfunktionalität sichtbar ist, unterschieden werden. Für die Implementierung des datentransformierenden Verhaltens und des Kontrollverhaltens bietet die Hochsprache geeignete elementare Operationen sowie Kontrollstrukturen an. Da das Kontrollverhalten wie das datentransformierende Verhalten über eine funktionale Relation definiert wird, ist das Kontrollverhalten nicht direkt auf die Kontrollstrukturen der Programmiersprache abbildbar. Die Berechnung von Folgezuständen erfolgt durch eine Kombination aus Operationen und Kontrollstrukturen. Dies führt dazu, daß Kontrollverhalten und datentransformierendes Verhalten eng miteinander verwoben ist. Ein Zuordnung der Programmbefehle zu den beiden Bestandteilen ist somit nicht ohne Kenntnis der Implementierungsintention möglich.

4 Testansatz

Abbildung 1 zeigt die einzelnen Testschritte, die dem Testansatz zugrunde liegen. Der Testansatz beruht darauf, die funktionalen Verhaltensbestandteile der Firmware getrennt zu überprüfen. Als funktionale Bestandteile gelten das datentransformierende Verhalten, das Kontrollverhalten sowie das Zeitverhalten. Die Trennung der einzelnen Testziele ermöglicht den effizienten Test einzelner Implementierungsaspekte durch dafür spezialisierte Testverfahren. Der Test kann zum frühest möglichen Zeitpunkt erfolgen. Dadurch ist eine wesentlich bessere Testtiefe erreichbar. Eine Fehlerverschleppung in spätere und damit „teurere“ Phasen wird weitgehend vermieden. Der Ansatz zergliedert den Test in zwei Testschritte: den *Test sequentieller Funktionsbereiche* und den *Test nebenläufiger Funktionsbereiche*. In jedem dieser Testschritte erfolgt ein getrennter Test der drei Verhaltensbestandteile.

Als sequentielle Funktionsbereiche gelten dabei Programmodule, Programmkomponenten sowie Prozesse. Für den Test des datentransformierenden Verhaltens sequentieller Funktionsbereiche existiert eine Vielzahl von Testverfahren und Testwerkzeuge. Die für das Kontrollverhalten sowie das Ablaufverhalten (qualitatives Zeitverhalten) verantwortlichen Programmelemente und Programmbeziehungen sind im Gegensatz zum datentransformierenden Verhalten nicht direkt aus der Implementierung ersichtlich. Für den Test des Kontrollverhalten haben sich aus diesem Grund keine Testverfahren etabliert und es sind auch keine Testwerkzeuge am Markt verfügbar [1]. Das Zeitverhalten kann für sequentielle Funktionsbereiche zumal auf einer sich vom eingebetteten System unterscheidenden Testplattform nicht quantitativ getestet werden. Für die

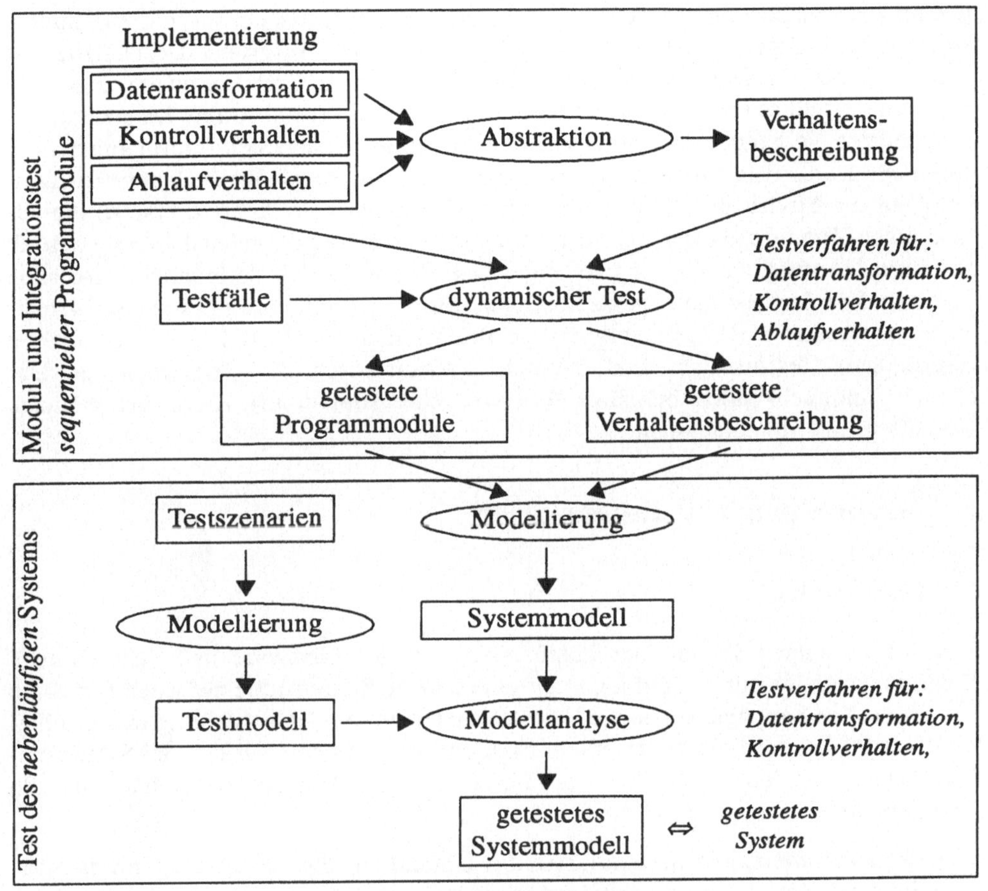

Abb. 1. Testschritte und Testprodukte

Überprüfung des Zeitverhaltens ist jedoch das Ablaufverhalten der Firmware, also die während der Ausführung durchlaufenen Pfade, mitentscheidend. Das Ablaufverhalten ist wie das Kontrollverhalten nicht direkt aus der Programmimplementierung ersichtlich.

Um das Kontrollverhalten sowie das Ablaufverhalten testen zu können, müssen diese für den Test explizit sichtbar gemacht werden. Dies leistet ein Beschreibungsmittel zur Definition des Programmverhaltens in Form einer „Verhaltensbeschreibung" [3]. Mit ihr lassen sich die drei Verhaltensbestandteile getrennt voneinander beschreiben und der Programmimplementierung zuordnen. Die Verhaltensbeschreibung wird als Kommentar in den Quelltext mit eingefügt. Durch entsprechende Hilfswerkzeuge läßt sich der Quelltext für den Test automatisiert aufbereiten und so testfähig machen. Hierzu wurde das Testwerkzeug CANTATA um entsprechende Analysebibliotheken erweitert, die die beim Test des Kontrollverhaltens bzw. des Ablaufverhaltens anfallenden Daten auswerten und Testergebnisse berechnen können.

In dem zweiten Testschritt wird das funktionale Verhalten, das sich aus der Zusammenarbeit nebenläufiger Funktionsbereiche ergibt, getestet. Aufgrund der Defizite, die beim Test der Firmwareimplementierung auf der realen Gerätehardware existieren, wird ein modellbasierter Testansatz beschritten. Die für eine abstrakte Darstellung des funktionalen Verhaltens der Firmwareimplementierung relevanten Informationen sind automatisch aus dem Quelltext (Programmimplementierung und Verhaltensbeschreibung) in ein Modell überführbar. Der Test wird durch eine Analyse ersetzt, die alle möglichen Verhaltensweisen der Firmwareimplementierung ausgehend vom im Testfall definierten Anfangszustand und abhängig von der im Testfall definierten Stimulation ermittelt. Die Analyse bietet gegenüber einer direkten Ausführung des realen Systems eine umfassende und somit vollständige Betrachtung des Testfall. Aus der analyse resultierende Testaussagen sind dadurch deterministisch und reproduzierbar. Das Modell ermöglicht zudem beliebige Tests von Extremsituationen. Hierzu gehören u. a. Grenzfälle und Störsituationen.

5 Beschreibung von Testszenarien

5.1 Testszenarien

Testfälle definieren Interaktionsabläufe zwischen der Firmware und dem Umfeld. Dabei braucht sich ein Testfall nicht auf eine einzige Schnittstelle zwischen Firmware und Umfeld zu beziehen, sondern es können auch mehrere Schnittstellen daran beteiligt sein. Testfällestellen erlaubte Interaktionssequenzen zwischen System und Systemumfeld dar und werden als *Testszenarien* bezeichnet. Ein Testszenario enthält folgende Bestandteile:

- Die *Systemanregung* definiert, wie das Umfeld auf das Testobjekt einwirkt. Aus Sicht des Tests stellt die Systemanregung eine in der Spezifikation beschriebene Stimulationsmöglichkeit dar.
- Die *Systemreaktion* gibt an, wie das Testobjekt auf das Umfeld einwirken darf. Die Systemreaktion spezifiziert das Sollverhalten des Testobjekts auf eine zuvor stattgefundene Systemanregung.
- Der *Ausgangszustand* legt fest, in welchem Zustand sich das Testobjekt zu Beginn des Tests befindet. Die Fähigkeit zur Definition eines Anfangszustands reduziert die Größe von Testszenarien. Das System muß nicht über Interaktionen vom Anfanfszustand in den für den Test wichtigen Ausgangszustand gebracht werden.
- Die *Zwischenzustände* und *Endzustand* bestimmen, welche Zuständen das Testobjekt während der Testdurchführung nacheinander einnehmen soll.

Anfangszustand, Endzustand sowie Zwischenzustände unterscheiden sich nicht durch ihre Form und ihren Inhalt. Der Anfangszustand muß in einem Testszenario stets angegeben werden. Endzustand und Zwischenzustände sind in Testszenarien hingegen optional. Da sich in einer Interaktionssequenz Systemanregungen und Systemreaktionen abwechseln können, lassen sie sich nicht unabhängig voneinander betrachten.

Sowohl Systemanregung als auch Systemreaktion hängen jeweils von den zuvor durchgeführten Interaktionen ab. Zwischen Testobjekt und Umfeld können zudem mehrere Interaktionen nebenläufig stattfinden. Die Zahl der nebenläufig stattfindenden Interaktionen sowie der an den Interaktionen beteiligten Schnittstellen sind beliebig und können sogar über die Zeit variabel sein.

5.2 Testszenariendiagramme

Im Rahmen des Testansatzes werden Testszenarien zum modellbasierten Test der Firmware eingebetteter Systeme durch Testszenariendiagramme (Test Scenario Charts, TSC) beschrieben. Jedes Testszenario resultiert in einem eigenen TSC. Den TSCs liegt weitgehend das Konzept der MSCs zugrunde [5]. Ihre graphische Darstellungsweise erlaubt eine weitgehend intuitive, eindeutige und übersichtliche Darstellung von Interaktionsabläufen an den Schnittstellen zwischen dem Testobjekt und dessen Umfeld. TSCs nutzen eine Teilmenge der Beschreibungsmittel der MSCs und diese sind um einige für den Firmwaretest relevanten Fähigkeiten erweitert:

- Bei der Funktionserfüllung spielt vor allem der Aspekt Zeit eine herausragende Rolle. Das Zeitverhalten muß nicht nur qualitativ durch Reihenfolgen sondern auch *quantitativ* in Form von Zeiträumen und Zeitschranken beschrieben werden.
- Für die Signale an den Schnittstellen eingebetteter Systeme gelten stets *technische Toleranzen* sowohl im Werte- als auch im Zeitbereich.

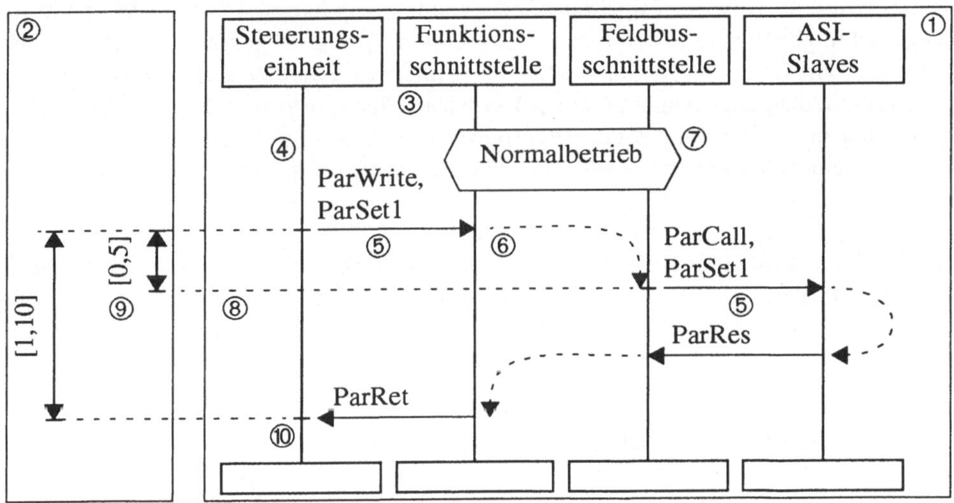

Abb. 2. Darstellung eines Testfalls mit Hilfe eines Testszenariendiagramms

Abbildung 2 zeigt beispielhaft, wie ein TSC mittels qualitativ oder quantitativ zeitbehafteter Interaktionen Beziehungen zwischen dem Testobjekt (mit den Schnittstellen „Funktionsschnittstelle" und „Feldbusschnittstelle") und dem Umfeld (mit den Schnittstellen „Steuerungseinheit" und „ASI-Slaves") beschrieben werden können. Das

Umfeld kann sich wie oben gezeigt aus mehreren Objekten zusammensetzen. Ein TSC zerfällt dazu in die Bereiche Nachrichtenbereich (①) und Zeitbereich (②). Der Nachrichtenbereich legt Interaktionen zwischen Objekten fest. Im Zeitbereich lassen sich quantitative zeitliche Beziehungen zwischen Objekten definieren. Objekte werden im Nachrichtenbereich durch ein oder mehrere senkrechte Achsen (④) repräsentiert. Eine Achse stellt eine Schnittstelle eines Objekts dar. Die Schnittstelle ist benannt (③). Eine Schnittstelle entspricht einem physischen oder logischen Zugang zu einem Objekt. Objekte kommunizieren über Schnittstellen miteinander.

Die Achsen geben als nach unten gerichtete Zeitachsen den Zeitfortschritt an. Eine Interaktion setzt sich aus dem Austausch einer oder mehrerer Nachrichten zusammen. An einer Interaktion können mehr als zwei Objekte beteiligt sein. Eine Nachricht wird durch einen waagerecht durchgezogenen Interaktionspfeil (⑤) gekennzeichnet. Die Richtung eines Interaktionspfeils gibt die Übertragungsrichtung der Nachricht an. Nachrichten repräsentieren entweder diskrete Ereignisse oder Änderungen eines Signalwerts. Jede Nachricht besitzt einen Bezeichner, der ihre Bedeutung festlegt. Die Achsen können durch Zustandsdefinitionen (⑦) unterbrochen sein. Eine Zustandsdefinition gibt Informationen zu dem Zustand eines oder mehrerer Objekte an. Durch ihre Position im Nachrichtenbereich wird qualitativ ihre relative Lage zu anderen Zuständen oder Nachrichten definiert. Die Zugehörigkeit elementarer Interaktionen zu einer komplexeren Interaktion wird durch Kausalitätsbeziehungen (⑥) festgelegt.

Der Zeitbereich eines TSCs dient zur Darstellung von Zeitpunkten und Zeiträumen. Dazu werden an Achsen festgelegte Bezugspunkte im Interaktionsbereich (⑩) durch waagerechte gestrichelte *Zeitlinien* im Zeitbereich verfügbar gemacht. Im Zeitbereich lassen sich mit Hilfe von *Zeitintervallen* (⑨, senkrechte, durchgezogene Distanzpfeile) zeitliche Beziehungen (Abhängigkeiten) zwischen *Bezugspunkten* definieren. Die Zeitdarstellung in TSCs erfolgt nicht wegproportional. Die Reihenfolge von Interaktionspfeilen an einer Achse geben eine qualitative Reihenfolge zwischen den zugeordneten Nachrichten an. Exakte quantitative Zeitbeziehungen zwischen Nachrichten müssen über Bezugspfeile im Zeitbereich dargestellt werden. Zwei Nachrichten lassen sich nur dann in ihrem zeitlichen Auftreten ordnen, wenn sie sich über eine ununterbrochenen Kette von Reihefolgenbeziehungen kausal ordnen lassen. Um eine Zeitdistanz zwischen zwei Nachrichten angeben zu können, bedarf es im Zeitbereich des TSCs entsprechend einer ununterbrochenen Kette von quantitativen Zeitbeziehungen.

6 Testszenarienmodellierung

Das eingebettete System sowie die Testszenarien sind als CTPN-Teilmodelle beschrieben. CTPNs sind eine Erweiterung gefärbter Petri-Netze, bei denen den Transitionen jeweils eine Schaltdauer in Form eines Intervalls zugeordnet ist [6]. Gefärbte Petri-Netze ermöglichen die Modellierung der Transformation von Datenwerten. CTPNs ermöglichen zudem die Modellierung der Ausführungsdauer von Aktivitäten. Dabei sind denjenigen Transitionen, die Aktivitäten in der Implementierung darstellen, der durch die entsprechende Aktivität verursachte Zeitverbrauch zugeordnet.

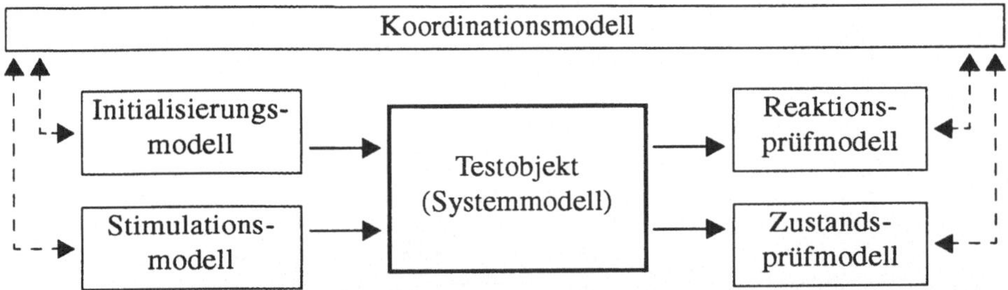

Abb. 3. Struktur des Testaufbaus

Ein Testaufbau besteht aus denjenigen Teilmodellen, die zu einem Testszenario gehören, sowie aus Teilmodellen für das Testobjekt. Abbildung 3 zeigt die prinzipielle Struktur des Testaufbaus. Testfälle, die durch Testszenariendiagramme beschrieben sind, lassen sich durch die Anwendung einfacher Transformationsregeln in CTPNs überführen [7]. Diejenigen Bestandteile eines TSCs, die unterschiedliche Testaufgaben verkörpern, werden dabei in getrennte CTPN-Teilmodelle überführt:

- Das *Koordinationsmodell* koordiniert den Testablauf. Es reiht die einzelnen elementaren Testschritte in der richtigen Reihenfolge aneinander. Dabei verwaltet es nebenläufig durchzuführende Testschritte. Die Testschritte werden von den dafür vorgesehenen Teilmodellen des Testaufbaus realisiert.
- Das *Initialisierungsmodell* initialisiert das Testobjekt mit dem Anfangszustand. Hierzu setzt es interne Zustandswerte im Testobjekt auf die im TSC festgelegten Werte.
- Das *Stimulationsmodell* übernimmt die Stimulation des Testobjekts während des Testablaufs. Es generiert dazu die im TSC festgelegten Nachrichten und gibt diese an die entsprechenden Schnittstellen des Testobjekts ab.
- Das *Reaktionsprüfmodell* führt die Prüfung der Reaktion des Testobjekts durch. Eine Reaktion des Testobjekts ist korrekt, wenn sie den richtigen Wert besitzt und im richtigen Zeitraum erfolgte.
- Das *Zustandsprüfmodell* führt die Überprüfung von internen Zuständen des Testobjekts durch. Hierzu vergleicht es die im TSC definierten Sollwerte von Zuständen mit den während des Tests eintretenden Istwerten von Zuständen.

6.1 Modellteile

Die einzelnen Teilmodelle setzen sich aus elementaren Modellteilen zusammen. Diese Modellteile sind vorgefertigte, parametrierbare Module, die anhand des Aufbaus des TSCs automatisch zusammengesetzt werden können. Je nach Modul können durch Parameter interne Werte gesetzt oder Netzstrukturen skaliert werden. Es lassen sich Modellwerte sowie Strukturen parametrieren. Von der Werteparametrierung sind vor allem Zeitintervalle und Signalwerte betroffen. Die Strukturparametrierung wird von Modellteilen des Koordinationsmodells benutzt, um die Anzahl nebenläufig zu koordinierender Modellteile in den anderen Teilmodellen variabel anpassen zu können.

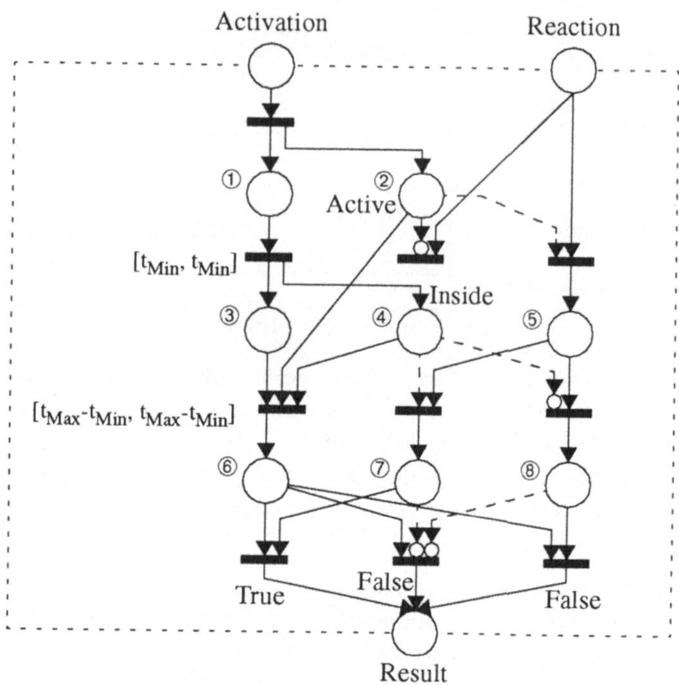

Abb. 4. Reaktionsprüfmodell Intervallprüfung $t_{Min} < t < t_{Max}$

Abbildung 4 zeigt ein Prüfmodell, das Bestandteil des Reaktionsprüfmodells sein kann. Das Modell dient zur Überprüfung der Reaktionszeit des Testobjekts. Die Parameter t_{Min} und t_{Max} geben das Zeitfenster an, in dem die Reaktion des Testobjekts zu erfolgen hat. Die Stellen „Activation" und „Reaction" sind Eingangsstellen in das Modell. Die Stelle „Result" ist eine Ausgangsstelle. Alle Transitionen des Modells sind mit einem Zeitintervall versehen. Nicht angegebene Zeitintervall haben den Wert [0,0]. Diese Intervalle dienen zur Beschreibung kausaler Vorgänge, ohne dabei in einem Zeitverbrauch zu resultieren. Intervalle mit mindestens einem von Null verschiedenen Grenzwert dienen zur Definition eines Zeitverbrauchs.

Die Prüfung wird aktiviert, indem vom Koordinationsmodell über die Stelle „Activation" eine Marke in das Modell eingebracht wird. Die Prüfung wird an der Stelle ① begonnen. Der Prüfvorgang wird durch Ablegen einer Marke an der Stelle ② angezeigt. Diese Marke verbleibt an der Stelle ②, bis die Prüfung abgeschlossen ist. Die Prüfung ist abgeschlossen, wenn der Zeitraum, in dem eine Reaktion des Testobjekts zu erfolgen hatte, abgelaufen ist. Dann wird die Marke aus der Stelle ② entfernt. Ist die Prüfung nicht aktiviert, sorgt die leere Stelle ② dafür, daß die Reaktion des Testobjekts, die als Marke das Modell über die Eingangsstelle „Reaction" erreicht, ignoriert wird. Die belegte Stelle ② sorgt dafür, daß eine über die Eingangsstelle „Reaction" in das Modell gelangende Marke an dem Prüfvorgang teilnimmt und an Stelle ⑤ abgelegt wird.

Eine belegte Stelle ③ zeigt an, daß die Minimalzeit t_{Min} abgelaufen. Erfolgt eine Reaktion des Testobjekts, bevor die Minimalzeit abgelaufen ist, wird die an Stelle ⑤ befindliche Marke aufgrund der leeren Stelle ④ zur Stelle ⑧ hin abgeleitet. Die Stelle ⑧ qualifiziert die Reaktion des Testobjekts als zu früh. Die an Stelle ⑧ befindliche Marke wird nach Ablauf der Prüfzeit mit der Farbe „False" an die Ausgangsstelle „Result" übertragen. Erfolgt die Reaktion vor der Maximalzeit t_{Max}, wird die an Stelle ⑤ befindliche Marke an die Stelle ⑦ abgeleitet und nach Ablauf der Prüfzeit t_{Max} mit der Farbe „True" an die Ausgangsstelle „Result" übertragen. Erfolgt innerhalb der Prüfzeit keine Reaktion, so sind die beiden Stellen ⑦ und ⑧ leer. Die an Stelle ⑥ befindliche Marke wird mit der Farbe „False" an die Ausgangsstelle „Result" übertragen.

7 Testdurchführung

Ein Test besteht darin, das Systemmodell mit einem Testmodell zu einem Testaufbau zu koppeln und das Verhalten des Gesamtmodells, das durch die Kopplung des Testaufbaus resultiert, zu testen. Den wichtigsten Bestandteil des Testverfahren stellt die Erreichbarkeitsanalyse dar. Sie basiert auf dem Prinzip der Enumeration möglicher Systemzustände [4]. Die Modellanalyse hat gegenüber der Modellsimulation den Vorteil, daß für das Testobjekt alle unter den gegebenen Testverhältnissen möglichen Verhaltensweisen ermittelt werden. Die Simulation hingegen ist — wie auch der Test durch Ausführung des realen Systems in einem realen Umfeld — ein exemplarisches Verfahren und kann deshalb das Aufdecken eines Fehler durch ein Testszenario auch bei einer sehr häufigen Wiederholung des Testszenarios nicht garantieren.

7.1 Fehlererkennung

Die Erreichbarkeitsanalyse berechnet alle möglichen Zustände, in denen sich das Modell befinden kann. Mögliche Zustände des Gesamtmodells werden in einem Erreichbarkeitsgraphen als Knoten dargestellt. Aufeinanderfolgende Zustände sind durch gerichtete Kanten miteinander verbunden. Ein vom Initialzustand des Modells beginnender Weg definiert ein auf Basis des Testfalls mögliches Systemverhalten. Wenn ein Prüfmodell eine Verletzung der von ihm überwachten Anforderung erkennt, leitet es eine Marke in ein dafür vorgesehene Wächterstelle (Fehlerstelle) um. Da die Marke die Wächterstelle nicht mehr verlassen kann, kennzeichnet sie einen Fehler. Nachdem die Erreichbarkeitsanalyse für den Testfall alle möglichen Systemzustände errechnet hat, muß für jeden im Erreichbarkeitsgraphen enthaltenen Systemzustand geprüft werden, ob eine Fehlerstelle einen Fehler anzeigt. Enthält der Erreichbarkeitsgraph keinen Systemzustand, in dem eine Fehlerstelle einen Fehler vermerkt, so hat sich das System in diesem Testszenario fehlerfrei verhalten.

7.2 Testkriterien

Wie auch beim dynamischen Softwaretest bedarf es gewisser Kriterien, um den Testerstellungsprozeß hinsichtlich einer effektiveren Fehlerfindung zu lenken und um dadurch auch den dafür notwendigen Aufwand möglichst gering zu halten. In Analogie zum dynamischen Softwaretest können Testkriterien definiert werden. Implementierungorientierte Testkriterien sind:

- Die *Überdeckung von Befehlstransitionen* gibt über die Summe aller Testszenarien das Verhältnis der ausgeführten Transitionen zur Gesamtzahl der enthaltenen Transitionen an.
- Die *Überdeckung von Zustandswerten* gibt über die Summe aller Testszenarien das Verhältnis der vom Systemmodell angenommenen Zustände zur Gesamtzahl aller vom Systemmodell erreichbaren Zustände an.

Neben implementierungsorientierten Teststrategien lassen sich für den Test der Echtzeitaspekte auch spezifikationsorientierte Testkriterien einsetzen. Wichtige Testkriterien sind die Überdeckung des Eingabebereichs sowie des Ausgabebereichs. Mit diesen Verfahren lassen sich Schnittstellen auf erlaubte Extremwerte testen. Zeittoleranzen, die in Testszenarien durch Zeitintervalle definiert sind, werden automatisch in der Erreichbarkeitsanalyse berücksichtigt und benötigen keine eigenen Testkriterien.

8 Literatur

1. B. Beizer: Black Box Testing: Techniques for Functional Testing of Software and Systems, 1. Print, John Wiley & Sons, New York, 1995.
2. J. Bergmann: Integrationstest eingebetteter Systeme der dezentralen Automatisierungstechnik, Embedded Intelligence '97, Sindelfingen, 19.–21. Februar 1997, S. 300–319.
3. J. Bergmann: Test des Kontrollverhaltens eingebetteter Systeme der dezentralen Automatisierungstechnik, erscheint in: Kongreß für industrielle Computer-Anwendungen, Wiesbaden, 9.–11. September 1997, 10 Seiten.
4. G. Berthelot, H. Boucheneb: Occurence Graphs for Interval Timed Coloured Nets, in: R. Valette (Ed.): Application and Theory of Petri Nets 1994, Proceedings of the 15th International Conference, Zargoza, Spain, June 20–24, 1994, Springer-Verlag, Berlin, 1994, pp. 79–98.
5. International Telecommunication Union (ITU): Recommendation Z.120, Message Sequence Chart (MSC), March 1993.
6. K. Jensen: Coloured Petri Nets, Basic Concepts, Analysis Methods and Practical Use, Volume 1, Springer-Verlag, Heidelberg, 1992.
7. D. Kruch: Konzeption und Implementierung einer Analysebibliothek zum Test von Firmwaredynamik mittels Zeit-Petri-Netzen (TPN) und Pfadausdrücken, Diplomarbeit, Forschungszentrum Informatik, Karlsruhe, August 1997.
8. L. J. Morell, L. E. Deimel: Unit Analysis and Testing, SEI Curriculum Module SEI-CM-9-2.0, Software Engineering Institute, June 1992.

Die Arbeit wurde mit Mitteln der Deutschen Forschungsgemeinschaft unter dem Geschäftszeichen BE 1055/5-1 im Rahmen des Schwerpunktprogramms „Entwurf und Entwurfsmethodik eingebetteter Systeme" gefördert.

Frameworkbasierte Entwicklung von Echtzeitsoftware

Dipl.-Ing. Jürgen Pisarz
Dr.-Ing. Peter Salewsky
port GmbH
Antonienstr. 3
06749 Bitterfeld

1. Übersicht

Ausgehend von den Anforderungen an die Entwicklung von Echtzeitsystemen diskutiert der Beitrag die Eigenschaften von Frameworks und ihre Vorteile gegenüber klassischen Programmiermethoden.

Die Konsequenz aus der Herausforderung nach einem hohen Grad an Wiederverwendung bereichsspezifischer Erfahrungen und guter Unterstützung kritischer Entwicklungsaufgaben sind nahezu zwangsläufig aufgaben- oder produktspezifische Frameworks.

Die Vorgehensweise bei der frameworkgestützten Entwicklung wird anhand des Beispiels *ControlShell* erläutert.

Die Zusammenfassung verdichtet die Vorteile, die sich durch die Anwendung moderner Methoden des Software-Engineering ergeben, und gibt einen Ausblick auf geplante, weitere Entwicklungsschritte.

2. Anforderungen an die Entwicklung von Echtzeitsoftware

Der Anteil von Echtzeitsoftware im Bereich industrieller Steuerungen hat sich in den letzten Jahren deutlich erhöht. Dieser Trend wird sich auch in den nächsten Jahren fortsetzen.

Da mit dem größeren Umfang auch die Komplexität der Software steigt und gleichzeitig hohe bzw. sogar härtere Zuverlässigkeitsanforderungen gestellt werden, sind neue Entwicklungsmethodiken und darauf abgestimmte Werkzeuge erforderlich, die eine effiziente Entwicklung solcher Systeme ermöglichen. Mit dem zunehmenden Einsatz kommerziell verfügbarer Echtzeitbetriebssysteme verliert die Low-Level-Implementierung von Echtzeitfunktionalität an Bedeutung, so daß der Einsatz von High-Level-Werkzeugen gerechtfertigt ist.

Nur so kann den steigenden Marktanforderungen bezüglich hoher Qualität, geringem Entwicklungsaufwand und kurzen Entwicklungszeiten entsprochen werden.

Die speziellen Anforderungen an Echtzeitsteuerungssoftware lassen sich mit den zwei Problembereichen

a) zyklische, mit definierter Abtastrate abzuarbeitende Aufgaben auf der taktischen Ebene und
b) ereignisgetriebenes, reaktives Verhalten auf der strategischen Ebene

umreißen.

3. Eigenschaften von Frameworks

Nach Auffassung unterschiedlicher Autoren bestimmt die Systemarchitektur die Dekomposition, Interaktion und generelle Steuerfunktion eines Anwendungssystems. Sie ist nach erfolgreicher iterativer Entwicklung ein sehr stabiler Teil der Anwendung [Sel94] und kann damit die Design- und Implementierungsphase eines Systems bzw. ähnlicher Systeme durch Frameworks mit vereinheitlichten Interaktions- und Steuermechanismen wirksam unterstützen [Aw96]. Damit wird diese bei GUI-Buildern und RAD-Umgebungen eingeführte Vorgehensweise auch auf Echtzeitapplikationen angewandt.

Im Gegensatz zur klassischen Programmierung, bei der der Entwickler den Grundablauf seiner Applikation selbst gestalten muß und lediglich Teilprobleme durch Bibliotheksfunktionen abdecken kann, ist die Vorgehensweise bei einer frameworkgestützten Entwicklung [Chu97] genau umgekehrt (Abb. 1).

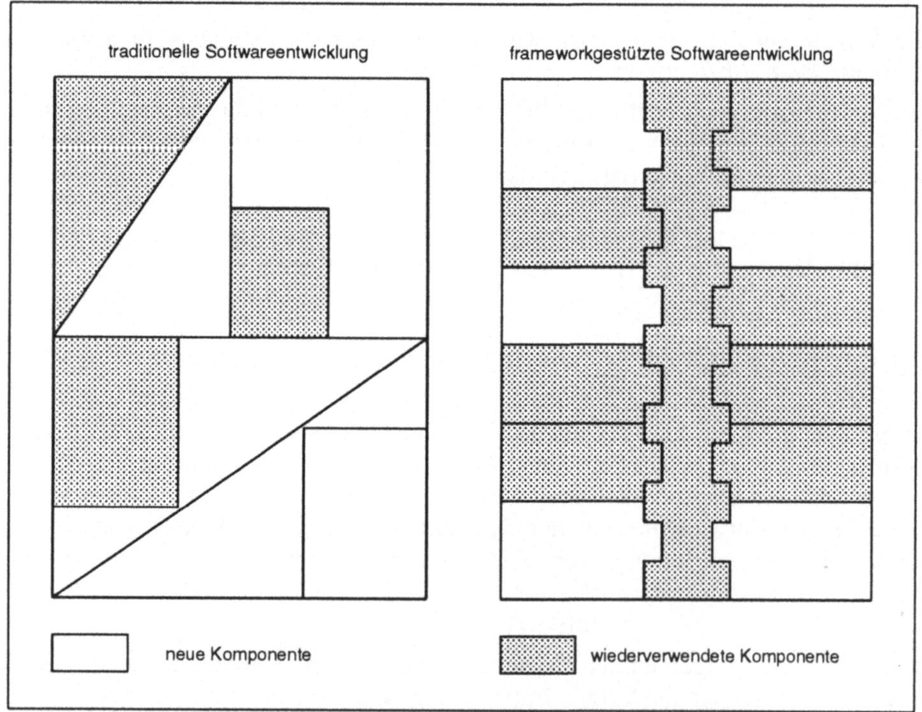

Abbildung 1: Vergleich zwischen traditioneller Programmierung und Frameworks

D.h., das Grundgerüst und weite Teile der benötigten Funktionalität liegen vor und lediglich spezielle, noch nicht vorhandene anwendungsspezifische Funktionen müssen ergänzt werden ("The framework calls you, don't call the framework"). Die einheitlichen Schnittstellen zum Framework sowie die Generierung von Rahmenkode erleichtern die Entwicklung und Integration der fehlenden Komponenten erheblich.

4. Vorgehensweise bei frameworkbasierter Entwicklung

Wie bereits unter 2. erwähnt, müssen bei Echtzeitsteuerungssystemen zyklische Aufgaben (z.B. Regler, Trajektoriengenerator) und reaktives Verhalten (z.B. Betriebsartenverwaltung, Fehlerbehandlung) berücksichtigt werden [Sn95].

Zyklische Aufgaben lassen sich in Datenflußdiagrammen beschreiben. Diese Vorgehensweise entspricht den bewährten Analyse- und Syntheseverfahren von Regelungssystemen z.B. mit Matlab. Aufbauend auf der dadurch gegebenen Struktur können sofort entsprechende Softwaremodule (Komponenten) entworfen werden, die dann in ein zeitbezogenes Ablaufschema einzuordnen sind. Zu beachten ist, daß die Komponenten mit unterschiedlichen Abtastraten abgearbeitet werden können (Multi-Rate-Systeme).

Ereignisgetriebenes Verhalten läßt sich in Zustandsmaschinen beschreiben. Jeder Zustand entspricht einer bestimmten Betriebsart, und ein Zustandswechsel löst eine entsprechende Umkonfiguration des Systems aus. Aufbauend auf der Zerlegung in Transitionen (Zustandswechsel) können entsprechende Softwaremodule entwickelt werden, die dann den Zuständen und Ereignissen zuzuordnen sind.

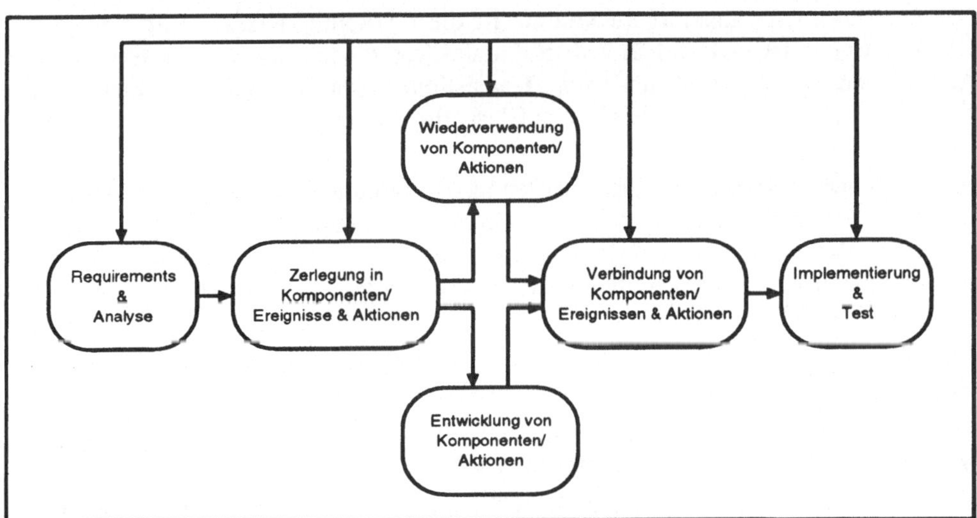

Abbildung 2: Design von Datenflüssen und Zustandsmaschinen

Wie in Abbildung 2 zu sehen ist, ist der Entwicklungsablauf von der Analyse bis zur Implementierung für Datenflüsse und Zustandsmaschinen gleich. Wesentlich ist die frühzeitige Identifikation von Wiederverwendungsmöglichkeiten sowohl für Datenflußkomponenten als auch für Aktionen (Transitionen) der Zustandsmaschine; d.h. bei der Entwicklung neuer Komponenten ist bereits auf eine mögliche Nachnutzbarkeit in späteren Projekten zu achten.

Objekt-orientierte Entwicklungssysteme bieten ideale Voraussetzungen für eine solche Nachnutzbarkeit, da alle Komponenten in eine Klassenstruktur eingebettet werden können.

Am Beispiel des C++-Frameworks *ControlShell* soll diese Problematik (Klassenstruktur, Entwicklung von Datenflüssen und Zustandsmaschinen) eingehender erläutert werden. Außerdem wird beispielhaft der Aufbau einer Datenflußkomponente beschrieben,

ControlShell [Real95] ist ein offener, erweiterbarer objekt-orientierter Framework für Echtzeitanwendungen. Zur Datenflußentwicklung dient der Datenflußeditor (DFE), strategisches Verhalten wird in Finite State Machines (FSM) beschrieben.

Die integrierte Laufzeitumgebung und die automatische Kodeerzeugung ermöglichen ausführbare Modelle bereits in einer frühen Entwicklungsphase. *ControlShell* unterstützt damit den gesamten Entwicklungsprozeß für Echtzeitsoftware.

4.1. Klassenstruktur von ControlShell

Alle ausführbaren Konstrukte im System werden von der C++-Klasse CSObject abgeleitet (Abb. 3), die im wesentlichen der Vergabe von Objektnamen und dem Identifizieren von Objekten während der Laufzeit dient.

Die Basisklasse für ausführbare Module ist die CSModule-Klasse. Ihre Subklassen CSSampleModuleClass und TransRtnModuleClass dienen als Basisklassen für den Aufbau von Ausführungslisten bzw. Transistionen von Zustandsmaschinen. Beide Klassen beerben außerdem die CSTypeClass, die die Wurzel aller anwendungsspezifischen Datenklassen bildet.

Mit Hilfe der CSSampleListClass werden alle installierten ausführbaren Module verwaltet. Die von CSSampleListClass abgeleitete CSSampleHabitatClass konzentriert komplette Datenflußanwendungen, d.h. die Liste von ausführbaren Komponenten einschließlich der Abarbeitungsreihenfolge, Verwaltung von Tatkquellen und Abtastraten (CSClockClass).

Die Klassen CSModuleGroupClass, CSCategoryClass und CSConfigurationClass dienen der dynamischen Organisation aktiver Module eines Abtastrahmens.

Mit der CSMatResetClass steht eine Schnittstelle zum Laden von Matlab-Files während der Laufzeit in CSMat-Matrizen zur Verfügung.

Zustandsmaschinen werden durch die CSFsmClass dargestellt. Eigenschaften von FSMs werden mit Hilfe von Objekten der CSFsmStateClass, CSFsmLevelClass und CSFsmStimulusClass beeinflußt.

Die interne CSParseClientClass ist die Wurzel für Echtzeitanalysen innerhalb des Systems. Alle Parser werden von *ControlShell*-Kodegeneratoren automatisch erzeugt.

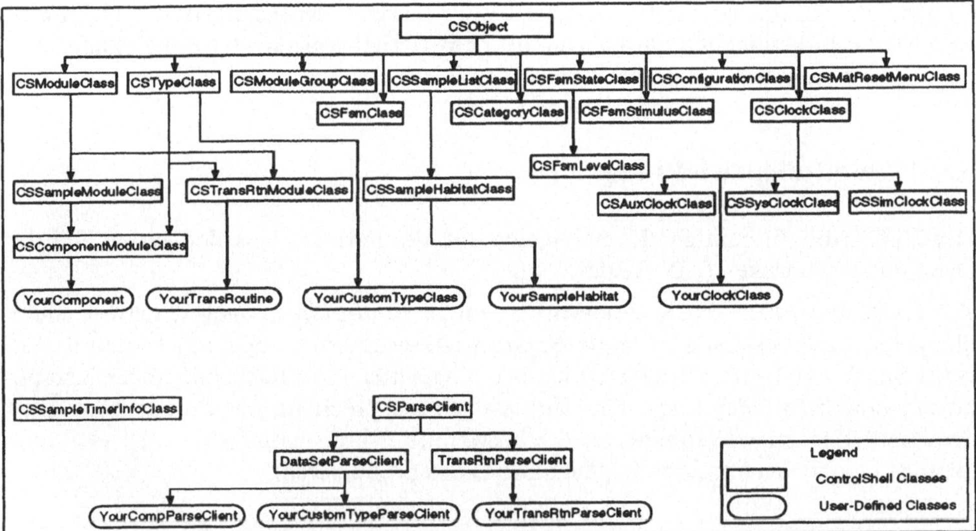

Abbildung 3: Klassenhierarchie von *ControlShell*

Von der CSComponentModuleClass abgeleitete Anwendungsklassen, wie

- Hardware-Ansteuerung (Hardware-Wrapper),
- Regler,
- Zustandsbeobachter/-schätzer,
- digitale Filter,
- Trajektoriengeneratoren

sind bereits in *ControlShell* integriert.

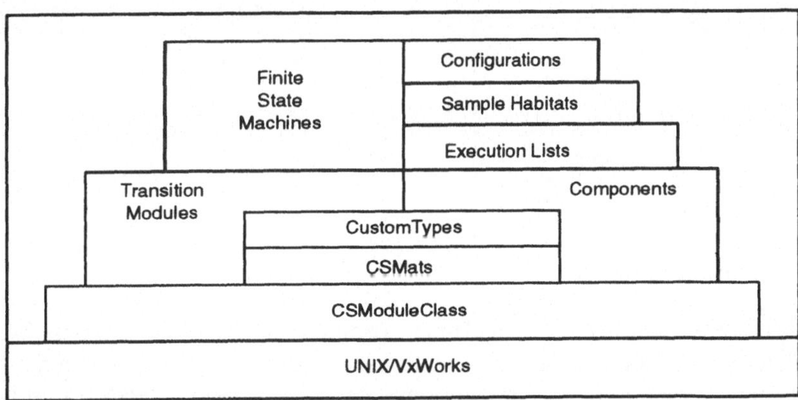

Abbildung 4: Laufzeitumgebung von *ControlShell*

Von zentraler Bedeutung für anwendungsspezifische Komponenten, Transitionen und die Kopplung von zyklischen bzw. ereignisgesteuerten Aufgaben ist die interne Datenbank CSdBase, die mit Hilfe des in *ControlShell* integrierten *Tcl*-Interpreters observiert werden kann. Anwendungsspezifische Datentypen dieser Datenbank beerben die generischen Datentypen CSMat, CSReal, int oder string.

Objekte der Klassenhierarchie konstituieren während der Laufzeit die in Abb. 4 dargestellte Funktionalität, aufbauend auf dem Betriebssystem der Entwicklungsumgebung bzw. dem Echtzeitbetriebssystem VxWorks im Zielrechner.

4.2. Datenflußentwicklung

Der DFE (Abb. 5) baut auf Komponenten auf, die jeweils einen definierten Teil des Datenflusses abdecken (z.B. Regler).

Zur Laufzeit werden die Komponenten dem in *ControlShell* integrierten Scheduler übergeben, indem sie sog. *Sample-Habitats* (Abtastregime) zugeordnet werden. Für jedes Sample-Habitat wird eine Ablaufliste abgeleitet. Die Reihenfolge der Komponenten innerhalb einer Liste wird automatisch entsprechend der Datenabhängigkeit detektiert, d.h. eine Komponente, die bestimmte Daten verbraucht, wird erst nach allen Komponenten abgearbeitet, die diese Daten produzieren.

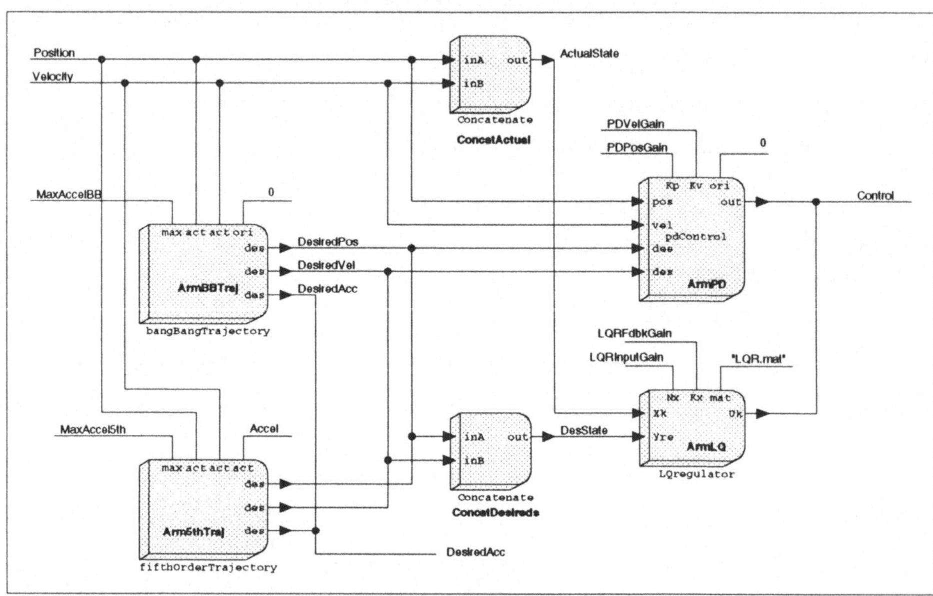

Abbildung 5: Beispiel-DFE

Innerhalb einer Ablaufliste können Komponenten nach Belieben aktiviert oder deaktiviert werden, um eine dynamisch änderbare Struktur zu ermöglichen. In jeder Abtastperiode werden alle aktiven Komponenten abgearbeitet. Jedes Sample-Habitat hat seine eigene Abtastrate, die von einem Grundtakt (üblicherweise eine Hardwareuhr) abgeleitet ist. Verschiedene Abtastraten innerhalb eines DFE sind möglich.

Die von den Datenflußkomponenten zur Verfügung gestellten Klassenmethoden, die vom Scheduler zu definierten Zeitpunkten aufgerufen werden (Tab. 1), berücksichtigen neben der in jedem Abtastintervall abzuarbeitenden Kernfunktionalität weitere Situationen, wie Aktivieren/Deaktivieren bis hin zu einer dynamischen Änderung der Abtastperiode.

Methode	Aufrufzeitpunkt
execute()	jede Abtastperiode
stateUpdate()	jede Abtastperiode, nach Abarbeitung von *execute* aller Komponenten
enable()	wenn die Komponente freigegeben wird
disable()	wenn die Komponente gesperrt wird
startup()	wenn der Abtastvorgang gestartet wird
shutdown()	wenn der Abtastvorgang beendet wird
timingChanged()	wenn die Abtastzeit geändert wird
reset()	wenn die *ControlShell*-Applikation neu gestartet wird
terminate()	wenn die *ControlShell*-Applikation beendet wird

Tabelle 1: Ausführungsmethoden von Datenflußkomponenten

Alle Komponenten eines DFE werden separat kompiliert und stehen als Objektkode zur Verfügung. Im VxWorks-Zielsystem können die Objektfiles einzeln geladen werden, d.h. sie müssen nicht zu einem ausführbaren File gelinkt werden. Erst beim Start einer Applikation werden die vom DFE-Beschreibungsfile vorgegebenen benötigten Komponenten instanziiert.

Neben den bereits vorhandenen Komponenten kann der Entwickler auch neue erzeugen. Auf diese Weise entsteht nach und nach ein anwendungsspezifisches Komponentenrepertoire. Die Entwicklung einer neuen Applikation reduziert sich dann lediglich auf einen neuen DFE - es muß weder Kode geschrieben noch kompiliert werden. Nach dem Einlesen des DFE-Files ist die neue Anwendung komplett.

4.3. Entwicklung eigener Datenflußkomponenten

Am Beispiel eines allgemeinen digitalen Filters soll der Aufbau von *ControlShell*-Komponenten erläutert werden. Jede *ControlShell*-Komponente wird charakterisiert durch

- ihre Schnittstellen (Ein- und Ausgänge sowie sog. Referenzeingänge für Parameter o.ä.)
- den Inhalt ihrer Methoden.

Die allgemeine Gleichung für ein digitales Filter n-ter Ordnung

$$y(k) = b_0 u(k) + b_1 u(k-1) + \cdots + b_n u(k-n) - a_1 y(k-1) - \cdots - a_n y(k-n)$$

(mit dem Filtereingang u, dem Filterausgang y und den Filterkoeffizienten a und b) läßt sich mit

$$s(k) = b_1 u(k-1) + \cdots + b_n u(k-n) - a_1 y(k-1) - \cdots - a_n y(k-n)$$

auch schreiben als

$$y(k) = b_0 u(k) + s(k).$$

Der Wert s(k) kann als Zustand des Filters angesehen werden. Er hängt lediglich von den zurückliegenden, also schon vor dem aktuellen Abtastintervall bekannten Größen von u und y ab, kann demzufolge auch schon vorher, d.h. in der vorangegangenen Abtastperiode berechnet werden. Im aktuellen Abtastintervall wird dann der Zustand für den nächsten Schritt

$$s(k+1) = b_1 u(k) + \cdots + b_n u(k-n+1) - a_1 y(k) - \cdots - a_n y(k-n+1)$$

ermittelt.

Der Vorteil dieser Variante liegt darin, daß sich die benötigte Rechenzeit vom Einlesen des Eingangs bis zum Ausgeben des Ausgangs auf eine Multiplikation und eine Addition reduziert - und das unabhängig von der Filterordnung. Alle anderen Berechnungen werden zwar in der gleichen Abtastperiode, jedoch erst nach Abschluß der Ausgabe vorgenommen.

Die Schnittstellen des Filters sind mit

- Signal u (Eingang),
- Signal y (Ausgang),
- Zählerkoeffizienten des Filters b_i (Referenzeingang) und
- Nennerkoeffizienten des Filters a_i (Referenzeingang)

gegeben.

Der in *ControlShell* integrierte *Komponenteneditor* unterstützt die Entwicklung von Komponenten durch die Generierung eins Kodegerüsts (Rahmen, Stub) aus den vorgegebenen Schnittstellen und Methoden. In dieses Gerüst müssen dann lediglich die für die jeweiligen Methoden notwendigen Aktivitäten eingetragen werden.

Aus den oben angeführten Überlegungen ergeben sich folgende Aktivitäten für die von *ControlShell* unterstützten Komponentenmethoden (vgl. Tab. 1):

execute()	Filterausgang berechnen: $y(k) = b_0 u(k) + s(k)$
stateUpdate()	Filterzustand für nächste Abtastperiode berechnen: $s(k+1) = b_1 u(k) + \cdots + b_n u(k-n+1)$ $- a_1 y(k) - \cdots - a_n y(k-n+1)$
enable()	zurückliegende Prozesswerte auf Null initialisieren: $u(k) = y(k) = 0$ (k=0,...,-n+1)
disable()	Filterausgang auf Null setzen: $y(k) = 0$
startup()	wie enable()
shutdown()	wie disable()
timingChanged()	ggf. Filterkoeffizienten anpassen
reset()	wie disable()
terminate()	wie disable()

Die entsprechende Algorithmik ist in die generierten Stubs zu programmieren. Anschließend wird die Komponente kompiliert und kann somit in DFEs integriert werden.

4.4. Entwicklung von Zustandsmaschinen

Eine FSM (Abb. 6) baut auf Zuständen und Transitionen auf, wobei die Transitionen die eigentliche Arbeit übernehmen. Verschiedene Stimulus-Typen ermöglichen unbedingte und bedingte Zustandswechsel. Jeder Zustandswechsel ist mit einer Transitionsfunktion verknüpft. Ein optionaler Rückkehrkode ermöglicht Verzweigungen, d.h. das Ergebnis der Transition bestimmt den nächsten Zustand.

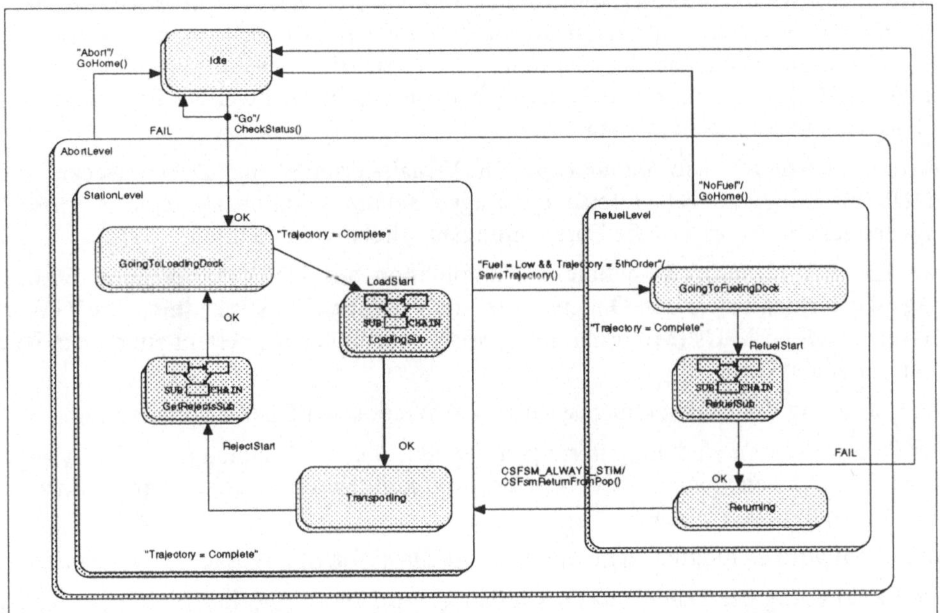

Abbildung 6: Beispiel-FSM

Die FSM kann hierarchisch zerlegt werden in sog. ***Subchains***, die eine Abfolge von Zuständen und Transitionen integrieren, oder in ***Reaktionsebenen***, bei denen mehrere Zustände kombiniert werden und auf gemeinsame Stimuli reagieren.

Eine Anwendung kann mehr als eine FSM enthalten. Jede FSM wird zur Laufzeit von einem eigenen Prozeß (Task) abgearbeitet.

Eine enge Verknüpfung von Datenflüssen und Zustandsmaschinen ist notwendig, da Zustandswechsel häufig mit einer Änderung des Datenflusses verbunden sind und andererseits innerhalb eines Datenflusses Ereignisse erkannt werden können, die einen Zustandswechsel erfordern.

Alle Daten, die zwischen Komponenten ausgetauscht werden, werden in einer Datenbank verwaltet, auf die sowohl die DFEs als auch die FSMs zugreifen können. Datenausdrücke sind Objekte einer Grundtypklasse (int, CSReal, String, CSMat) oder einer anwenderdefinierten Typklasse (custom type classes). Für jede Typklasse wird eine separate Datenbank angelegt. Eine umfangreiche Matrizenbibliothek für die CSMat-Klasse steht zur Verfügung.

5. Zusammenfassung und Ausblick

Frameworkgestützte Programmierung ermöglicht eine wesentlich bessere Nachnutzbarkeit der Software. Mit zunehmendem Einsatz eines Frameworks reduziert sich die Zahl der neu zu entwickelnden Komponenten immer mehr, so daß komplette Anwendungen "aus der Schublade" gezogen werden können.

Das verwendete objekt-orientierte Werkzeugpaket ermöglicht komplette Systemarchitekturen, die in Vererbungshierarchien organisiert sind. Damit wird Abstraktion und Wiederverwendung auf einem wesentlich höheren Niveau möglich, als das bisher mit Programmiersprachen der Fall war. Es konzentriert wiederverwendbare anwendungsspezifische Erfahrung, auf deren Basis qualitativ hochwertige Echtzeitsoftware effizient entwickelt werden kann.

Weitere Hilfsmittel, wie *StethoScope* für Visualisierungs- und Debugzwecke sowie *NDDS* zur Integration eines leistungsfähigen Kommunikationskonzepts in verteilten Anwendungen, verbessern die Entwicklungsmöglichkeiten deutlich.

Der Entwicklungsprozeß schließt die Simulation auf UNIX-basierenden Entwicklungsplattformen sowie den On-Line-Test im VxWorks-Zielsystem ein. Da VxWorks für verschiedene CPUs (Motorola, Intel, Sparc) verfügbar ist, besteht ein breiter Spielraum für Zielsysteme.

Die Portierung des Entwicklungssystems auf Windows-NT ist in Vorbereitung.

Für Folgeversionen sind Erweiterungen geplant, die die Kopplung von Subsystemen in großen Anwendungen über Interfaceprotokollklassen ähnlich dem Ansatz von ROOM ermöglichen werden.

Außerdem wird es möglich sein, vollständige Datenflußkonfigurationen zu kapseln.

Zur Erweiterung der Datenbankfunktionalität wird ferner die Integration von generischen Containerklassen untersucht.

6. Literaturverzeichnis

[Aw96] Awad, M. et. al.: Object-Oriented Technology for Real-Time-Systems: A Practical Approach Using OMT and Fusion. Prebtice Hall, Upper Saddle River, 1996.

[Chu97] Churt, S.: Objektorientierte Softwareentwicklung für VxWorks. Vortrag Embedded Systems, Sindelfingen, 1997.

[Real95] User's Manuals *ControlShell.* Real-Time Innovation Inc. Sunnyvale USA, 1995

[Sel94] Selic, B. et. al.: ROOM - Real-Time Object-Oriented Modeling. John Wiley & Sons, 1994.

[Sn95] Schneider, S. A. et.al.: The ControlShell Component-Based Real-Time Programming System. IEEE Conference on Robotic and Automation, 1995.

Verteilte Simulation und Realisierung mechatronischer Systeme am Beispiel einer hybriden Roboterregelung

Ralf Stolpe
Mechatronik Laboratorium Paderborn
Universität-GH Paderborn
Pohlweg 55, 33098 Paderborn

1 Einleitung

Komplexe technische Aufgaben und steigende Anforderungen an neue technische Systeme verlangen die Integration von unterschiedlichen technischen Disziplinen. In der Mechatronik wird den hohen Anforderungen an kommende technische Systeme durch die gemeinsame Betrachtung und durch den integrierten Entwurf von Mechanik, Elektronik und Informationsverarbeitung Rechnung getragen. Um die Handhabbarkeit solcher heterogener Systeme zu erhöhen ist eine durchgängige Vorgehensweise zur Strukturierung erforderlich. Hierfür müssen Methoden entwickelt werden, die den Entwurfsprozeß unterstützen. Eine anwendbare Entwicklungsstrategie kombiniert mit entsprechenden Softwaretools ist ein Schlüssel, um komplexe mechatronische Systeme handhabbar zu machen.

2 Strukturierung mechatronischer Systeme

Eine textuell formulierte Aufgabenstellung steht meist am Anfang einer Entwicklung eines neuen Gerätes bzw. einer neuen Maschine. In ihr sind die Anforderungen und Funktionen, die eine Maschine erfüllen soll, aufgeführt. Der Begriff *Funktion* besitzt oft unterschiedliche Bedeutungen, die sich aus der Sichtweise auf das System und den Zielen ergeben. Im Umfeld des produktbezogenen Maschinenbaus wird der Funktionsbegriff häufig zur Beschreibung der Gebrauchsfunktion benutzt. Um Neuentwicklungen zu fördern, sollten die geforderten Funktionen so formuliert sein, daß dem Entwickler nicht schon direkt die geometrische Ausprägung und die Umsetzung der zu erfüllenden Funktion vorgegeben werden. Diese Ideen wurden in der Konstruktionssystematik formuliert. Angewendet auf die Mechatronik gewinnen sie eine neue Bedeutung [Pahl93], [Lückel97].
In der Mechatronik werden beim Systementwurf Methoden der Mechanik, der Elektronik sowie der Informationsverarbeitung angewendet. Diese Gebiete tragen ihre eigenen spezifischen Funktionen zur Erfüllung der Gebrauchsfunktion bei. Der Begriff der Funktion in der Mechatronik kann in den meisten Fällen an dem aktiv kontrollierten Bewegungsverhalten festgemacht werden und als Synonym für das gewünschte Bewegungsverhalten stehen. Im Zusammenspiel mit den mechanischen Komponenten setzen Aktoren, Sensoren und informationstechnische Komponenten die mechatronische Funktion um. Als Beispiel wird folgende Aufgabenstellung betrachtet:
Es existiert ein unebenes Werkstück, deren Oberflächenkontur nicht bekannt ist. Ein Gerät bzw. eine Maschine soll ein Werkzeug zur Oberflächensichtung in einem definierten Abstand immer senkrecht zum Werkstück führen. Der Übersichtlichkeit halber wird in den folgenden Betrachtungen diese Aufgabe auf ein ebenes Problem reduziert.
Die Hauptfunktion kann hierbei mit *Oberfläche abscannen* umschrieben werden. Bei jeder weiteren Zerlegung in Unterfunktionen wird die allgemein formulierte Funktion immer weiter spezialisiert. Eine Möglichkeit diese Hauptfunktion in Unterfunktionen zu zerlegen ist: *Vorgegebene Bahn abfahren, Abstand zur Oberfläche halten, Orientierung zur Oberfläche halten.* Da die Oberfläche unbekannt ist, kann über die Funktion *Vorgegebene Bahn abfahren* eine für das Problem sinnvolle Bahn gewählt werden, so daß das Gerät eine definierte Bewegungsrichtung bekommt und dann der Oberfläche entlang folgen kann. Hierdurch wird schon festgelegt, daß sich das Gerät entlang der Oberfläche und nicht die Oberfläche im Bezug

zum feststehenden Gerät bewegen soll. In Abbildung 1 ist eine mögliche Zerlegung in Haupt- und Unterfunktionen dargestellt. Auf der untersten Ebene finden sich die Grundfunktionen wieder, die am aktiv kontrollierten Bewegungsverhalten festgemacht sind.

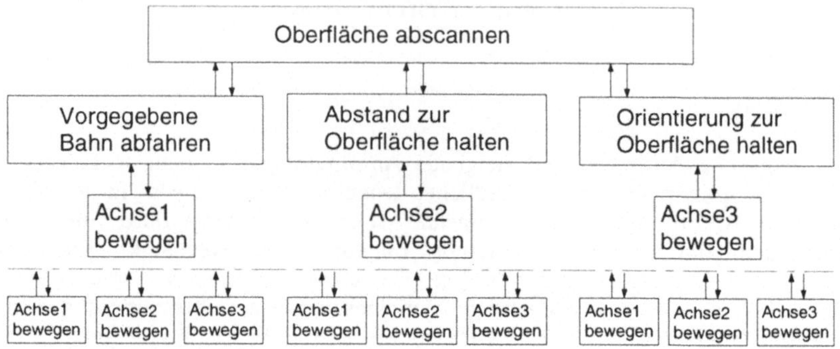

Abbildung 1: Zerlegung in Unterfunktionen Variante A und Variante B

Für die Funktion *Vorgegebene Bahn abfahren* scheint die Grundfunktion *Achse1 bewegen* sinnvoll. Für die Funktion *Abstand zur Oberfläche halten* kann die Grundfunktion *Achse2 bewegen* und für *Orientierung zur Oberfläche halten* die Funktion *Achse3 bewegen* angegeben werden. Hier wird eine klare Trennung bei der Umsetzung der Funktionen vorausgesetzt. Das auf Ebene 2 beschriebene gewünschte Bewegungsverhalten kann aber auch durch Kombination der Grundfunktionen erreicht werden, d.h. zur Umsetzung der Funktion *Abstand zur Oberfläche halten* werden alle drei *Grundfunktionen Achse1/2/3 bewegen* benötigt. Die Zerlegung kann dann wie in Variante B dargestellt aussehen.

Derartige Betrachtungen zeigen, daß sich auf der Ebene der mechatronischen Funktionen parallele Strukturen herausbilden, die sowohl auf der Hardware- als auch auf der Softwareseite eine echt parallele Umsetzung gebieten. Mit Hardwareseite ist hier sowohl die Mechanik als auch die benötigte Rechenhardware für die Informationsverarbeitung gemeint.

Wenn eine beschriebene mechatronische Funktion auch durch eine exklusiv genutzte mechanische Komponente realisiert werden kann, dann kann bei einer parallelen Realisierung auch die Physik, d.h. der Aufbau des Systems direkt auf die Rechenhardware abgebildet werden.

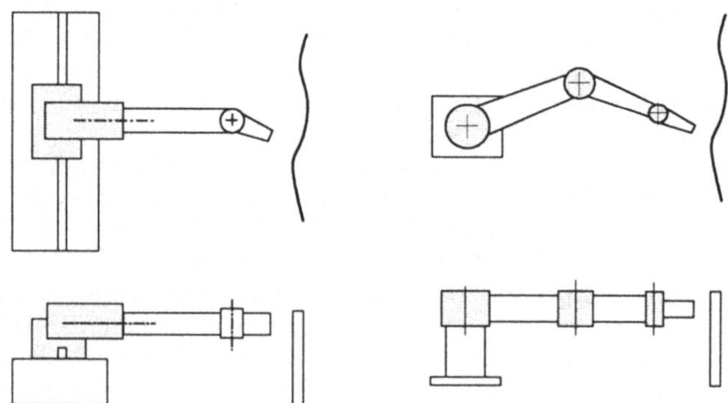

Abbildung 2: Roboter mit Schub- und Drehgelenken

Parallel arbeitende Rechner werden hier nicht nur zur Gewährleistung der Echtzeitverarbeitung, sondern auch zur Strukturierung eingesetzt. Im Vordergrund steht aber immer noch die mechatronische Funktion und damit das gewünschte Bewegungsverhalten. Ist diese Funktion

nicht exklusiv durch eine mechanische Komponente zur realisieren, sollte die Strukturierung aufgrund der parallel abzuarbeitenden Funktionen vorgenommen werden.
Die Berücksichtigung der inhärenten Parallelität mechatronischer Systeme durch die Anwendung der beschriebenen funktionalen Strukturierung und die Möglichkeit der echt parallelen Abarbeitung von Teilsystemen auf einer Multiprozessorhardware eröffnen ein großes Potential für ein schnelles Rapid Prototyping mit schrittweisem Auslagern bis zur gewünschten Dezentralisierung der einzelnen Teilfunktionalitäten.
Ein wesentlicher Gedanke, der zur Definition der mechatronischen Funktionsmodule führt, ist die Möglichkeit zum vergleichsweise einfachen Austausch eines Moduls gegen ein anderes mit gleicher oder ähnlicher Funktion, aber möglicherweise vollständig unterschiedlicher technischer Ausprägung. So könnte z.B. ein elektrischer Linearantrieb des beschriebenen Gerätes durch eine pneumatisch angetriebene Einheit ausgetauscht werden.
Die geometrische Umsetzung der Grundfunktionen für Variante A und B könnte wie in Abbildung 2 dargestellt aussehen.

3 Die Elemente zur Strukturierung

Ein mechatronisches System enthält gewöhnlich drei typische Baugruppen: *Mechanische Tragstrukturen*, *Sensoren / Aktoren* sowie Komponenten zur *Informationsverarbeitung*.
Für eine weitere vertikale (im Sinne einer Bauteilhierarchie) Gliederung sollen neben der untersten Strukturebene *Mechatronische Funktionsmodule* (MFM), die beiden höheren Ebenen *Autonome Mechatronische Systeme* (AMS) und *Vernetzte Mechatronische Systeme* (VMS) eingeführt werden.

3.1 Mechatronische Funktionsmodule

Die Vorstellung für MFM verbindet das in der Softwaretechnik entstandene Konzept der Informationskapselung mit dem in der Ingenieurtechnik lange eingeführten Begriff des Aggregats. Ein MFM ist als lokale, austauschbare Kombination von Elementen unterschiedlicher technischer Disziplinen gekoppelt über digitale Informationsverarbeitung zu verstehen. Eine passive mechanische Tragstruktur ist über Sensoren und Aktoren mit der Informationsverarbeitung gekoppelt, die in einen quasi-kontinuierlichen und in einen diskreten Teil zerlegt werden kann. Hierbei ist mit quasi-kontinuierlich die numerische Lösung von Modell- und Regler-Differentialgleichungen gemeint. Zur diskreten Informationsverarbeitung zählt das Event-Handling abgebildet über Zustandsautomaten oder Petri-Netze, d.h. alle Vorgänge, die nicht über Differentialgleichungen abgebildet werden können. Als Beispiele für MFM lassen sich Robotergelenke, aktive Radaufhängung oder ABS angeben.
Die Aufteilung eines Systems in MFMs ist stark abhängig von der geforderten Funktionalität und der möglichen parallelen Umsetzung. Es lassen sich auch meist mehrere sinnvolle Zerlegungen angeben.
Ein MFM besitzt mehrere Schnittstellen zu anderen MFMs. Die Hauptschnittstellen sind mechanischer, informationstechnischer und energetischer Natur.

3.2 Autonome mechatronische Systeme

Zwei oder mehrere MFMs bilden ein Autonomes Mechatronisches System (AMS). AMS enthalten die Energieversorgung die den MFM und somit den Aktuatoren und Sensoren zur Verfügung gestellt wird. AMS selber beinhalten keine Sensoren und Aktoren. Bei vorhandenen mechanischen Kopplungen zwischen den MFMs werden zu den AMS nur die rein passiven Kopplungen gerechnet. Die Informationsverarbeitung der AMS umfaßt die Koordination des Informationsaustausches der MFMs. Außerdem gehören Planungs-, Vorsteuer- und Entscheidungssysteme sowie kontinuierliche bzw. diskrete Regelsysteme für Strategien hierzu. Beispiele für autonome Systeme sind Fahrzeuge oder mobile Roboter.

3.3 Vernetzte mechatronische Systeme

Mehrere AMS bilden ein Vernetztes Mechatronisches System. Die Anzahl der an einem VMS beteiligten AMS kann sich dynamisch ändern. Ein VMS beinhaltet nur quasi-kontinuierliche und diskrete Informationsverarbeitung. Hier sind Entscheidungssysteme für das gesamte betrachtete System bestehend aus mehreren AMS abgelegt. Beispiele für VMS sind Fahrzeugkolonnen und kooperierende Roboter. In diesem Artikel wird die Strukturierung nur bis zur Ebene der AMS behandelt.

4 Strukturierung der Hybriden Roboterregelung

Die Realisierung der unter Kapitel 2 formulierten Aufgabenstellung wird im Folgenden näher erläutert. Die Strukturierung bzw. die Zerlegung in Unterfunktionen wird hierbei wie in Variante B dargestellt vorgenommen.
In Abbildung 3 ist eine resultierende Struktur dargestellt, die sich aufgrund der Aufteilung in MFM und AMS ergibt. Dem AMS wird hierbei die Bahnplanung, die inverse Kinematik sowie das Robotermodell mit direkter Kinematik zugeschlagen.

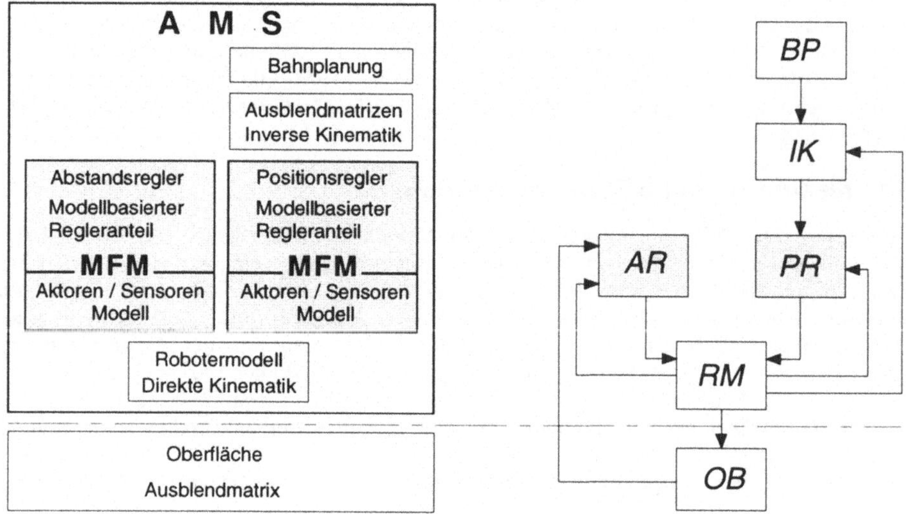

Abbildung 3: Struktur der hybriden Roboterregelung

Die Abkürzungen in dem rechten Blockschaltbild beinhalten folgende Berechnungen:

BP : Bahnplanung für einen Roboter in der X-Y Ebene
IK : Inverse Kinematik sowie zwei Ausblendmatrizen, über die nach [Craig89] festgelegt wird welche Regelung für welchen Freiheitsgrad genutzt wird
PR : Positionsregler, Entkopplung über die Massenmatrix
AR: Abstandsregler, Entkopplung über die Massenmatrix
RM: Starrkörpermodell des Roboters, direkte Kinematik
OB: Beispiel-Oberfläche und Ausblendmatrix

Ein MFM ist für die Einhaltung der Funktion *Vorgegebene Bahn abfahren zuständig*. Die Funktionen *Abstand zur Oberfläche halten* und *Orientierung zur Oberfläche halten* werden durch das zweite MFM realisiert. Für eine umfassendere Behandlung der hybriden Gelenkregelung mit der Behandlung der mathematischen Zusammenhänge sei auf [Craig89], [Hedr95] verwiesen.

Für die weiteren Betrachtungen wird nach Variante B ein dreiachsiger Scara-Roboter angenommen. Die Bewegung des Tool Center Points (TCP) des Roboters ist demnach auf die X-Y Ebene beschränkt. Die in Abbildung 3 dargestellte Struktur weist zwei parallele Zweige auf. Hierbei bietet sich eine parallele Implementierung der mechatronischen Funktionen an. Bei der Inbetriebnahme des Systems kann zuerst nur der Positionsregler getestet und optimiert werden. Danach wird durch das Hinzuschalten der dazu parallelen Abstandsreglerberechnung die gesamte hybride Regelung in Betrieb genommen. Die Parallelisierung soll hier nicht nur zur Erreichung der Echtzeitfähigkeit, d.h. zur Einhaltung der geforderten Abtastraten eingesetzt werden, sondern vor allem zur Strukturierung und mit Blick auf dezentrale Regelungen.
Für die in Kapitel 2 beschriebene Variante A ist sofort ersichtlich, daß jeder Achsenantrieb mit einer lokalen Regelung arbeiten kann (MFM), die von einer übergeordneten Informationsverarbeitung (AMS) mit Sollwerten versorgt werden. Über diese werden auch Rückwirkungen von einer Achse auf andere Achsen behandelt. In der Variante A kann zusätzlich zu den parallelen mechatronischen Funktionen auch die Physik, d.h. der Aufbau des Systems auf die parallele Implementierungshardware abgebildet werden. Aufgrund von meist komplexeren kinematischen Zusammenhängen und dynamischen Kopplungen ist eine derartige Zuordnung nicht immer möglich. Daher ist es am wirkungsvollsten die parallele Hardware zum einen zur Implementation der parallelen mechatronischen Funktionen und zum anderen zur Abbildung der zusätzlich benötigten mechanischen, elektrischen aber auch hydraulischen Bausteine einzusetzen.
Treten im System dynamische Kopplungen auf, die parallele, dezentrale Regelungen erschweren oder unmöglich machen, kann durch ein leistungsfähiges Regelungskonzept diese Kopplung aufgehoben werden. Das in [Schü97] vorgestellte Konzept setzt auf ein Verfahren zur Entkopplung von Roboterachsen durch den Einsatz von lokalen Störgrößenbeobachtern. Zur Umsetzung von parallelen, dezentralen Strukturen ist ein geeignetes Regelungskonzept eine besondere Herausforderung. In diesem Beispiel der hybriden Robòterregelung stellen die verwendeten Ausblendmatrizen [Craig89] ein geeignetes Mittel zur Entkopplung der verwendeten Regelkreise dar.
Die unterschiedlichen mechatronischen Funktionen und demnach die unterschiedlichen Regelkreise lassen sich aufgrund der wirklichen Parallelität leicht mit verschiedenen Abtastraten betreiben. Die Parallelität muß nicht auf eine sequentielle Parallelität abgebildet werden.
Ein weiterer Vorteil der parallelen Implementierung wird beim Übergang von der offline Simulation zur Hardware-in-the-Loop Simulation sichtbar. Das Modell des Roboters kann hierbei durch eine Kopplung an einen real existierenden Roboter mit entsprechenden Aktoren und Sensoren ersetzt werden. Dazu wird der Block ***RM (Robotermodell und direkte Kinematik)*** aus Abbildung 3 gegen eine Prozeßkopplung über entsprechende Peripheriekarten ausgetauscht, die die realen Meßgrößen weiterleiten und die berechneten Stellgrößen aufschalten.

5 Verteilte Simulation und Realisierung

Die Anwendung der vorgestellten Strukturierung auch bei der Realisierung erfordert zum einen eine Strategie parallele Prozesse eines mechatronischen Systems zu organisieren und zum anderen eine Softwarebibliothek, die zum Aufbau von verteilter echtzeitfähiger Informationsverarbeitung eingesetzt werden kann. In [Hone97] wird ein Konzept zur verteilten Hardware-in-the-Loop Simulation und Realisierung von mechatronischen Systemen vorgestellt. Dieses nennt sich IPANEMA (Integration Platform for Networked Mechatronic Applications).
Um definierte Schnittstellen und eine gute Portierbarkeit zu gewährleisten, wurde der Softwareentwurf gemäß dem Multilayer-Modell [Tane88] vorgenommen. IPANEMA stellt hierfür einen Software-Layer zwischen Echtzeitbetriebssystem und der Informationsverarbeitung der mechatronischen Anwendung zur Verfügung. Dieser Software-Layer wurde eingeführt, um Betriebssystemdienste gegenüber der Anwendung zu kapseln und umgekehrt.

Zur Abbildung der beschriebenen Parallelität mechatronischer Systeme unterstützt IPANEMA die Bildung nebenläufiger Kontrollflüsse. Üblicherweise werden diese als Prozesse bezeichnet. Zur Implementierung nebenläufiger Kontrollflüsse gehört zwingend ein Mechanismus zum Datenaustausch und falls notwendig zur Synchronisation der Prozesse untereinander. Es existiert eine Vielzahl von Ansätzen zur Interprozeßkommunikation, z.B. das Konzept der sequentiellen kommunizierenden Prozesse [Hoare89] oder die sogenannte Remote Object Invocation (ROI) [Nolte94].

Für die folgenden Betrachtungen wird für IPANEMA das Prozeß-Modell sowie das Konzept der sequentiell kommunizierenden Prozesse zugrundegelegt. Für eine ausführliche Behandlung der objektorientierten Ansätze sei auf [Schrö94] und [Hone97] verwiesen.

Die eigentlichen Berechnungsvorgänge, zu denen z.B. die numerische Lösung von Differentialgleichungen sowie die Auswertung von Matrizen- und Vektorgleichungen gehören, sind den **Calculatoren** zugeordnet. Diese enthalten alle Ressourcen, um die vorliegenden Teilaufgaben zu bearbeiten, wie z.B. einen Integrator, der für die numerische Lösung der in der Regelungstechnik gebräuchlichen Zustandsdifferentialgleichungen eingesetzt wird. Da jeder Calculator nur für ein Subsystem bzw. für eine mechatronische Funktion eingesetzt wird, muß eine Kommunikation der Calculatoren untereinander stattfinden.

Hierbei können sowohl synchrone als auch asynchrone Nachrichten verschickt werden. Die Anzahl der Calculator-Objekte in einer verteilten Informationsverarbeitung wird durch das Konzept von IPANEMA weder begrenzt noch vorgegeben. Begrenzende Faktoren hierbei sind aber die zugrundeliegende Hardwareplatform sowie das eingesetzte Kommunikationsmedium.

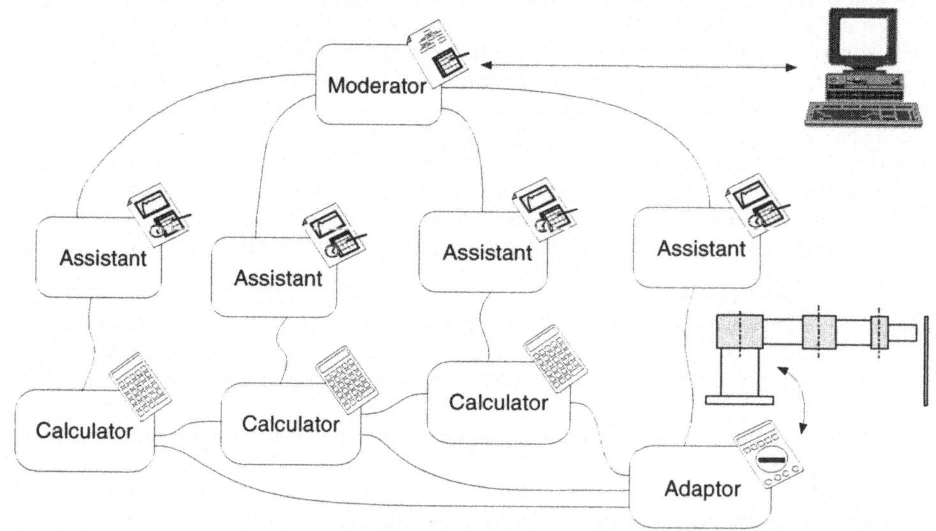

Abbildung 4: Beispiel einer IPANEMA Objekt-Topologie

Für eine Hardware-in-the-Loop Simulation ist neben den Calculatoren eine Schnittstelle zum realen technischen Prozeß erforderlich. Dazu wurde der **Adaptor** entwickelt. Dieser wird für die Anbindung der benötigten Peripheriebausteine eingesetzt und unterliegt ebenso wie der Calculator harten Echtzeitbedingungen.

Die aufgenommenen Meßwerte werden vom Adaptor an die jeweiligen Calculatoren verschickt. Nach der Berechnung werden die Stellgrößen zum Adaptor gesendet, der sie über die entsprechenden Peripheriekarten ausgibt. Je nach geforderter Dezentralität können auch mehrere Adaptoren eingesetzt werden.

Im Normalfall ist die Rechenlast eines Calculators sehr hoch. Daher erscheint es sinnvoll die nicht direkt zur Berechnung gehörenden Aufgaben vom Calculator-Prozeß zu trennen und in

einem eigenen Prozeß unterzubringen, der parallel zum Calculator bzw. Adaptor laufen kann. Die Behandlung von nicht echtzeitkritischen Aufgaben übernimmt daher der **Assistant**, der jedem Calculator bzw. Adaptor zugeordnet ist. Er übernimmt z.B. die folgenden Aufgaben:
Starten und Stoppen der Simulation; Ändern von Modellparametern; Aufzeichnen und Abspeichern von ausgewählten Variablenwerten zu jedem Zeitschritt; Überwachung der Echtzeitbedingung durch Protokollierung der benötigten Rechenzeiten
Der Assistant besitzt neben der Schnittstelle zum Calculator bzw. Adaptor eine Verbindung zum übergeordneten Moderator-Prozeß. Der **Moderator** verwaltet alle Assistants und besitzt eine Verbindung zur Leitwarte bzw. Nutzerschnittstelle, von der aus der Nutzer das Netz steuern kann.
Der Moderator stellt die Netztransparenz sicher, d.h. er übernimmt für den Nutzer die Zuordnung der Variablennamen zur Variablenposition im Netz und leitet die abgesetzten Kommandos an die betreffenden Assistants weiter. In Abbildung 4 ist eine beispielhafte IPANEMA Objekt-Topologie dargestellt. Die Icons symbolisieren die einzelnen Aufgaben der Calculatoren, Adaptoren, Assistants und des Moderators.
Die wesentlichen Eigenschaften von IPANEMA sind die Abstraktion von Betriebssystemdiensten gegenüber der „mechatronischen" Informationsverarbeitung. Die vertikale Objektkommunikation vom Moderator über den Assistant zum Calculator erfolgt nach dem Client-Server-Prinzip. Die Anfragen, die der Moderator nicht bearbeiten kann, reicht er an die Assistants weiter. Die Anfragen, die der Assistant nicht bearbeiten kann, reicht er an den Calculator/Adaptor weiter.
Die horizontale Kommunikation, d.h. der Datenaustausch der Calculatoren untereinander, unterliegt harten Echtzeitbedingungen. Daher sollten die benötigten Verbindungen exklusiv für diesen Datenaustausch zur Verfügung stehen.

6 Realisierung der hybriden Roboterregelung

Die IPANEMA Objekte können zum Aufbau einer verteilten Simulation und Realisierung gemäß der oben beschriebenen Strukturierung herangezogen werden. In Abbildung 5 sind die für die hybride Roboterregelung angesetzten MFM und AMS über Calculatoren realisiert. Das in Abbildung 3 dargestellte AMS ist hier zweigeteilt, da für die Realisierung, d.h. die Hardware-in-the-Loop Simulation das Robotermodell, die direkte Kinematik sowie die Oberfläche gegen einen Adaptor-Prozeß ausgetauscht werden sollen. Die Kommunikationsverbindungen der Calculatoren bleiben aber unverändert. Die vorgenommene Aufteilung nutzt noch nicht den vollen Parallelisierungsgrad auf Systemebene aus. Die Bahnplanung kann als eigener Calculator parallel zur inversen Kinematik betrieben werden, da sie von keinem Rückwärtszweig betroffen ist (siehe Abbildung 3).

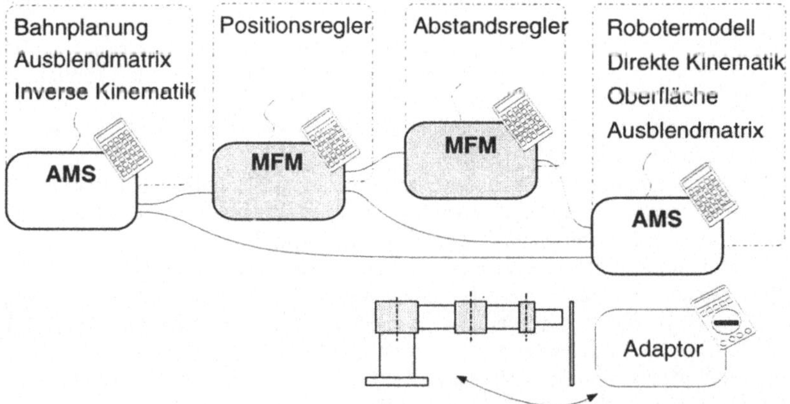

Abbildung 5: Realisierung der hybriden Regelung mit vier Calculatoren

Der Gedanke der Lastverteilung zur besseren Ausnutzung der parallel arbeitenden Prozessoren steht hier noch nicht im Vordergrund. Es ist aber nicht ausgeschlossen, daß nach einer Partitionierung aufgrund struktureller Gesichtspunkte die beteiligten Komponenten durch eine derartige Analyse noch weiter parallelisiert werden können. Dann verbirgt sich hinter einem MFM-Calculator ein weiteres Netz von Calculatoren.

Eine Voraussetzung für derartiges Vorgehen sind leistungsfähige Modellbeschreibungssprachen, die jeweils unterschiedliche Ebenen der Anwender- bzw. Prozessornähe abdecken. Zur Modellbeschreibung und Organisation mechatronischer Systeme existieren am Mechatronik Laboratorium Paderborn verschiedene Beschreibungssprachen. Es sind dies Dynamic System Structure (DSS), Dynamic System Language (DSL) und Dynamic System Code (DSC) [Rich94]. DSS ist eine anwenderfreundliche, physiknahe, objektorientierte Beschreibung des topologischen und hierarchischen Aufbaus mechatronischer Systeme. DSL vereinigt die unterschiedlichen Modellierungsdisziplinen und verbindet das Konzept der hierarchischen Subsystemtechnik mit der blockorientierten regelungstechnischen Repräsentation von Modellen in Zustandsdarstellung. Mit der Sprache DSC liegt das System in einer verarbeitungsnahen Formulierung vor. Jede der Systembeschreibungen kann automatisch in die darunterliegende überführt werden.

Die Zusammenfassung von DSL Basissystemen zu Koppelsystemen, ermöglicht es die Systeme nach den erwähnten funktionalen Gesichtspunkten zu kapseln (siehe Abbildung 3), so daß für jeden Calculator ein Koppelsystem vorliegt.

Aus DSL kann durch entsprechende Softwaretools [Homb96] automatisch C-Code für jeden Calculator erzeugt werden. Das Tool DSL generiert aus den DSL Basis- und Koppelsystemen DSC Code. Der Binder DSCBIND faßt die generierten DSC-Module zu einem DSC-Modul zusammen. Dies ist zur Bestimmung der Auswertereihenfolge und zur Berücksichtigung von Durchgriffen erforderlich. Dann kann mit dem Tool DSC2PARC ANSI C-Code für jeden Calculator erzeugt werden. DSC2PARC berücksichtigt hierbei die Vorpartitionierung der Teilsysteme durch den Nutzer und damit die Zusammenfassung zu Funktionsmodulen.

Das Problem der Auswertereihenfolge wird zum einen durch eine getrennte Behandlung von Durchgriffs- und Nichtdurchgriffs-Gleichungen gelöst und zum anderen durch eine White-Box Kommunikation. Bei dieser werden vorgeschrieben durch die Auswertereihenfolge nicht blockierende Sende sowie blockierende Empfangsroutinen in den Modellcode mit aufgenommen. Diese Vorgehensweise ist nur aufgrund der offenen Modellbeschreibungsebenen möglich, die auch auf unterster Ebene Eingriffe zulassen

Auf diese Weise werden die Calculatoren sowie die Verbindungen der Calculatoren untereinander erzeugt. Zur Hardware-in-the-Loop Simulation werden einzelne Modellteile gegen eine Peripherieanbindung ausgetauscht. Diese wird in dem folgenden Kapitel behandelt.

7 Prozeßkopplung

Wie in Abbildung 5 zu erkennen werden beim Übergang von der reinen Simulation zur Hardware-in-the-Loop Simulation ein oder mehrere Teilmodelle (in Abbildung 5 ein Calculator) gegen eine Kopplung zum technischen Prozeß ausgetauscht. Das vorher noch in Modellform vorliegende System wird hierbei unter Einhaltung der Schnittstellen durch ein reales System ersetzt. Hierzu wird der Adaptor verwendet.

Zu den üblicherweise eingesetzten Peripheriekarten gehören Analog/Digital Wandler, Enkoder Karten, Digital-IO Karten sowie Digital/Analog Wandler. Desweiteren kommen auch Karten zur Ankopplung von Feldbussen wie z.B. dem CAN-Bus zum Einsatz.

So wie der Nutzer die Schnittstellengrößen des auszutauschenden Teilsystems festgelegt hat, hat er nun die Aufgabe den Adaptor entsprechend dieser Schnittstelle zu konfigurieren. Hierzu gehört das Anwählen der entsprechenden Peripheriekarten die hardwaremäßig mit den vorhandenen Sensoren bzw. Aktoren verbunden sind. Der Skalierungsfaktor, der für die Umwandlung von Meßwerten in physikalische Größen benötigt wird, ist ebenso wie ein gegebenenfalls benötigter Offset der Größen vom Nutzer anzugeben.

Aufgrund der geforderten Flexibilität für die Prozeßkopplung wird kein starr programmierter Adaptor, sondern ein auf die Anwendung zugeschnittener, generierter Adaptor-Kern verwendet. Dazu wurde das Tool ElBaCo (Element Based Compiler) entwickelt [Ober97]. Die benötigten Angaben kann der Nutzer nach einer definierten Syntax in einer textuellen Beschreibungsdatei über eine blockorientierte Parametereingabe ablegen. Diese wird von dem Generierungstool eingelesen.

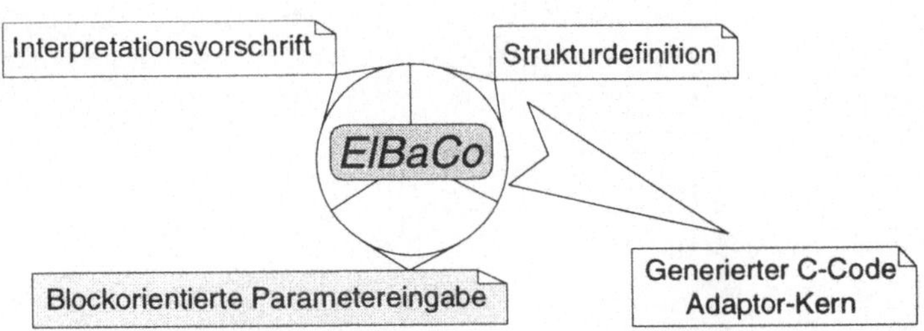

Abbildung 6: Erzeugung des Adaptor-Kerns

Zur Erreichung der Flexibilität benutzt ElBaCo zwei weitere textuelle Eingabedateien. Über die eine Datei wird die Interpretationsvorschrift festgelegt. Mit der zweiten Datei wird die Definition der zu erzeugenden Struktur vorgenommen und damit auf welche Weise die Nutzereingaben zu dem generierten C-Code verknüpft werden. ElBaCo liest für den Generierungsprozeß diese drei Dateien ein. Ein großer Vorteil hierbei ist, daß für neu hinzukommende Peripheriekarten, d.h. neue Prozeduren zur Ansteuerung nicht der gesamte Generierer umprogrammiert werden muß. Es muß nur die Interpretationsvorschrift und die Strukturdefinition angepaßt werden. Bei einer sehr großen Anzahl an möglichen Peripheriekarten von verschiedenen Herstellern ist dies eine erhebliche Erleichterung für die Adaptor Codegenerierung.

8 Nutzerschnittstelle

Für die Bedienung der verteilten Simulation stehen dem Nutzer mehrere Oberflächenelemente zur Verfügung. Zur Grundfunktionalität gehört das Setzen der Integrations- und der Ausgabeschrittweite sowie das Starten bzw. Stoppen der Simulation.
Die entworfene Bedienoberfläche ermöglicht ein schnelles und einfaches Auswählen von Datenkanälen. Der Nutzer kann aus einer Liste eine Auswahl der Ein-, Ausgänge sowie der Zustände der verteilten Systeme vornehmen und diese den erzeugten Plotfenstern zuweisen. Für den online Plotter kann die Breite des Zeitfensters konfiguriert werden. Neben einem Autoskalemodus für die Y-Achse können auch manuelle Einstellungen für die X- und Y-Achse der Plotfenster vorgenommen werden. Ein Icon-orientierter Zugehörigkeitsverweis in der rechten unteren Ecke der verschiedenen Fenster erhöht die Übersichtlichkeit und die Nutzerfreundlichkeit.

Diese auf leichte Bedienbarkeit ausgelegte Oberfläche wird ergänzt durch ein weiteres Tool zur flexiblen Erstellung von Bedienskripten. Jede einzelne Moderator-Funktionalität steht dem Nutzer zur Steuerung der verteilten Simulation als eigenständiges Kommando zur Verfügung. Die Anbindung an einen objektorientierten Interpreter, Python [Python 1996], gibt dem Nutzer die Möglichkeit sehr flexibel Experimente zu formulieren. Zur Unterstützung steht dem Anwender eine unter Python programmierte Anwendung (Interactor) zur Verfügung, die das graphische Auswählen der Bedienkommandos erleichtert und auch die einzuhaltenden Schnittstellen der Aufrufe vorgibt. Nach der Auswahl des benötigten Kommandos aus der TAGs Liste wird der Aufruf in dem EXECUTE Fenster angezeigt. Die <Platzhalter> sind dann vom Nutzer durch eigene Variablen zu ersetzen. Durch das Anwählen der *paste*-Taste kann der

Anwender den Befehl dem zu erstellenden Skript (FILE Fenster) hinzufügen oder durch *execute* direkt zur Ausführung bringen. Das Interface des Interactors ist in Abbildung 7 dargestellt.

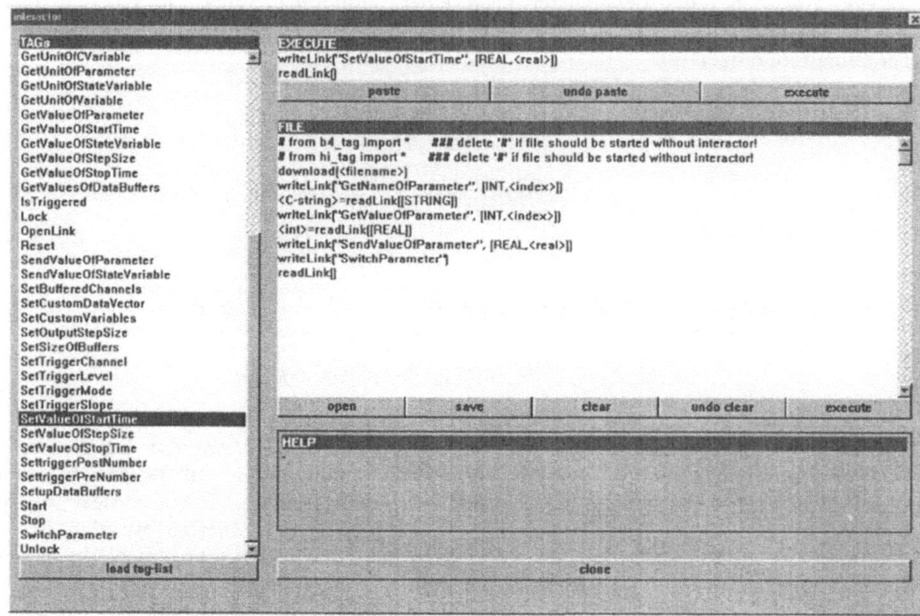

Abbildung 7: Erstellung von Experimenten mit dem Interactor

Höherwertige aus den Grundfunktionen aufgebaute Aufrufe können in die TAGs-list über die *load tag-list* Taste nachgeladen werden. Eine entsprechende Hilfe zu den Methoden kann unter HELP angezeigt werden. Der Anwender kann auch eigene höherwertige Methoden programmieren und in ein vorgegebenes *Dictionary* mit aufnehmen. Damit sind trotz der hohen Flexibilität eine gute Anwendbarkeit und ein leichtes Erstellen von Experimenten gesichert.

9 Zusammenfassung

Durch die Anwendung der hier dargestellten Vorgehensweise wird der Entwickler schon sehr früh angeleitet eine klare Strukturierung und eine Aufteilung in mechatronische Funktionen vorzunehmen. Hierbei erhält er wichtige Denkanstöße, die auch zu neuen und besseren Lösungen führen können, da die Umsetzung der Funktionen auf unterschiedlichste Art und Weise und mit unterschiedlichen Wirkprinzipien vorgenommen werden können. Das Erkennen und Anlegen von parallelen Kontrollflüssen in der Entwurfsphase eines mechatronischen Systems sind eine wichtige Voraussetzung dafür, daß auch bei der Realisierung, d.h. bei der parallelen informationstechnischen Umsetzung die Struktur des Systems erhalten werden kann. Dies ist ein wesentlicher Ausgangspunkt für den Entwurf dezentraler Regelungskonzepte. Der Entwickler muß von Anfang an die Parallelität auf Struktur- und Funktionsebene erkennen und in den Entwurf einfließen lassen.

Für die Realisierung steht dem Entwickler eine Softwareumgebung zur Verfügung, mit der er parallele Strukturen abbilden kann.

Durch die interpretativ arbeitende Nutzerschnittstelle ist ein leichtes und flexibles Bedienen des parallel arbeitenden Netzwerkes möglich.

10 Literaturverzeichnis

[Craig 89] Craig, J.J.: Introduction to Robotics, Mechanics and Control, Second Edition, Addison-Wesley Publishing Company, Inc., 1989

[Hans 93] Hanselmann, H.: Hardware-in-the-Loop Simulation as Standard Approach for Development, Customization, and Production Test of ECU´s, Seventh International Pacific Conference and Exposition on Automotive Engineering, Phoenix, Arizona, November 15-19, 1993

[Hedr 95] Hedrich, A.: Aufbau einer Simulationsumgebung zur Auslegung von hybriden Kraft/Lage und Abstandsregelungen für elastische Knickarmroboter, Studienarbeit, Universität-GH Paderborn, Mechatronik Laboratorium Paderborn, 1995

[Hoare 89] Hoare, C. A. R.: Communicating Sequential Processes. Communications of the ACM, 21(8), August 1978

[Homb 96] Homburg, C.: "SIMBA - eine offene Simulationsumgebung für mechatronische Systeme auf der Basis von DSC." In 4. Workshop "Methoden- und Werkzeugentwicklung fuer den Mikrosystementwurf", 4. Statusseminar zum BMBF-Verbundprojekt METEOR, Paderborn, Germany, 1996

[Hone 95] Honekamp, U.; Stolpe, R.:Design and Application of a Distributed Simulation- and Runtime-Platform for Mechatronic Systems in the Field of Robot Control."Third Conference on Mechatronics and Robotics", October 4-6, 1995, Paderborn, Germany, 1995

[Hone 97] Honekamp, U.; IPANEMA – Verteilte Echtzeit-Informationsverarbeitung in mechatronischen Systemen. vorgelegt Dissertation, Universität-GH Paderborn, FB 10 – Automatisierungstechnik, 1997

[Lückel 97] Lückel, J.; Honekamp, U.; Stolpe, R.; Naumann, R.:Structuring Approach for Complex Mechatronic Systems. 30th ISATA-Conference, June 16-19, 1997, Florence, Italien, 1997

[Nolte 94] Nolte, J.: Duale Objekte – Ein Modell zur objektorientierten Konstruktion von Programmfamilien für massiv parallele Systeme. PhD thesis, Gesellschaft für Mathematik und Datenverarbeitung, Berlin, 1995

[Ober 97] Oberschelp, O.: Entwurf und Implementierung eines flexiblen Codegenerators für die Prozeßkopplung bei Hardware-in-the-Loop Simulationen, Diplomarbeit, Universität-GH Paderborn, Mechatronik Laboratorium Paderborn, 1997

[Pahl 93] Pahl, G.; Beitz, W.:Konstruktionslehre, Berlin/Heidelberg/New York (Springer), 1993

[Python 96] Python Tutorial, Guido van Rossum, Dept. AA, CWI, P.O. Box 94079, 1090 GB Amsterdam, The Netherlands, 1996

[Rich 94] Richert, J.; Hahn, M.:DSS – DSL – DSC. The Three Levels of a Model Description Language for Mechatronic Systems, ICMA 94, Mechatronics Spells Profitability, Tampere, Finland, 1994

[Schrö 94] Schröder-Preikschat, W.: The Logical Design of Parallel Operation Systems, International Editions, Prentice-Hall, 1994

[Stol 94] Stolpe, R.; Schütte, H.; Honekamp, U.: Eine Mehrprozessor-Robotersteuerung als modulare Reglerimplementierungs- und –testumgebung, 6. Transputer Anwendertreffen TAT´94, Aachen, Germany, 1994

[Schü 97] Schütte, H.: Symbolische Modellierung und Beobachtergestützte Nichtlineare Regelung eines Modularen Elastischen Robotersystems. vorgelegt Dissertation, Universität-GH Paderborn, FB 10 – Automatisierungstechnik, 1997

[Tane 88] Tanenbaum, A.S.: Computer Networks, Second Edition, Prentice-Hall, 1988

Springer und Umwelt

Als internationaler wissenschaftlicher Verlag sind wir uns unserer besonderen Verpflichtung der Umwelt gegenüber bewußt und beziehen umweltorientierte Grundsätze in Unternehmensentscheidungen mit ein. Von unseren Geschäftspartnern (Druckereien, Papierfabriken, Verpackungsherstellern usw.) verlangen wir, daß sie sowohl beim Herstellungsprozess selbst als auch beim Einsatz der zur Verwendung kommenden Materialien ökologische Gesichtspunkte berücksichtigen.
Das für dieses Buch verwendete Papier ist aus chlorfrei bzw. chlorarm hergestelltem Zellstoff gefertigt und im pH-Wert neutral.